中央大学社会科学研究所研究叢書……44

政治空間における諸問題

有権者，政策，投票

三 船　　毅 編著

中央大学出版部

はしがき

　本書は，有権者の政治行動，意識，世論調査，教育政策に関する実証研究，理論研究を集めた論集である。

　第1章の荒井論文は，日本の無党派層における政治参加の特徴について明らかにしている。筆者は2000年から2010年までに実施された7つの世論調査データを用いて分析を行い，以下3点の結果を得た。第1に，支持政党のある市民と比べると無党派の市民は，党派的な政治活動については一貫して消極的である一方で，非党派的な活動は党派性のある市民との差が大きく縮まり，両者の差がなくなることもあった。第2に，多くの政治活動は，まったく参加したことのない大半の市民と，何度も参加したことのある一部の市民とに分断されており，現代日本において，市民が投票以外の政治活動に対して「はじめの一歩」を踏み出すことが極めて難しい状況にある。第3に，50代以上で当時の民主党を肯定的に評価していたか，あるいは様々な団体に加入していた無党派は，政党支持のある有権者と同じレベルの政治参加経験を有していたことを明らかにしている。

　第2章の塩沢論文は，住民投票における設問形式のあり方が民意の集約機能に影響を与える可能性を示唆するとともに，設問形式それ自体が政治的争点となりうる点にも着目し，検証を行っている。筆者は，住民投票において混乱・混迷をもたらす1つの要因となりうるのが，「設問形式」のあり方であると問題を提起する。論文中では，投票争点の性質や設問形式が確定するに至る政治過程にも着目した上で，設問形式のパターンによっていかなる政治的帰結がもたらされるのかについて，考察・分析を行っている。合併，庁舎整備，米軍基地の各争点をめぐる住民投票に着目した考察を行ったのち，終盤では，2019年の沖縄県民投票に主として着目し，「どちらでもない」を加えた3択の住民投票条例案が修正可決されるに至る政治過程を概観するとともに，県民投票の市町村別データを用いて分析を試みている。協議段階に応じて多様な設問形式

が考えられる合併関連の事例や，とりわけ賛成・反対だけでは割り切れない性質を持つ基地問題からわかるように，住民投票の基本形式である「賛否２択」だけでは限界があり，それゆえに設問形式をめぐる様々な混乱が常に生じうる可能性を示唆する。

　第３章の寺村論文は，政府統計を用いて政治・行政・裁判所への信頼性と個人属性の関係について検証を行った。日本の政策として，現在，経済的指標に加えウェルビーイングという個人の主観的指標を考慮した取り組みが進められているが，この項目の１つに「政府への信頼」および政治に関する個人の行動が取り入れられている。そして，この数値は諸外国に比べて低調である。本分析では，内閣府が実施したミクロデータを使用し個人属性の中でも世帯年収に着目し，信頼性との関係を検証している。分析の結果は，政治・行政・裁判所への信頼性と世帯年収の関係は，100万円未満に比べその他の世帯年収水準はすべて統計的に有意にプラスの結果となっていた。その他，有意な結果を得た個人属性は学歴（大学院）であった。今回の分析結果からは，生活水準を代理する一定程度までの世帯年収や教育年数が政治・行政・裁判所への信頼性と関係があることを検証している。

　第４章の種村論文は，2000年代から2020年代の政府の基本計画，審議会の答申などの行政資料を主な対象としてリカレント教育について概念分析を試みている。分析の結果，大学のリカレント教育は① 教養向上，② 高度職業人材の養成，③ 女性・若者の再就職，④ 地域の課題解決の４つが目的になっていることを明らかにしている。さらに大学のリカレント教育の４つの目的から，政府の「再チャレンジ」「一億総活躍社会」「人生100年時代」「人づくり革命」「地方創生」「デジタル田園都市国家構想」といった経済政策と呼応し，大学改革を伴い，大学に導入・展開されていることの２点を確認している。

　第５章の宮野論文は，現代社会で重要な位置を占めている世論調査について，どのような理由で信頼されたり不信に思われたりしているのか，理解を深めることを課題とし，2022年２月に自由回答での質問紙調査を試みている。自由回答を分析し，信不信の理由を，「１ 結果への信不信」「２ 調査と調査方法

への信不信」「3 メディアへの信不信」「4 回答者への信不信」「その他」に分け，さらに下位分類しつつ，回答例を紹介している。分析結果によると，不信理由では，「2 調査・調査方法」，特に標本調査と回答者の偏りへの疑念が多く挙げられ，「1 結果不信」や「3 メディア不信」も多いことが明らかになった。また，信頼理由でも，1～3 の理由が多く挙げられていた。さらに，世論調査というときに，新聞・テレビに限らず，ネットにおける情報にまで広げて捉える人が少なからず存在することも確認している。

第 6 章の鈴木論文は，世論調査の失敗例として日本でもよく引き合いに出される事例を再検討している。「1936 年の米国大統領選挙」は「偏った大規模データより，代表性のある小規模の統計調査」が母集団の特性を的確に予測できる教訓的事例として，日本の調査・統計分野で広まり，数十冊の教科書で紹介されている。200 万人以上の大規模調査で予測に失敗した老舗の雑誌に対し，わずか 3,000 人を調査したギャラップが「ルーズヴェルト大統領再選」を的中させた成功譚としても有名である。しかし米国にこの話はない。同時代の日本の新聞や書籍にもない。ギャラップの通常の標本規模は数十万人。予測的中はほかに何社もあり，3,000 人で的中した別の会社もあった。1970 年代以降に誰かが「3,000 人」と誤解し，多数の孫引を誘発したのか。3,000 人であれば全米各州で約 60 人の選挙予測調査の標本設計ということになり，統計教育的にも実践的にも問題である。筆者は誤解の背景を示し，日本の教科書修正を提案している。

第 7 章の三船論文は「投票率が低下して低水準で推移していく状況が政党間競争に如何なる影響を及ぼすのか」を問題意識として，そこから「棄権の生起過程」と「棄権の増加が政党間競争に及ぼす影響」をフォーマルモデルから検証している。筆者は，選挙のフォーマルモデルにおける決定論的，確率論的な政党間競争モデルとは異なるモデルとして J. コールマンの「行為の線型モデル」を援用し，4 つのモデルを作成して選挙過程を表現する。第 1 のモデルは 8 人の有権者と 3 つの政党からなるモデルであり，第 2 のモデルは有権者を集団として表現したモデルであり，基本的な選挙過程を示すことが可能であるこ

とを示す。第3のモデルは棄権を有権者の投票先である政党とみなして，2つの政党，棄権，有権者集団からなるモデルを構築する。第4のモデルは，従来のフォーマルモデルによる「無差別による棄権」「疎外による棄権」「無差別と疎外による棄権」の3つの棄権を用いて棄権の生起を説明するための1人有権者が棄権に至る過程を説明するモデルである。これら4つのモデルを用いて，棄権の増加が政党間競争に及ぼす影響を解明する。

明らかにした点は2つある。第1に，無差別による棄権と無差別と疎外による棄権の増加は，選挙に参入する新党にいかなる政策位置をも採ることを可能とする。第2に，疎外による棄権の増加では，選挙に参入する新党は勝利するためには既存の最下位の政党の政策位置を採ることしかできないのである。

本書は2020年度から2024年度にかけて中央大学社会科学研究所においてなされた共同研究「政治意識と行動」チームの報告書である。研究チーム発足と同時にコロナ禍に見舞われ，研究会のあり方も対面からリモートへの変更を余儀なくされ，当初は戸惑うばかりであった。研究期間の途中から荒井紀一郎研究員，松浦司研究員と鈴木督久客員研究員に新規メンバーとして参加していただくことができ，研究の幅も広がった。今後の研究の進展に期待する。

2024年9月

編著者　三　船　　毅

目　　次

はしがき

第1章　無党派の政治参加
荒井紀一郎

1. はじめに――党派性と政治参加 …………………………………… 1
2. 政治参加の種類と難易度 …………………………………………… 2
3. 無党派は政治に関わらないのか …………………………………… 8
4. どんな無党派が政治に参加するのか ……………………………… 16
5. おわりに――2012年以降，無党派は変わったか ……………… 21

第2章　住民投票における設問形式のパターンと　　それらがもたらす帰結
　　　　――投票争点および実施に至る政治過程に
　　　　　着目した分析――
塩沢健一

1. はじめに ……………………………………………………………… 29
2. 先行研究を踏まえた考察 …………………………………………… 31
3. 住民投票の設問形式をめぐる政治過程 …………………………… 38
4. 2019年沖縄県民投票の設問形式と市町村別の投票傾向 ……… 44
5. おわりに ……………………………………………………………… 51

第3章　政治・行政・裁判所への信頼性と個人属性
　　　　――内閣府『満足度・生活の質に関する調査』を
　　　　　用いた分析――
寺村絵里子

1. はじめに ……………………………………………………………… 57

2．日本における政治と信頼度に関する先行研究 ………… 58
　　3．使用データ・データ分析 …………………………… 59
　　4．おわりに ………………………………………… 67

第4章　大学におけるリカレント教育の展開
　　──2000年代から2020年代の行政資料を
　　　対象とした概念分析──

種村　剛

　　1．はじめに ………………………………………… 71
　　2．先行研究 ………………………………………… 72
　　3．概念分析 ………………………………………… 73
　　4．問　　い ………………………………………… 74
　　5．分析対象 ………………………………………… 75
　　6．「学び直し」概念の登場──2006〜2008年 ………… 77
　　7．地域再生の核となる大学づくりと経済対策としての
　　　「学び直し」──2012〜2016年 …………………… 82
　　8．「学び直し」からリカレント教育へ──2017〜2018年 …… 87
　　9．イノベーションとリカレント教育──2019〜2021年 …… 93
　　10．リスキリングの登場と展開──2021年以降 ………… 96
　　11．おわりに ………………………………………… 101

第5章　「世論調査の信頼性」をめぐる
　　自由回答の分析

宮野　勝

　　1．はじめに──課題 ………………………………… 115
　　2．問い・データ・方法 ……………………………… 118

3．選択肢からの回答による信頼・不信 ………………… *119*
　　4．信頼・不信理由の自由回答の分類とカウント ………… *120*
　　5．世論調査に対する不信・信頼理由の紹介と分析 ……… *123*
　　6．おわりに ………………………………………………… *138*

第6章　日本におけるギャラップ伝説の終焉
　　　　　──1936年の奇跡の軌跡──
鈴 木 督 久

　　1．はじめに …………………………………………………… *143*
　　2．日本における状況 ………………………………………… *144*
　　3．米国における状況 ………………………………………… *150*
　　4．日本における誤解の原因 ………………………………… *154*
　　5．日本の誤解に関する問題 ………………………………… *161*
　　6．おわりに …………………………………………………… *162*

第7章　棄権の生成過程
　　　　　──有権者の棄権と政党間競争──
三 船　　毅

　　1．はじめに …………………………………………………… *165*
　　2．政党間競争と棄権 ………………………………………… *167*
　　3．自由競争市場としての選挙と棄権 ……………………… *173*
　　4．棄権の発生メカニズム …………………………………… *188*
　　5．パラメータの変化による棄権の変化 …………………… *199*
　　6．政党間競争への影響 ……………………………………… *208*
　　7．おわりに …………………………………………………… *218*

第 1 章
無党派の政治参加

荒井紀一郎

1．はじめに——党派性と政治参加

　本章では，政治参加の観点から無党派の特性を明らかにする。政治参加とは，「政府の政策決定に影響を与えるべく意図された一般市民の活動（蒲島・境家 2020, 2；蒲島 1988, 3）」であり，選挙での投票が代表的な活動として挙げられるが，他にも政治集会やデモへの参加や，政党や政治家への献金，請願書への署名などの選挙関連以外の活動も含まれ，その種類は多岐にわたる。こうした活動に党派性のない市民は参加しうるのか，参加するのであればその市民はどのような社会的属性や政治意識を有しているのか，換言すれば，政治参加に党派性は必要かという問いに答えることが本章の目的である。

　この目的を達成するため，2000 年から 2010 年にかけて実施された 7 つの学術世論調査データを用いる。この 7 つの調査データには，これまで日本で実施されてきた様々な世論調査の中で，政治参加に関連する質問項目が最も多く含まれている。無党派による政治参加の様態を明らかにするには，できるだけ多様な政治的活動に対する参加経験を尋ねている調査データを分析に用いなければならない。政治的活動には，選挙運動の手伝いや後援会への加入，あるいは政党への献金といった参加すること自体に多かれ少なかれ党派性を伴うものと，デモへの参加や住民運動，請願書への署名といった，参加にあたって必ずしも党派性が求められないものがあり，前者しか尋ねられていない調査データ

では，無党派の市民による政治的活動を過小評価してしまうからである。

　分析の結果，支持政党のある市民と比べると無党派の市民は，党派的な政治活動については一貫して消極的である一方で，非党派的な活動については党派性のある市民との差が大きく縮まり，年によっては両者の差がなくなることもあった。また，多くの政治活動は，まったく参加したことのない大半の市民と何度も参加したことのある一部の市民とに分断されており，現代の日本において，市民が投票以外の政治的活動に対して「はじめの一歩」を踏み出すことが極めて難しい状況にあることが明らかになった。

　本章は以下のように構成される。まず，次節では日本の市民による様々な政治的活動を党派的活動と非党派的活動とに分類し，市民にとってそれぞれの活動がどの程度ハードルが高いものなのかを示していく。次いで3節では，無党派と支持政党を持つ有権者との間で政治参加への積極性に差があるのかどうかを明らかにする。そして，4節では無党派が政治的活動に参加する条件について分析し，5節では分析から得られた知見をまとめるとともに，本章の分析対象である2000年から2010年にかけての無党派と，今日における無党派との間にどのような違いがあるのかについて検討する。

2．政治参加の種類と難易度

　日本において，「どのような市民がどのような政治的活動にどの程度参加しているのか」を比較可能で信頼性の高い指標によって測定することは実は難しい。最も測定が容易と考えられるのは選挙での投票だが，各地の選挙管理委員会が公表する統計は集計された地域ごとあるいは年代や性別ごとの投票者数（投票率）であり，個人レベルのデータは公開されていない[1]。公的な統計が存在しないその他の政治的活動の動態を把握することはさらに困難である。現状において，上記の問いに答える唯一の手段は，各種機関が全国の有権者から無作為に回答者を抽出して実施した世論調査データを利用することであり，本章では政治参加に関連した質問項目が最も豊富に含まれている2000年から2010

年にかけて実施された7つの学術世論調査データを用いて分析を行う[2]。最初の分析として本節では，市民による政治的活動の種類について，党派性と難易度という2つの観点から整理する。

2-1 政治参加の種類

本章での分析に用いる7つの世論調査の概要を表1-1に示す[3]。これらの世論調査には，回答者の政治参加経験を測定する共通の質問項目が含まれており，表1-2に掲載した14の政治的活動の経験頻度が尋ねられている[4), 5)]。これらの政治的活動は，参加にあたって何らかの党派性――市民の政党に対する心理的傾向性（三村 2020）――を伴うことが必ず求められる「党派的活動」と，必ずしもそうではない「非党派的活動」とに大別できる。そこで，最初の分析として，市民による参加のパターンは両者の間で同じなのか，いいかえれば，どちらの活動への参加も「政治参加に対する積極性」という1つの因子で説明しうるのかを検証するために確認的因子分析を行った。

具体的には，すべての活動について1つの因子を仮定するモデル（1因子モデル）と党派的活動と非党派的活動との2つの因子を仮定するモデル（2因子モデル）について，確認的因子分析を行い，その適合度指標を比較した[6]。推定の結果，1因子モデルのCFIが0.972，TLIが0.967，RMSEAが0.064，2因子モデルのCFIが0.988，TLIが0.986，RMSEAが0.042となり，どの指標

表1-1 分析に用いた全国世論調査データの概要

調査時期	調査名	調査回数	「参加経験」質問の位置
2000年衆院選前後	JEDS2000	2波	1波
2003年衆院選前後	JSS-GLOPE2003	2波	1波
2005年衆院選後	GLOPE2005	1波	1波
2007年参院選前後	Waseda-CASI&PAPI2007	2波	2波
2009年2月	Waseda-PAPI2009	1波	1波
2009年衆院選前後	Waseda-CASI&PAPI2009	2波	2波
2010年参院選前後	Waseda-CASI2010	2波	2波

表1-2　分析対象となる政治的活動

党派的活動	非党派的活動
選挙で投票する	国や地方の議員に手紙を書いたり、電話をする
選挙に立候補する	役所に相談する
選挙運動を手伝う	請願書に署名する
候補者や政党への投票を知人に依頼する	デモや集会に参加する
政治家の後援会員となる	地域のボランティア活動や住民運動に参加する
政党の党員となる	自治会活動に積極的に関わる
政党の活動を支援する（献金・党の機関誌の購読）	
政党や政治家の集会に行く	

においても2因子モデルのあてはまりがより良いことが示された[7]。以後、本章では市民の政治参加を党派的活動と非党派的活動とに分けて分析を進める。

2-2　参加の難易度

「選挙で投票する」という質問項目に「何度もある」と答えた市民と、「選挙に立候補する」という項目に「何度もある」と答えた市民とでは、当然、後者の方が政治的活動に積極的な市民と考えられる。立候補することは投票することに比べてはるかにハードルが高い活動だからである。このように、市民がどの程度政治参加に積極的なのかを測定するためには、各活動の難易度を考慮しなければならない。それぞれの活動に参加することが市民にとってどのくらい難しいことなのかを位置づけることができれば、ある市民がどのくらい政治参加に積極的なのかを推定することができる。そこで、項目反応理論のうち段階反応モデルを用いて「党派的活動」と「非党派的活動」に含まれる政治的活動の難易度と各回答者の政治参加への積極性を推定した[8]。

図1-1は、党派的活動に分類される8種類の政治的活動について、市民の政治参加への積極性を横軸に、それぞれの活動について「何度かある」「1度ある」「経験なし」と回答する確率を縦軸に表している。横軸について、ゼロは全回答者の平均、±1であれば回答者を政治参加への積極性で並べた上位/下位15%程度、±2であれば上位/下位2%程度であることを意味している。したがって、最も簡単な党派的活動は選挙で投票することであり、最も難易度

第1章　無党派の政治参加　5

図1-1　党派的活動の項目特性曲線

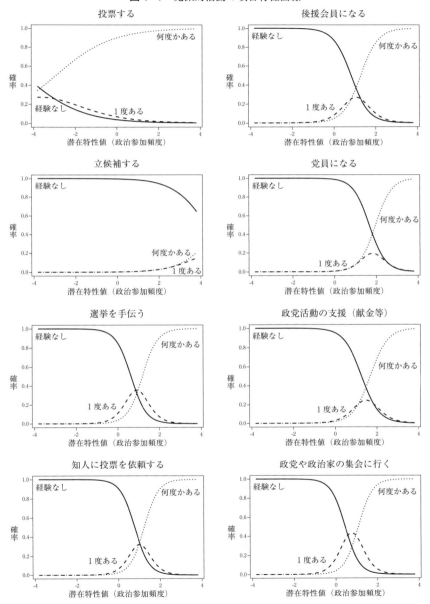

の高い活動は選挙に立候補することである。投票は，全回答者のうち政治的活動に最も消極的な2%の回答者でさえ，6割以上の確率で「何度かある」と答えており，立候補は，最も積極的な2%の回答者でも，8割以上の確率で「経験なし」と答えている。

　投票と立候補以外の6つの活動については，いずれも似たような曲線が描かれている。すなわち，政治参加への積極性が平均以下の回答者は，ほぼ全員が「経験なし」と回答しており，横軸の値が1から2の間にかけて急激に「経験なし」の確率が低下し，「何度かある」の確率が上昇している。これら6種類の活動のうち，「後援会員になる」「党員になる」そして「政党活動の支援」は，回答者の政治参加への積極性がいかなる値にあっても「1度ある」の確率が他2つの回答と比べて最も高くなることがない。つまり，こうした活動について市民の多くは，まったく経験していないか，あるいは継続的に行っているかどちらかの状態にあるといえる。

　図1-2は，非党派的活動の難易度について表したものである。いずれの活動においても，「経験なし」が他2つの曲線より下回るのは，横軸がゼロ以上のときであり，政治参加に消極的な回答者の多くはどの活動にも参加したことがないことがわかる。6つの非党派的活動の中で最も難易度が高いのは「議員に接触する」であり，次いでハードルが高いのが「デモや集会に参加する」ことである。この2つの活動についても，「1度ある」を選択する確率が最も高くなる領域は存在せず，回答者の多くがまったく経験したことがないか，何度も経験しているかに二極化していることが示されている。

　本節では，様々な政治的活動を党派的活動と非党派的活動とに分類し，各活動に対する市民にとってのハードルの高さを分析してきた。この分析によって明らかになったことは以下3点にまとめられる。第1に，市民にとってあらゆる活動の中で最も容易なものは選挙での投票である。第2に，それ以外の活動はいずれもハードルが高く，政治参加への積極性が平均以上なければ経験しない可能性が高い。第3に，「後援会員になる」「党員になる」「政党の活動を支援する」「議員に接触する」そして「デモや集会に参加する」の5つの活動は，

図 1-2 非党派的活動の項目特性曲線

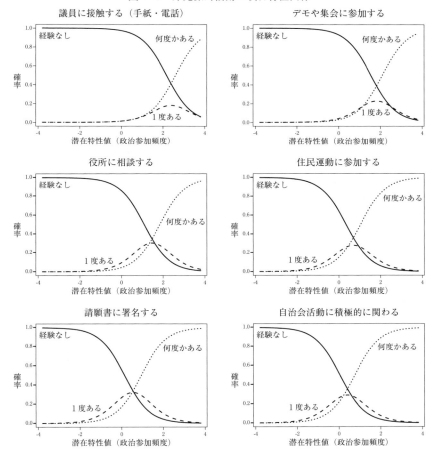

まったく参加経験のない市民と何度も経験している市民とに二極化している。また，他の活動についても「1度ある」が選択される確率が最も高くなる領域は概して狭く，市民の二極化は投票と立候補以外の政治的活動全般にみられる。こうした傾向は，学習に基づく習慣的な政治参加について論じている先行研究とも合致している（Bendor, Diermeier and Ting 2003; Fowler 2007; 荒井 2014）。次節では，本節で推定した政治参加への積極性指標を用いて，党派性が政治参

加に与える影響について論じる。

3. 無党派は政治に関わらないのか

　選挙の際に知人に投票を依頼したり，候補者の後援会員になったり，あるいは政党や政治家の集会に参加するといった党派的な政治活動は，無党派の市民にとってハードルが高く，支持政党を持つ市民よりも参加に消極的である。一方，請願書への署名，デモや住民運動への参加といった党派を帯びにくい政治活動については，両者の差は小さくなる。本節では，先ほど推定した政治参加への積極性指標について支持政党と調査年ごとに分析する。

　まず，本章の分析で用いたデータにおける無党派の割合とその社会的属性について確認する。図1-3に支持政党の割合を調査年ごとに示した。無党派の割合は2000年衆議院選挙のときに最も大きく，44%の回答者が「支持政党なし」と答えており，その後，徐々に低下し，2010年参院選では21%となっている。そして，この間，支持を拡大させてきたのは民主党である。分析対象である2000年から2010年は，ちょうど民主党が党勢を拡大して政権交代がおき

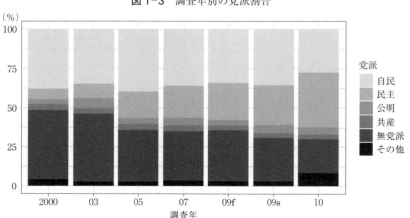

図1-3　調査年別の党派割合

た時期であり，自民党を含めた他党を支持する回答者の割合が比較的安定的に推移していたことから，無党派だった有権者が民主党を支持するようになっていったと推察できるだろう。2021年4月現在の無党派の割合が40%前後であり[9]，1990年代後半における無党派層の割合は50%を超えていたことを考えると（河野・中瀬・加藤 2001 など），本章の分析対象である11年間は，いわゆる55年体制以後の日本政治において特異な時期であったと考えられる。したがって，以後に示される分析結果から導出される無党派の特性は，この時期以外の無党派，特に自民党の政権復帰や野党の離合集散，そして東日本大震災と新型コロナウイルス感染症（COVID-19）のパンデミックを経験した今日の無党派が有している特性とは異なる可能性もあり，解釈は慎重に行わなければならない。

次に，表1-3では党派別の平均年齢，大卒者比率，そして男女比をまとめ

表1-3　党派別の平均年齢，大卒割合，男女比

	2000年			2003年			2005年		
支持政党	平均年齢	大卒割合	女性割合	平均年齢	大卒割合	女性割合	平均年齢	大卒割合	女性割合
自民党	56.2	12.9%	50.0%	58.0	16.6%	48.0%	58.5	16.9%	47.2%
民主党	54.5	28.0%	35.3%	56.3	15.3%	47.5%	55.5	21.8%	44.5%
公明党	46.3	10.2%	44.9%	52.2	7.1%	66.9%	55.6	5.8%	58.5%
共産党	53.8	14.5%	51.8%	52.1	20.3%	62.3%	57.7	24.5%	52.0%
無党派	47.2	15.0%	59.5%	47.4	22.5%	58.8%	49.4	20.9%	57.4%
全体	51.5	14.9%	53.2%	52.5	18.6%	54.5%	54.7	18.9%	50.9%

	2007年			2009年2月			2009年9月		
支持政党	平均年齢	大卒割合	女性割合	平均年齢	大卒割合	女性割合	平均年齢	大卒割合	女性割合
自民党	57.9	16.5%	54.5%	58.7	18.2%	51.8%	57.8	19.2%	54.6%
民主党	54.2	27.8%	40.1%	53.8	21.4%	41.0%	54.2	23.2%	42.8%
公明党	54.1	10.3%	65.4%	53.8	8.1%	70.3%	51.6	11.0%	69.9%
共産党	55.1	14.5%	47.3%	60.3	21.9%	63.6%	55.1	34.8%	47.8%
無党派	47.4	27.0%	57.1%	47.8	24.2%	58.5%	48.0	22.8%	61.9%
全体	53.4	21.9%	52.6%	53.7	20.7%	52.5%	53.6	21.3%	54.3%

	2010年		
支持政党	平均年齢	大卒割合	女性割合
自民党	58.5	16.0%	55.9%
民主党	56.7	22.1%	45.2%
公明党	55.6	7.5%	58.2%
共産党	58.1	27.3%	45.5%
無党派	49.8	24.8%	58.4%
全体	55.7	20.3%	52.2%

ている。この表から示される無党派の最も大きな特徴は，その若さにある。主要政党の支持者の平均年齢がいずれも 50 代前半から 50 代後半であるのに対して，無党派の平均年齢は 40 代後半で推移しており，ほぼすべての調査年において最も平均年齢が高い自民党支持者と比較すると一貫して 10 歳程度若いことになる。一方，大卒比率と男女比率については顕著な特徴はみられなかった。

多くの先行研究では，年齢は政治参加を規定する有力な要素の 1 つであり，一般的にいって年齢が上がるほど多くの政治的活動に参加する傾向がある（たとえば，蒲島・境家 2020, 86 など）。壮年期以降の有権者は，政治参加にかかる様々なコストをまかなえるだけのリソースを有していることが多かったり (Pattie, Seyd and Whiteley 2004; Verba and Nie 1972)，あるいは自らの過去の参加経験などをもとに政治的活動への参加が習慣化されたりするからである（荒井 2014）。したがって，党派性の有無が政治参加に与える影響を分析するには，年齢の効果を考慮する必要があるだろう。

それでは，無党派が政治参加にどの程度積極的なのか，各党派と比較しながらみていこう。図 1-4 と図 1-5 は，前節の段階反応モデルで推定した各有権者の政治的活動への積極性（潜在特性値 θ）について，党派ごとにその分布を図示したものである。図 1-4 が選挙での投票や選挙運動の手伝い，後援会への加入といった党派的な政治活動について，図 1-5 は請願書への署名やデモへの参加といった非党派的活動について表している。それぞれの図について，縦軸のゼロは全有権者の平均を示しており，白い丸印は各分布の中央値である。

図 1-4 から，無党派の有権者は特定の政党を支持している有権者と比較して，党派的な政治参加に対して一貫して消極的であることがわかる。比較対象とした 4 つの政党の支持者は，ごく一部を除いて各年における分布の中央値が全有権者平均（ゼロ）を上回っており，少なくとも各党の支持者の 6 割以上は，党派的な政治活動に積極的である[10]。その一方，無党派で有権者平均を上回るのはどの調査年においても上位 3 割程度に過ぎない。また，支持政党のある有権者の分布は分散が相対的に大きく，どの政党の支持者の中にもまったく参加しない人もいれば，よく参加する人もいるが，無党派の分布は中央値付近に

集中しており，党派的活動への消極性という点で同質である。

　非党派的政治活動についても，無党派はあまり積極的であるとはいえない。ただし，支持政党のある有権者もバラツキが大きく，党派的活動では最も積極的だった公明党支持者と共産党支持者についても中央値が有権者平均を下回る

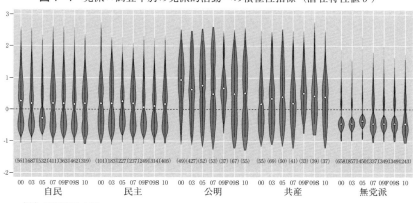

図1-4　党派×調査年別の党派的活動への積極性指標（潜在特性値 θ）

（注）括弧内は人数。
　　　09Fは2009年2月調査，09Sは2009年9月衆院選調査。

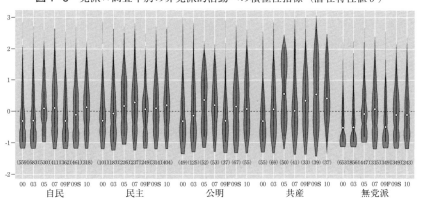

図1-5　党派×調査年別の非党派的活動への積極性指標（潜在特性値 θ）

（注）括弧内は人数。
　　　09Fは2009年2月調査，09Sは2009年9月衆院選調査。

年もあり，図1-5からわかるように党派による目立った特徴はみられない。

　ここまで，各党派の政治参加について，分析の対象期間全体に共通して観察される傾向をみてきたが，調査年ごとに比較する場合には，その解釈において1点留意しなければならないことがある。前節の表1-1に掲載されているように，国政選挙時に実施する学術世論調査は，通常，選挙前に1回（第1波），選挙後にもう1回（第2波），同じ回答者に対して調査を行う。このとき，第1波調査には協力したものの，第2波調査への協力は拒否する回答者が一定程度存在する。政治的活動への参加経験を尋ねる質問項目が第2波に入っている場合，その回答はすべて2回とも調査に参加した有権者のみのものとなる。一般的に，2回とも世論調査に参加する有権者と1回しか調査に参加しない有権者とでは，前者の政治関心のほうが高いことがわかっている（荒井2014, 27）。

　そこで，調査への協力回数で有権者を2群に分けた上で政治参加への積極性を党派ごとに推定した[11]。図1-6，図1-7は推定によって得られた平均値と95％信頼区間を表している。図中の丸印は当該世論調査への協力回数が1回のみの有権者[12]，三角印は選挙前，選挙後両方の調査に協力した有権者の政治参加に対する積極性を示している。前述した通り，縦軸のゼロは全有権者の平均を表している。また，±0.5なら上位/下位3割程度に位置していることになる。

　世論調査に参加することは，有権者自身の意見を公に表明することを意味しており，一種の政治参加として捉えることもできる（Verba 1996）[13]。図1-6，図1-7ともに，世論調査に複数回参加した回答者のほうが政治参加にも積極的であることを示しており，この指摘が妥当であることを示唆している。分析で使用した調査における回答率の平均が50～60％前後であることを考慮すると，データには含まれていない第1波調査にも協力しない有権者が多く存在しているわけであり，本章の分析対象となっている回答者は，有権者全体と比べて政治参加に積極的な層であると考えられる。実際，分析で使用したすべての選挙後調査において，当該選挙で投票したかどうかを尋ねる質問では，投票したと答える回答者の割合が8割を超えており，実際の投票率と乖離している。

第1章 無党派の政治参加 13

図1-6 党派的活動の推定値（回帰分析）

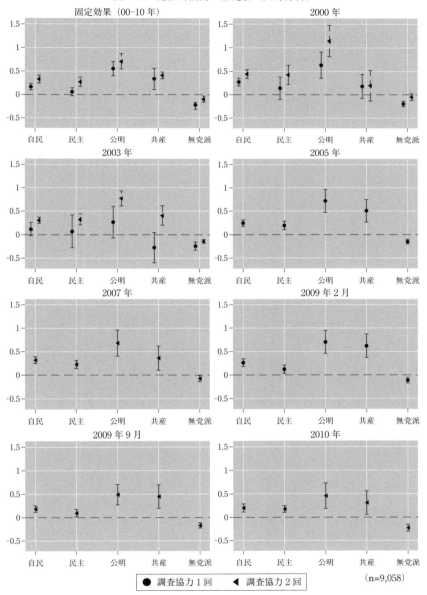

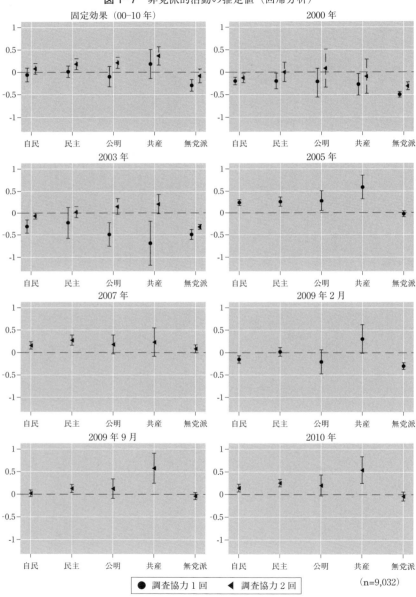

図 1-7　非党派的活動の推定値（回帰分析）

特に，2007年，2009年9月，そして2010年の調査では，政治参加経験を尋ねる質問が選挙後に実施された第2波調査に組み込まれていたため，この質問に回答した有権者は全員2回とも調査に協力したことになる。したがって，これらの年の値は有権者全体と比べると過大に推定されている可能性が高い。

　以上をふまえつつ，各党派の党派的政治活動への参加状況からみていこう。図1-5に示される通り，党派的活動については11年間一貫して公明党支持者が最も積極的であり，共産党支持者，自民党支持者，民主党支持者の順で続く。そして，最も消極的なのが無党派である。無党派は複数回調査に協力していても全有権者平均を上回ることはなかった。図1-1と照らし合わせると，無党派のほとんどは投票しか政治参加経験がないことがわかる。もっとも，積極性指標（潜在特性値θ）が0.5の有権者が，政治家の集会に行った経験を有する確率は約50%，選挙運動を手伝った経験であれば約40%，知人や友人に投票を依頼した経験だと約30%であり，公明党支持者と2005年および2009年の共産党支持者しかこの値に達していないことを考えると，党派性を有していても党派的な政治活動に積極的に参加しているわけではない。

　非党派的な政治活動に対しても無党派は消極的であるものの，党派間の差は縮まっており，年によっては党派性を持つ有権者の平均値が無党派の有権者の値を下回ることもある。これらの活動について最も積極的なのは共産党支持者であり，その特性値は最大で0.5付近となっている。図1-2と照らし合わせると，請願書に署名した経験を有する確率が約60%，住民運動・ボランティアでは約30%，そしてデモに参加した経験を有する確率は約15%ということになる。党派にかかわらず，有権者の大半はどの活動にも参加したことがないのである。

　ここまで，少なくとも2000年から2010年にかけての無党派は，党派的活動と非党派的活動のどちらにも消極的であることを示してきた。そこで次節では，彼らが党派性のある有権者と同程度に政治的活動へ参加するにはどのような条件や属性が求められるのかを検証する。

4．どんな無党派が政治に参加するのか

前節で述べたように，社会的属性に関して，無党派の有権者と支持政党のある有権者との間に存在する最も大きな違いは年齢にある。前者の平均年齢が40代後半なのに対して，後者の平均年齢は50代後半となっている。そこで，年齢や性別，あるいは加入団体といった社会的属性と，主要な政党に対する評価や無党派としての自己認識，そしてイデオロギーといった政治意識が，無党派による政治参加にもたらす影響について検討する。

図1-8は，無党派の党派的・非党派的活動に対する積極性指標を応答変数とし，社会的属性と政治意識に関する質問への回答を説明変数とした回帰分析の結果を表している[14), 15)]。図中の丸印は党派的活動に対する各説明変数の係数，三角印は非党派的活動に対する係数，横線は95%信頼区間を示している。党派的活動と非党派的活動の双方に影響を与えている要素は，年齢，無党派としての自己認識の強さ，民主党に対する評価（感情温度），そして同業者団体と農業団体への加入である。また，自民党に対する評価は党派的活動では5%水準，非党派的活動に対しては10%水準で負に有意であった。すなわち，「年齢が高く，自分を強い無党派だとは認識しておらず，民主党に対して好意的，自民党に対して否定的な態度を有していて，職業に関連する団体に加入している」無党派の有権者ほど政治的活動に積極的に参加していたことになる。

このような無党派のイメージは，本書の他章，特に2012年衆院選における自民党の政権復帰以後を分析対象としている章で描かれる無党派のイメージとは大きく異なると推察される。繰り返しになるが，本章の分析で用いているデータは，民主党に対する有権者の期待が年々高まり，政権交代へとつながる約10年間のものである（田中・河野・日野・飯田・読売新聞世論調査部 2009, 131-151）。図1-3で示した各党派の割合の推移は，当時の無党派のうち政治的活動に積極的だった有権者が徐々に民主党を支持するようになったことを表している。そして，そのようなコンテクストにおいてもなお，自らを無党派だと強

図 1-8 非党派的活動の推定値（回帰分析）

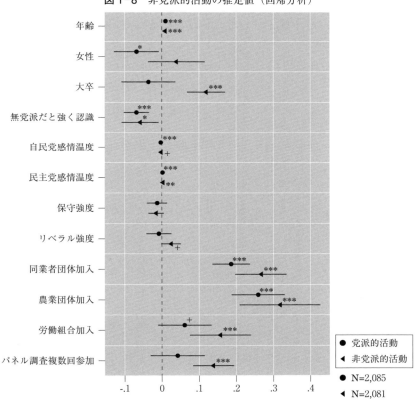

(注) ＋p < .1, * p < .05, ** p < .01, *** p < .001

く認識していた有権者は，政治そのものに対して拒否感を抱いていたため，あらゆる政治的活動に消極的だったと考えられる。

　図 1-9 は，党派的活動に対して統計的に有意な影響が認められた変数について，値の変化と政治参加指標の予測値との関係を示したものである。予測値を算出するにあたって，図に記載されていない変数の値はすべてゼロに固定してある[16]。したがって，図中の丸印で示された予測値は，いずれも「無党派としての認識が弱く，自民党も民主党も否定的に評価（感情温度がゼロ度）し，

いずれの団体にも加入していない，男性」の値となる。また，図中の破線はそれぞれの政党を支持する有権者の平均値を表している。この図から，無党派による党派的活動への参加について，以下4点のことがわかる。

第1に，年齢が高くなるほど多くの政治参加経験を有するようになるものの，党派性を持つ有権者の平均年齢である50代後半でも，無党派は各政党の支持者ほど参加することはない。比較の基準となる丸印で示された予測値をみ

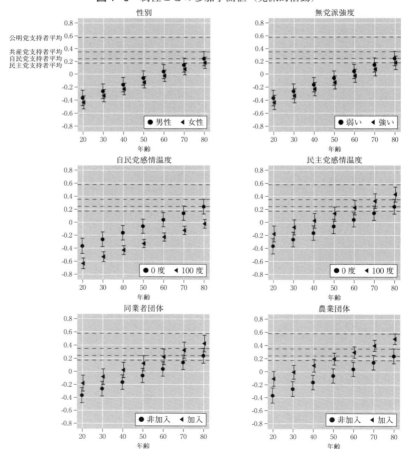

図1-9 属性ごとの参加予測値（党派的活動）

ると，70代以降になってようやく自民党支持者や民主党支持者の平均と同程度の政治参加経験を有するようになる[17]。第2に，性別と無党派強度はどちらも統計的に有意ではあったが，効果としてはそこまで大きくはない。女性よりも男性のほうが，そして無党派としての自己認識が弱い有権者のほうが党派的活動に参加する傾向にあるものの，その差は小さいのである。第3に，当時，自民党を否定的に評価し，かつ，民主党を肯定的に評価していた50代以上の無党派は，自民党支持者，民主党支持者と同程度の参加経験を有している。そして第4に，同業者団体または農業団体に加入している無党派の有権者ほど多くの党派的活動を経験している[18]。特に，農業団体への加入は効果が大きく，40代でも支持政党を持つ有権者に匹敵する参加経験を有していることがわかる。

　次に，非党派的活動への参加経験を規定する要素について検討する。図1-9と図1-10とを比較すると，後者のほうが主要な政党支持者の平均値との差が小さくなっている。特に，民主党を高く評価している，あるいは，いずれかの団体に加入している無党派の有権者は，党派性のある有権者と同じくらいの参加経験を有することがわかる。最後に学歴の効果については，具体的な政治的活動への参加確率を以下に示す。50歳男性で自民党，民主党感情温度がともにゼロ，各種団体にも加入していない無党派の有権者を想定すると，この有権者の最終学歴が高卒以下である場合，非党派的活動に参加した経験を有する確率はすべての活動でほぼ0％となる。一方，最終学歴が大学の場合，請願書への署名経験を有する確率は約30％，住民運動への参加経験を有する確率は約20％となる。

　本節では，無党派の有権者が政治的活動に参加する条件について検討してきた。分析の結果，50代以上で当時の民主党を肯定的に評価していたか，あるいは様々な団体に加入していた無党派は，政党支持のある有権者と同じレベルの政治参加経験を有していたことが明らかとなった。団体への加入が政治参加を促進させるという結果は，日本におけるこれまでの政治参加研究の知見とも概ね一致する。そのメカニズムには，いわゆる「票と便益の交換（斎藤 2010,

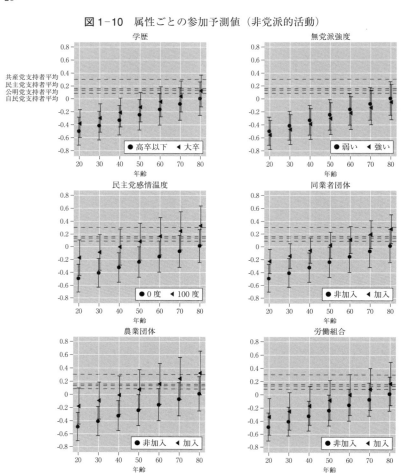

図1-10 属性ごとの参加予測値（非党派的活動）

21-51）」による利益の獲得を目指した団体からの動員や，組織のネットワークに加わることによって，政治参加に必要な様々なリソースを得ることができるようになるといったものがある（蒲島 1988；平野 2002；Putnam 1993 など）。ただし，1990 年代以降の日本では農村部での動員圧力が低減しており（境家 2013；蒲島・境家 2020, 150）[19]，また，仮に動員されたとしても，その有権者がこれまでの政治参加経験を肯定的に評価していないとその後の活動には参加しないことが明らかとなっていることを考慮すると，後者のメカニズムのほうが強く働いている可能性が高いといえる（荒井 2014, 85-108）。

5．おわりに —— 2012 年以降，無党派は変わったか

これまでみてきたように，本章の分析対象である 2000 年から 2010 年においての無党派は，党派性をもつ有権者と比べると，投票や選挙運動，あるいは政治集会といった党派的な政治活動のみならず，署名やデモといった非党派的な政治活動にも消極的であった。したがって，少なくともこの時期の日本の市民にとって，政治的活動への参加には党派性が必要であったといえよう。データの制約から，こうした傾向が今日の無党派にもあてはまるのか否かを本章で検証することは難しい[20]。ただし，本分析によって得られた知見は，この問いに対する答えを導いてくれる手がかりを提供してくれている。その手がかりとは，当時の民主党に対する感情温度である。

当時の無党派のうち，政治参加に積極的だったのは民主党に対する感情温度の高い市民であった。そして，2000 年から 2010 年にかけて無党派層の割合は減少し，その分，民主党支持層の割合が増加していた。このことは，無党派のうち政治参加に積極的だった市民が，この時期にかけて徐々に民主党支持者となっていったことを示唆している。彼らの大部分は民主党政権に対して失望することになったわけだが，飯田（2016）では，民主党に対する失望が必ずしも自民党への支持につながったわけではないことが示されている（飯田 2016, 39-45）。実際，3 節で述べたように今日の無党派層の割合は 2000 年以前と同水準

であり，無党派から民主党支持を経て再び無党派となった市民が相当の割合で存在していることがうかがえる。したがって，今日の無党派は，分析対象であった 2000 年から 2010 年にかけての無党派よりは，相対的に豊富な政治参加経験を有しているといえよう。

　ただし，こうした「民主党への失望」が，市民自身の政治参加に対する評価にも影響を与えていた場合，つまり，市民が自己の政治参加経験をネガティブに評価していた場合には，その市民が以後，政治的活動に積極的に関わるようになることは考えづらい（荒井 2014）。明るい選挙推進協会が衆議選後に実施した調査によると，政党支持の有無による「当該選挙で投票に行った」と答えた回答者の割合の差は，2005 年で 21.4 ポイント，民主党への政権交代がおきた 2009 年では 17.7 ポイント，自民党が政権に復帰した 2012 年では 18.7 ポイントだが，2014 では 32.2 ポイント，2017 年は 26.6 ポイントとなっており，両者の差が拡大しているようにも見受けられる（明るい選挙推進協会 2006, 34；2010, 42；2013, 37；2015, 40；2018, 39）。もちろん，この間，有権者の世代は入れ替わり続けているわけであり，この仮説の検証には個票データを用いたミクロレベルの分析が不可欠であるものの，他の先進国と比べて政権交代の経験が極めて少ない日本の有権者にとって，2009 年そして 2012 年の政権交代は，彼らの政治意識に大きな影響を及ぼした可能性もある。先行研究でも，投票に限らず日本において政治参加は全般的に退潮傾向にあり，諸外国と比べても日本は多くの市民が政治から距離をとっているという指摘もある（蒲島・境家 2020, 130-132）。

　誰が政治に参加するのかという問いは，誰が民主主義を維持するためのコストを払っているのかという問いにいいかえることができる。2 回の政権交代が，コストを支払う意味をみいだせなくなった有権者を増やしてしまったのかどうかは，今後早急に検証されなければならない。有権者の質の変化は，民主主義の質の変化に直結するからである。

1) アメリカでは，個人が選挙で投票したかどうかの記録は公開されており，こうした記録を活用した政治参加研究も多い（たとえば，Gerber, Green and Larimer 2008 など）。
2) 選挙関連の全国世論調査を実施している代表的な機関として，明るい選挙推進協会や大学等の学術機関，そして新聞やテレビ局といったメディア各社が挙げられる。ただし，明推協の調査は選挙関連以外の質問が少なく，本章の分析には合わない。また，メディア各社の世論調査は個票データがそもそも公開されていないため，研究者が2次的に分析を行うことは不可能である。
3) 分析に使用した調査名や実施主体は以下の通り。
   ・社会意識と生活に関する世論調査（JEDS2000）：JEDS2000 は，選挙とデモクラシー研究会（三宅一郎，田中愛治，池田謙一，西澤由隆，平野浩）によって，2000年に実施された全国世論調査である。本データは，東京大学社会科学研究所附属社会調査・データアーカイブ研究センター（SSJDA）より提供を受けた。
   ・開かれた社会に関する意識調査（JSS-GLOPE2003）：JSS-GLOPE2003 は，文部科学省科学研究費・特定領域研究「世代間利害調整」プロジェクトの「世代間利害調整政治学」班と，早稲田大学政治経済学部・経済学研究科21世紀COEプログラム「開かれた政治経済制度の構築」によって実施された全国世論調査である。
   ・21世紀日本人の社会・政治意識に関する調査（GLOPE2005）：GLOPE2005 は，早稲田大学政治経済学部・経済学研究科21世紀COEプログラム「開かれた政治経済制度の構築」によって2005年11月に実施された全国世論調査である。
   ・日本人の社会意識に関する世論調査（Waseda-CASI&PAPI2007）：Waseda-CASI&PAPI2007 は，早稲田大学21世紀COEプログラム「開かれた政治経済制度の構築」およびW-CASI2007研究会によって2007年参院選前後に実施された全国世論調査である。
   ・日本人の社会的期待と総選挙に関する世論調査（Waseda-PAPI2009）：Waseda-PAPI2009 は，読売新聞の協力の下，W-CASI研究会2009によって2009年2月に実施された全国世論調査である。
   ・日本人の社会的期待と総選挙に関する世論調査（Waseda-CASI&PAPI2009）：Waseda-CASI&PAPI2009 は，読売新聞の協力の下，W-CASI研究会2009によって2009年衆院選前後に実施された全国世論調査である。
   ・日本人の社会的期待と選挙に関する調査（Waseda-CASI2010）：Waseda-CASI2010 は，読売新聞の協力の下，W-CASI研究会2010によって2010年参院選前後に実施された全国世論調査である。
4) 質問項目は以下の通りである。「この中にあるようなことをこれまでに1度でも，したことがありますか。」選択肢：「何度かある」「1～2回ある」「1度もない」。

5) 2000年以降の調査には,「住民投票で投票する」という項目も含まれているが,住民投票は投票機会のない市民が圧倒的に多いため,本章の分析からは外した。また,2005年6月の行政手続法改正に伴って導入された「パブリックコメント」については,2007年以降の調査には参加経験を尋ねる質問が加えられているものの,比較可能性の観点から本章の分析対象からは外している。
6) 当該質問項目は3件法（1度もない,1～2回ある,何度もある）のため,WLSMV（Weighted Least Squares Means and Variance-adjusted）によるカテゴリカル因子分析を行った。
7) CFI（Comparative Fit Index）とTLI（Tucker-Lewis Index）は,すべての観測変数間に相関がないことを仮定したモデル（独立モデル）と分析者が構築したモデルとを比較して,後者のモデルへの適合がどの程度改善されたのかを表す指標であり,1に近いほどあてはまりがよい。RMSEA（Root Mean Square Error of Approximation）は,構築したモデルの分布と真の分布とが1自由度当たりどの程度乖離しているかを表す指標であり,0.05未満だとあてはまりがよく,0.1以上だとあてはまりが悪いとされる（豊田 1998）。
8) 段階反応モデル（Graded Response Model）は以下のように表される（Samejima 1969）。

$$p_{ij}(u_{ij}=k|\theta_i,a_j,b_{jk}) = \frac{1}{1+exp(-a_j(\theta_i-b_{jk}))} - \frac{1}{1+exp(-a_j(\theta_i-b_{jk+1}))}$$

p: 回答確率,k: 選択肢のカテゴリー（本章の分析では3パターン）,θ: 回答者の潜在特性値（本章の分析では,各回答者の政治参加への積極性を示す）,a: 各項目（政治的活動）の識別力,b: 各項目の困難度,iは回答者,jは項目を表す添え字

9) 2021年4月の政党支持なし層の割合は,NHKの調査では39.7%,読売新聞社の調査では43%である（NHK選挙WEB 2021；読売新聞オンライン 2021）。
10) 中央値が全有権者平均を下回る唯一の例外は,2005年衆院選における自民党支持者である。これは,事前の選挙情勢報道において自民党の大勝が予測されており,自民党支持者の多くが「フリーライド」したためと考えられる。
11) 党派的活動,非党派的活動に対する潜在特性値 θ を応答変数,党派性と調査への協力回数を説明変数とし,調査年ごとに変量効果を導入した線形混合モデルである。
12) 2005年,2009年2月調査のように1回しか調査を実施していない場合も含む。
13) 有権者が世論調査に協力する理由には,意見を表明することで政府の政策決定に影響を与えようとする意図が含まれると考えられるからである。
14) 政治意識に関する質問とコーディングは以下の通り。
　　・無党派意識
　　　（支持政党を尋ねる前問で「どの政党でもない」と答えた人に対して）「どの政党も支持していないという気持ちは強いですか,それとも,あまり強くは

ありませんか。」「強い＝1」「あまり強くはない＝0」
・自民党/民主党感情温度
「ここにあげる政党に対するあなたの気持ち（好感度）を温度にたとえてお答えください。最も温かい場合は100度，最も冷たい場合は0度とし，温かくも冷たくもない中立の場合を50度とすると，あなたの気持ちは何度でしょうか。」
・保守/リベラル強度
「政治的立場を表わすのに保守的や革新的などという言葉が使われます。0が革新的，10が保守的だとすると，あなたの政治的立場は，どこにあたりますか。0〜10の間の数字でお答えください」「回答値 ≧5 なら 保守強度＝回答値−5，リベラル強度＝0」「回答値 ≦5 なら 保守強度＝0，リベラル強度＝−（回答値−5）」とした。

15) 調査年に対してランダム切片を導入した線形混合モデルを用いた。
16) たとえば，図1−9の左上には年齢と性別ごとに算出した党派的活動の予測値が描かれているが，この予測値を求める際には，大卒ダミー（1. 大卒 0. 高卒未満），無党派意識ダミー，自民党/民主党感情温度，保守/リベラル強度，各種団体加入ダミー（1. 加入 0. 非加入），調査複数回協力ダミー（1. 複数回協力 0.1 回のみ協力）の値をすべてゼロに固定して算出している。
17) この分析における応答変数は「これまでの政治参加経験」であるため，年齢が高くなればなるほど経験数が増えていることは当然ともいえる。70代，80代の無党派の有権者が，調査回答時点において積極的に政治的活動を行っているわけではない。
18) 農業団体加入と自民党，民主党感情温度との交互作用項を導入したモデルの推定も行ったが，交互作用項は統計的に有意でなく，係数も小さい。
19) 境家らは，1990年代以降も農村住民や第一次産業従事者の投票率が高い理由は，彼らの年齢が高いことにあると指摘している（境家 2013；蒲島・境家 2020, 150）。本節の分析では，年齢を統制してもなお農業団体への加入が政治的活動への参加を促進させることが明らかになったが，これは本節の分析における応答変数には投票以外の政治的活動が含まれていて，かつ，特定の年に実施された選挙での行動ではなく，これまでの経験を尋ねる質問を用いているからだと考えられる。
20) 2017年衆院選に合わせて実施された，国際比較世論調査であるCSES（Comparative Studies of Electoral Systems）module 5 日本版には，本章の分析で用いた政治的活動への参加経験を尋ねる項目が含まれているが，質問文において「過去5年間での経験」に限定されていることに加えて，選択肢も「経験あり，なし」の2択で頻度については尋ねられておらず，本章で用いてきた調査データとの比較には適さない。

参 考 文 献

荒井紀一郎（2014）『参加のメカニズム―民主主義に適応する市民の動態―』木鐸社。

飯田健（2016）『有権者のリスク態度と投票行動 シリーズ 政権交代期における政治意識の全国的時系列的調査研究』木鐸社。

NHK選挙WEB「2021年4月 政治意識月例電話調査」。https://www.nhk.or.jp/senkyo/shijiritsu/pdf/aggregate/2021/y202104.pdf（2021年4月30日ウェブサイト確認）

蒲島郁男（1988）『政治参加』東京大学出版会。

蒲島郁夫・境家史郎（2020）『政治参加論』東京大学出版会。

公益財団法人 明るい選挙推進協会（2015）『第47回 衆議院議員総選挙の実態―調査結果の概要―』。http://www.akaruisenkyo.or.jp/060project/066search/（2021年5月31日ウェブサイト確認）

公益財団法人 明るい選挙推進協会（2018）『第48回 衆議院議員総選挙の実態―調査結果の概要―』。http://www.akaruisenkyo.or.jp/060project/066search/（2021年5月31日ウェブサイト確認）

河野啓・中瀬剛丸・加藤元宣（2001）「無党派層の増加と変化への期待〜90年代の選挙と有権者の意識」『NHK放送文化研究所年報2001』46, 53-114頁。

財団法人 明るい選挙推進協会（2006）『第44回 衆議院議員総選挙の実態―調査結果の概要―』。http://www.akaruisenkyo.or.jp/060project/066search/（2021年5月31日ウェブサイト確認）

財団法人 明るい選挙推進協会（2010）『第45回 衆議院議員総選挙の実態―調査結果の概要―』。http://www.akaruisenkyo.or.jp/060project/066search/（2021年5月31日ウェブサイト確認）

財団法人 明るい選挙推進協会（2013）『第46回 衆議院議員総選挙の実態―調査結果の概要―』。http://www.akaruisenkyo.or.jp/060project/066search/（2021年5月31日ウェブサイト確認）

斎藤淳（2010）『自民党長期政権の政治経済学―利益誘導政治の自己矛盾―』勁草書房。

境家史郎（2013）「戦後日本人の政治参加―『投票参加の平等性』論を再考する―」『年報政治学』64（I）, 236-255頁。

田中愛治・河野勝・日野愛郎・飯田健・読売新聞世論調査部（2009）『2009年, なぜ政権交代だったのか 読売・早稲田の共同調査で読みとく日本政治の転換』勁草書房。

豊田秀樹（1998）『共分散構造分析 入門編―構造方程式モデリング―』朝倉書店。

平野浩（2002）「社会関係資本と政治参加―団体・グループ加入の効果を中心に―」『選挙研究』17, 19-30頁。

三村憲弘（2020）「党派性の三相モデル―安定に至る二重過程を析出する―」『選挙研究』36（1）, 62-76頁。

読売新聞オンライン「2021 年 4 月 電話全国世論調査 質問と回答」。https://www.yomiuri.co.jp/election/yoron-chosa/20210404-OYT1T50211/（2021 年 4 月 30 日ウェブサイト確認）

Bendor, J, Diermeier, D.and Ting, M.（2003）"A Behavioral Model of Turnout," *American Political Science Review* 97(2): 261-280.

Fowler, J.（2007）"Habitual Voting and behavioral Turnout," *The Journal of Politics* 68(2): 335-344.

Gerber, A. S., Green, D. P. and Larimer, C. W.（2008）"Social Pressure and Voter Turnout: Evidence from a Large-Scale Field Experiment," *American Political Science Review* 102(1): 33-48.

Pattie, Charles, Patrick Seyd and Paul Whiteley（2004）*Citizenship in Britain Values, Participation and Democracy,* Cambridge: Cambridge University Press.

Putnam, R.D.（1993）*Making Democracy Work: Civic Traditions in Modern Italy*, Princeton University Press.

Samejima, F.（1969）"Estimation of latent ability using a response pattern of graded scores", *Psychometrika* 17: 1-100.

Verba, S.（1996）"The Citizen as Respondent: Sample Surveys and American Democracy Presidential Address, American Political Science Association, 1995", *American Political Science Review* 90(1): 1-7. doi:10.2307/2082793.

Verba, Sidney and Norman H. Nie（1972）*Participation in America: Social Equality and Political Democracy*, New York: Harper & Row.

第 2 章
住民投票における設問形式のパターンと
それらがもたらす帰結
―― 投票争点および実施に至る政治過程に着目した分析 ――

塩 沢 健 一

1. はじめに

　住民投票には，選挙をはじめとする間接民主制の手法のみによっては表出しえない，個別の政策課題に対する「民意」を集約する機能が期待される。しかしながら，これまでの諸事例を概観すると，投票争点となる政策課題をめぐり展開される政治過程の延長線上で，いわば「政局」の産物として住民投票の実施が決定したケースや，あるいは投票の実施方法や実施のタイミング自体が政治的争点となり，様々な妥協の末に投票実施に至ったケースも珍しくない。我が国における住民投票は，自治体議会が定める「住民投票条例」に基づいて行われるのが最も一般的であるため，政策課題をめぐる意見対立や投票の実施方法などに関する意見の相違が議会内でひとたび表面化すれば，住民投票条例案の審議過程もしばしば，政局の要素を含むものとならざるをえない。こうした議会内過程を経て実施される住民投票は，一般の市民にとっては内容がわかりにくいものとなったり，投票後においても不明瞭な要素を残すなどして混乱を招いたりして，「民意」の集約機能を充分に果たせないような事態に陥ることもある。

　そうした混乱・混迷をもたらす1つの要因となりうるのが，住民投票におけ

る「設問形式」のあり方である。住民投票は「二者択一」を基本的な設問形式としつつも，これまで多種多様な選択肢の下，全国各地で実施されてきたが，筆者自身もこれまでの一連の研究において，設問形式が有権者の投票行動や投票率，「民意」の表れ方に及ぼす影響について分析を行ってきた（塩沢 2003；2008；2009a；2009b；2019；2020）。他方で，各地の事例において設問形式が確定するに至るプロセスに関しては，一連の研究において必ずしも充分な注意を払ってこなかったが，投票対象となる争点自体の性質や投票実施のタイミングなどによっても，設問形式のあり方はしばしば異なるものとなる。

　このように住民投票をめぐっては，投票実施に至るプロセスや政策課題の性質に応じて設問形式のあり方も多様なものとなり，また設問形式のパターンによって，有権者の投票行動やその後の経過においても様々な政治的帰結がもたらされるといえる。本章ではこれらのことを念頭に置き，まずは設問形式のパターンに着目した国内外の先行研究について整理したのち，合併関連の住民投票に焦点を当てて考察を加える。続けて，住民投票の設問形式をめぐる政治過程について，庁舎整備関連および米軍基地問題を争点とした事例に着目し，設問形式が確定するに至る政治過程を概観する。これらのうち，後者の米軍基地問題をめぐる住民投票は，種々の事例の中でも投票争点に着目したときにとりわけ，賛成・反対だけでは割り切れない性質を持つものといえる。

　基地問題をめぐっては，もろ手を挙げて「賛成」する有権者は少ない一方，地元経済や財政への恩恵を考慮して正面から「反対」するのも難しいと考える有権者は少なくない。筆者自身も 1996 年の沖縄県民投票や 2006 年の山口県岩国市における住民投票の分析を通じて，多様な「民意」を賛否 2 択で集約することの限界性を明らかにしてきたが（塩沢 2004；2009b），直近でいえば，2019 年に実施された沖縄県民投票は，後述するように設問形式そのものが 1 つの「政治的争点」となった事例といえる。本章の終盤では，2019 年の沖縄県民投票に主として着目し，当初は賛否 2 択の原案が可決されたものの，その後「どちらでもない」を加えた 3 択案が修正可決されるに至る政治過程を概観するとともに，県民投票の市町村別データを用いて分析を試みる。

2．先行研究を踏まえた考察

　先述のように，これまでに行われてきた全国各地の住民投票では，多種多様な選択肢が用いられてきた。それらは多分に，争点とされた政策課題それ自体の性質や，争点をめぐる議論の進捗に応じて設定されてきた側面もあるが，そうした設問形式の違いによって，投票結果の傾向に相違はみられるのだろうか。また設問形式のパターンごとに，投票結果の尊重のされ方に違いは生じるのだろうか。我が国における住民投票をめぐっては，これまでの投票事例の大半が市町村合併を争点としたものであったことから，合併関連の事例を分析対象とした先行研究は，筆者自身によるものも含めて比較的多くみられる。本節ではまず，それらを中心に設問形式のパターンに着目した先行研究について概観しながら考察を加え，米軍基地関連の先行研究に関しては，後の分析の際に改めて整理することとする。

2-1　合併関連の事例における設問形式のパターンと投票率・投票参加

　まず，我が国で合併を争点として実施されてきた住民投票には，大きく分けて2種類のものがある。1つは先述のように自治体議会が定める「住民投票条例」に基づくもの，もう1つは合併特例法（以下，特例法と記す。）に規定された住民投票制度に基づくものだが，先行研究の多くは前者を分析対象としたものである。

　まず，最もシンプルで，かつ一般的によく用いられる設問形式は，特定の政策課題に対して賛否2択で尋ねる"yes or no"タイプの住民投票である。特例法の当時の期限であった，2005年3月末までに条例に基づき実施された住民投票を対象に分析を行った塩沢（2008）では，争点が単純化されるほど投票率は上昇するとの仮説に反し，最もシンプルな「賛成／反対」の2択で行われた住民投票のほうが，多種多様な選択肢の下で行われた住民投票よりも投票率は伸び悩む傾向のあることが示されている。またそうした傾向は，有権者数の少

ない小規模町村ほど顕著であった。その点に関して塩沢は，埼玉県菖蒲町で自ら実施した郵送調査のデータや鹿児島県金峰町の事例における投票区別投票率のデータを踏まえて，小規模町村の有権者ほど合併の相手先に関して強い選好を持ち，単一の合併パターンをめぐり賛否2択で問われた際に，投票対象とされない他の合併枠組みを希望する有権者にとって意思表明しづらい投票となることで，投票率に対してマイナスの影響をもたらす可能性のあることを指摘している。

塩沢（2020）においては，合併枠組みを選択させる形式の事例や，「賛否2択」事例と「枠組みのみを問う2択」事例の相違に着目して，選択肢の多寡や設問形式がもたらした帰結がどのようなものであったかについて分析を試みている。分析上の種々の制約から明示的な結論とまではいえないものの，選択肢の数が多すぎる住民投票は投票参加に対してマイナスの影響をもたらすことを明らかにしており，他方で同じ「2択」の住民投票に限定すると，合併の賛否を問うより枠組みを問うケースのほうが投票率は高まる傾向のあることが示されている。これらの結果から，合併協議のプロセスの中で選択肢の絞り込みが適切に行えるような状況下において，合併を争点とする住民投票は最も効果的に機能すると指摘している。

他方で，塩沢（2019）では特例法の規定に基づく住民投票に着目し，実態として合併の「何が」問われたのかを明らかにしている。同法における住民投票では，公式な合併協議の場となる「法定合併協議会（法定協）」の設置の是非が争点となり，ある特定の合併枠組みに関する法定協設置議案について「賛成」「反対」の2択で投票が行われるが[1]，一連の投票事例において最も特徴的だったケースといえるのは，投票対象となったものとは別の枠組みによる法定協がすでに存在する状況下で，既存の法定協とは異なる枠組みでの合併を求める側からの請求により，実施されたものである[2]。砂原（2018）による分析の追試・改善を行いつつ特例法による住民投票を分析したところ，投票率を従属変数とした分析では「既存の法定協あり」ダミーが有意なプラスの相関を示した。すなわち，前述のような「既存の法定協あり」の投票事例では，実質的には2つ

の合併案からいずれかを選択する投票となり，各案を支持する立場からそれぞれ活発な投票運動が展開され，有権者の関心を高めることにつながったと考えられる。

2-2 争点および設問形式のパターンと投票結果・投票行動

賛否の投票結果や投票行動の規定要因に着目した先行研究としては，米国の州民投票に関するものをいくつか挙げることができる。"Voter Competence / Voter Reasoning"，つまり住民投票において有権者が合理的な判断を下すことは本当に可能なのか，各自の価値観や興味・関心に合致した投票を行うことはできるのか，といった視点からの研究がみられ（Bowler and Donovan 1998; Cronin 1989; Magleby 1984），設問形式という観点からいえば，不確実な状況下での反対投票の傾向について明らかにされている。

論理的に考えて，人々は住民投票の内容よりも「現状」について，より多くのことを知っていると推測されるため，住民投票について完全な情報を持ち合わせていない有権者にとっては，現状を変えるという選択肢（=YES）は，現状を維持すること（=NO）と比べて，より大きな不確実性と危険性を伴うものとなる。心理学的にみても人々は一般的に「危険回避型」であり，オレゴン州で1910年から1990年までの間に行われた住民投票のデータによると，1回の選挙で行われる住民投票の数が1件増えるごとに反対票が37％，カリフォルニア州の1974年から1992年までのデータからは反対票が41％，それぞれ増加することがわかっている[3]（Bowler and Donovan 1998, 48-49）。

つまり，一度に実施される住民投票の件数が増えれば増えるほど，有権者が1件当たりの住民投票に対して所有できる情報量は減少するわけだから，不確実性を伴う住民投票においては，人々はより安全な"NO"という選択肢を選ぶ傾向があるということである。"When in doubt, vote no（疑わしいときは，反対投票を）"という態度を取るのが一般的であり，"Vote no on all the issues（すべての案件に反対投票を）"といった組織化されたキャンペーンや，"No-No-No"のようなスローガンもしばしば効果的なものとなるという指摘がある（Cronin 1989, 85）。

我が国の合併関連の先行研究に話を戻すと，上述のような「反対」票の性質について別の観点から検討を加えたものとして，埼玉県蓮田市・白岡町・菖蒲町で，これら1市2町による合併の是非を争点として2005年1月に同日実施された住民投票に着目し，郵送調査に基づく分析を試みた塩沢（2009a）が挙げられる。1市2町における「合併反対」の投票理由に着目すると，菖蒲町だけは他の市町と傾向が異なり，投票理由を答えた人の約4割が「合併相手に不満がある」ことを合併反対の理由として挙げており，そのうちの半数近くは，久喜市を中心とした合併を希望することを具体的に述べている[4]。つまり菖蒲町の場合は，投票対象とならなかった別の合併案を支持する意思表示として多くの「反対」票が投じられており，各自治体が辿った合併協議の経緯によって，「反対」票の持つ意味合いは変わりうるといえる。

また先述の塩沢（2019）では，特例法の規定に基づく住民投票の賛成率を従属変数とした分析も行われている。こちらに関しては，「既存の法定協あり」ダミーが有意なマイナスの相関を示しており，すなわち「既存の法定協あり」事例ほど反対多数となりやすかったといえる。このパターンの住民投票は，既存の合併枠組みとは異なる枠組みを支持する側が巻き返しを図るための手段として，直接請求を行い実現に至ったケースであるが，結果的には半数以上のケースで既存の枠組みが支持され，後発の合併案に対する否定という意味合いからより多くの「反対」票が投じられたといえる。

2-3 合併関連の事例をもとにした考察

以上の先行研究の整理も踏まえ，合併関連の住民投票に焦点を当てて考察を進める。周知の通り我が国では，2000年代前半の時期を中心に全国的に市町村合併が推進され，この「平成の大合併」においては，2005年3月末を期限とする当時の合併特例法に盛り込まれた財政上の優遇措置などを念頭に，多くの自治体が何らかの形で合併の是非や枠組み等をめぐって協議し意思決定を行った。こうした状況の中，合併を争点とした住民投票の活用も全国各地で加速度的に進み，自治体議会が定める「住民投票条例」に基づく投票事例は，

2005年3月末までの約4年間の間に350件を数えるに至った[5]。これらの事例をもとに，設問形式のパターンや投票結果などについて，実施時期ごとの傾向等をみていく。

(1) 時期ごとの設問形式の特徴

合併をめぐる住民投票の争点には大別して「合併することへの賛否」と「枠組みに対する賛否」の2点があるといえるが（河村 2010），表2-1に示したように，実施時期にかかわらず最もシンプルな「賛否2択」形式による投票事例が最も多いことがわかる。そのほとんどは，特定の合併枠組みを示した上で，その賛否を問う形式のものであるが，相手先などは明示せず合併すること自体の是非を問う事例も数件みられた。また「平成の大合併」では，同一の合併枠組みをめぐって関係する複数の自治体で同時に住民投票を実施したケースも多く，こうした「複数統一実施」事例の多くが賛否2択の形式であったことも，表2-1に示した件数の多さの一因といえる[6]。

他方で表2-1からわかるように，「大合併」の比較的初期の段階では，2案

表2-1　条例に基づく合併住民投票：実施年ごとの設問パターンの傾向
　　　　（2001年～2005年3月末）

投票実施年	賛否2択	枠組み2択	3択以上
2001・2002	1	1	4
2003	54	12	16
2004	144	5	20
2005（3月末まで）	79	0	4
総　計	278	18	44

(注) 賛否の選択肢のほかに「どちらともいえない」「合併はやむを得ない」「議会に委ねる」など中間的な選択肢を含めた事例は「賛否2択」として集計している。一方，合併後の住居表示をめぐって住民投票を行った兵庫県一宮町のほか，合併しない選択肢を2つ（「単独市制」「そのまま町でいる」）含む3択で実施された広島県府中町，「合併する」の場合のみ合併枠組みについても投票させた岡山県奈義町，同県金光町，1人2票の形式で「合併することへの賛否」と「合併の枠組み」を同時に尋ねた事例（福岡県津屋崎町，群馬県吉井町，高知県中土佐町，同県大野見村），合併の賛否と時期を3択で問うた長崎県小長井町，合併の賛否のほかに条件付きの賛成／反対を含む4択形式で行われた岡山県東粟倉村の各事例は除外した。

の合併枠組みのいずれかを選択させる「枠組み2択」のパターンや,合併しない選択肢も含めて枠組みなどを問う「3択以上」のパターンに該当する事例も,相対的に多くみられる。ただ,合併特例法の期限である2005年3月末にかけ,年を追うごとに「賛否2択」のケースが増加しており,同法失効前の最後の3カ月間（2005年）はほぼすべての住民投票が賛否2択の形式で実施されている。すなわち,合併をめぐる一連の協議プロセスのどの段階で住民投票を活用するかによって,協議段階に応じた設問形式が採用されてきたことがわかる。

(2) 設問形式と投票結果の関係性

また,同じ「賛否2択」形式の住民投票であっても,どのタイミングで実施されるかによって,争点としての意味内容は変わってくる。たとえば合併協議過程の比較的初期の段階であれば,任意の協議会から法定合併協議会に移行するタイミングなどで,正式な協議に入ることの是非を住民投票で問うようなケースが特徴的であるし,協議途中の段階であれば,合併協議が難航するなどした中で改めて住民の意思を確認するようなケースもしばしばみられた[7]。逆に,合併特例法の期限により近い時期に実施されたケースであれば,法定協での協議もすべて終了した後で,最終的な住民の「お墨付き」を得ることを意図した住民投票が散見された。表2-2は,賛否2択形式の住民投票が顕著に増加した2003年から2005年（3月末まで）において,実施年ごとの投票結果の傾向を整理したものであるが,合併協議過程の初期段階や協議途中の段階での事例が比較的多い2003年や2004年に関しては,賛成多数のケースが反対多数の

表2-2 賛否2択の合併住民投票における実施年ごとの投票結果の傾向
（2003年～2005年3月末）

投票実施年	賛成多数	反対多数	投票不成立
2003	30	23	1
2004	71	68	5
2005（3月末まで）	51	25	3
総　計	152	116	9

ケースより若干多い程度である一方，2005年3月末までの3カ月間においては賛成多数のケースが目にみえて多いことがわかる。本章の執筆時点ではこれ以上の詳細な分析を試みる余裕はないが，合併特例法の失効が近い時期に行われたケースほど，先述のように合併後の「青写真」は住民に対してより明確に示されていることが多く，また期限内の合併を逃すと財政上の優遇措置を受けられなくなることも手伝って，同法の期限に近い時期ほど賛成多数となるケースが多かったものと思われる[8]。

続いて枠組みなどを問うパターンについては，投票結果が「尊重」されたかどうかという観点を中心にみていきたい。上田（2005）によれば，2002年から2005年3月末までに実施された349件の合併に関する住民投票のうち，投票で最多の支持を得た選択肢について議会が積極的に（自律的に）拒否したケースが，少なくとも23件（7%）ある。何をもって結果が「尊重された／されなかった」とみなすかは，事例ごとに事情も様々であり，一律の基準で類型化するのは容易ではないが，上田（2005）も述べているように合併は相手のある話であり，協議過程における状況の変化によっては投票結果を自律的に「尊重」できないケースも生じうる。上記の「23件」という数字は，そうした合併関連事例の特質を考慮に入れて示されたものだが，いずれにせよ，結果的に「尊重」のしようがないケースまで含めて考えると，少なからぬ事例において，多数票の結果の通りに合併についての判断が行われなかったことがわかる。

また，枠組みなどを問うパターンのうち，とりわけ3択以上で実施される住民投票に関しては，過半数の票を得る選択肢が表れるとは限らない。過半数を超える選択肢の有無は，投票実施後の首長や議会の判断にも一定の影響を与えることが予想される。表2-3は3択以上で行われた住民投票について，過半数を超えた選択肢の有無と，最多票の選択肢の通りに合併に関する判断がされたかどうかを整理したものであるが[9]，まず，中間的な選択肢を設けたケースなどを除いた45件のうち，過半数を超える選択肢があったのが23件，過半数選択肢がなかったのが22件と，ほぼ半々である。このうち前者については，最多票の通りに投票結果が反映されたケースが23件中18件であるのに対し，

表2-3　3択以上の合併住民投票における過半数選択肢の有無と最多票の反映状況

	最多票反映	他の選択	その他
過半数選択肢あり	18	2	3
なし	11	11	0
総　計	29	13	3

(注) 表2-1の注の冒頭に記した，賛否の選択肢のほかに中間的な選択肢を含めた事例は除外している。このほか，合併の賛否のほかに条件付きの賛成／反対を含む4択形式で行われた岡山県東粟倉村と，いずれも過半数を超えない場合，「合併せず美濃市単独」と「当面は合併せず，将来美濃市の良さを活かした条件の合併を検討」を足して「関市へ編入する条件で合併」と比較するとして投票実施した岐阜県美濃市の各事例は除外した。

後者については，結果が反映されたのは22件中ちょうど半数の11件にとどまる[10]。「他の選択」を行ったケースの中には上田（2005）に示されたような，議会が積極的に拒否したケースもあれば，協議相手の離脱により異なる選択をしたケース，その後の首長選挙や2度目の住民投票の結果を受けて判断が変わったケースなど様々であるが，過半数を超える選択肢があるか否かによって，その後の帰結にはある程度まで傾向の相違があるとみなすことができる。やはり過半数を超える選択肢がないケースでは，投票結果が首長・議会や協議相手の自治体など関係する諸アクターの判断に与える影響力は，相対的に弱まるといえそうである。

3．住民投票の設問形式をめぐる政治過程

ここまでみてきたように，住民投票における設問形式の相違が，有権者の投票参加や賛否の行動に様々な影響をもたらし，たとえば形式的には同じ「賛否2択」であっても，個々の事例ごとの文脈や投票の実施のされ方などによって，結果には様々な意味合いが含まれるといえる。それゆえ，投票実施に至る前段階として，そもそも住民投票に際してどのような設問形式を用いるのか，という点もまた，首長や議会などの政策決定者や賛否等を主張する利害関係者にとって，重大な関心事となる。本節では，近年実施例が比較的目立つ庁舎整備

関連のものと，米軍基地問題を争点とした事例に着目し，設問形式が確定するに至る政治過程を概観することとする。

3-1　庁舎整備を争点とした住民投票

　我が国における住民投票の争点に着目すると，とりわけ2010年代以降に目立つようになってきたのが，公共施設・インフラ整備をめぐって賛否やその方向性を問う事例である。実施自治体と争点を個別にいくつかピックアップすると，長野県佐久市（文化会館の建設／2010年），東京都小平市（道路計画／2013年），埼玉県北本市（JRの新駅建設／2013年），愛知県小牧市（図書館建設／2015年），滋賀県野洲市（市民病院の整備計画／2017年），奈良県宇陀市（宿泊施設の誘致／2018年）などが挙げられ，実施件数自体は2000年代前半をピークとする合併関連の事例に遠く及ばないものの，投票争点は多様化しつつある。

　そうした中でも実施件数が比較的多いといえるのが，役場庁舎の建て替え・移転・改修など「庁舎整備」を争点とした住民投票であり，2012年の鳥取市の事例をはじめとして，2024年4月に投票を実施した大分県津久見市まで計12件の事例を数える。表2-4に示した通り，設問形式としてはいずれもすべて2択で実施されているが，「賛成／反対」を問う形式で行われたものは長崎県壱岐市と鹿児島県垂水市の2例のみである。塩沢（2016）においても指摘しているように，2案のうち一方を選ばせる形式で実施された事例が多く，その中でもいくつかのパターンに分けることができるが，庁舎の建て替えを前提とした上で「建設位置」のみを選択させる形式，建設位置はあらかじめ確定した上で新庁舎の「規模」のみを選ばせた形式がある一方，「建設位置」と「新築か増改築か」を同時に選択させる形式も目立つ[11]。

　2案のいずれかを選択させる設問形式が採用されやすいのは，庁舎整備という争点の持つ性質にその理由の1つがあるといえる。すなわち，塩沢（2016）でも言及しているように，自治体の庁舎は領域内のどこかに「必ず置かなければならない」施設であるため，耐震強度が不足したり老朽化や狭隘化が進んだ庁舎を，何の対策もせず継続使用するという「現状維持」の選択が取りづら

表2-4 庁舎整備をめぐる住民投票一覧

	投票日	投票率	多数票の選択肢	少数票の選択肢	備考
鳥取県鳥取市	2012, 5.20	50.81	現本庁舎の耐震改修及び一部増築：47,292票	旧市立病院跡地への新築移転：30,721票	
三重県伊賀市	2014, 8.24	42.51	投票率が成立要件の50％に達せず，未開票。選択肢は「県伊賀庁舎隣接地」と「現庁舎地」。		
滋賀県高島市	2015, 4.12	67.85	現・新旭庁舎の改修・増築：18,565票	今津への新築移転：8,692票	県議選と同日実施。
長崎県壱岐市	2015, 4.26	63.67	庁舎建設に反対：9,703票	庁舎建設に賛成：4,629票	
愛知県新城市	2015, 5.31	56.23	規模縮小：12,899票	現計画賛成：9,759票	投票資格は18歳以上。未成年者の投票率は31.73％
大阪府和泉市	2015, 11.22	48.82	和泉中央住宅展示場跡地：36,172票	現庁舎敷地：33,213票	府知事選と同日実施。
沖縄県竹富町	2015, 11.29	80.25	西表島・大原：1,459票	石垣市内：1,140票	現庁舎は海上交通の利便性を考慮し，石垣市内にある。
沖縄県石垣市	2016, 2.7	39.05	旧石垣空港跡地：11,895票	現庁舎敷地：2,655票	
山梨県南アルプス市	2016, 3.20	49.92	現庁舎の用地買収による増築計画：15,699票	新庁舎基本計画に沿った新築移転：12,299票	
鹿児島県垂水市	2020, 8.9	68.83	現行の庁舎建設計画に反対：4,424票	現行の庁舎建設計画に賛成：4,080票	
高知県室戸市	2023, 2.19	46.43	現庁舎の耐震補強，改修工事：3,478票	庁舎の移転，建替え：1,506票	
大分県津久見市	2024, 4.21	63.13	津久見港埋め立て地への庁舎建設案：5,770票	旧市立第二中等を活用した分庁舎案：2,669票	

(注) 塩沢（2016）の表に最新の事例を追記した。なお，備考に記載のある新城市のほか，2016年6月に「18歳選挙権」が施行されたため，それ以降に実施された垂水市，室戸市，津久見市の住民投票はいずれも，投票資格を18歳以上として実施されている。

く，「あっても無くてもよい」類の公共施設とは性質が異なり，いわゆる「ハコモノ」として批判にさらされてきた他の建築物とは，必ずしも同一視できるものではない。他方で，上田（2011）も指摘するように，行政や議会が出してきた政策にブレーキをかける「統制型」の住民投票は，目の前の事業を「止め

るだけ」にとどまってしまいがちな点で一定の限界を抱えるため，たとえば行政が推進する庁舎整備計画に対して単純に賛否を問うだけでは，反対多数の結果が出たときにその後の方向付けをただちに行うことはできず，かえって混乱を招く恐れもある。そうした観点からも，2案からいずれかを選択させる設問形式に落ち着くのは，ある意味では必然と言える。

ただ，2案のうち一方を選ばせる形式は一見すると，実現可能な案が絞り込まれた上で充分に精査された案が2つ残った結果とみることもできそうなのだが，実際上は，わかりにくさを残したまま2つの案が提示された住民投票も散見される。そうした事例の詳細は紙幅の都合により省略するが，関連する補助金の適用期限なども睨みながら[12]，庁舎整備案や投票実施方法などについて異なる主張を述べる議員間（もしくは首長と議会多数派との間）において妥協が図られ，その結果として，有権者にとってみればわかりにくい選択肢の下で投票に臨むことを余儀なくされたケースも少なくない[13]。

3-2 米軍基地問題を争点とした住民投票

米軍基地問題を争点として，我が国でこれまでに実施されてきた住民投票は，1996年と2019年の2度行われた沖縄県民投票と，1997年の沖縄県名護市，2006年の山口県岩国市の各事例と合わせて4件ある。筆者自身も1996年の沖縄県民投票や（塩沢2004），岩国市の事例について（塩沢2009b），投票率や投票行動の分析を試みてきたが，基地問題をめぐる住民投票に共通する側面としては，この2つの事例のように賛否2択で実施されたケースもありながら，実際上は賛成・反対だけでは割り切れない「民意」が存在する，という点がある。すなわち，生活環境の悪化や潜在的な事故の危険性などの「迷惑」を受け入れる代わりに地域振興策を享受するか否かが，基地問題においては1つの焦点となり，一般的に考えて，こうした「迷惑」は自ら進んで受け入れる類のものではないため，地域振興なり財政不安の解消なりを切望する有権者にとっては，こうした問題に判断を下すのは必ずしも容易なことではない（塩沢2009b）。

1996年の沖縄県民投票は，それまで表立って基地問題を語ることがタブー

視されてきた中で，県民が初めて意思表示する機会を得た点では画期的だったのだが，一方で沖縄においては，米軍基地内で雇用されている基地労働者や，米兵を相手に商売をすることで生活が成り立っている者も少なくない。そうした立場の県民にとっては難しい判断を迫られる住民投票であり，基地労働者による既存の労組と袂を分かつ形で1996年8月に結成された全沖縄駐留軍労働組合（沖駐労）は，県民投票に反対する立場から投票を棄権する考えを示した（『沖縄タイムス』1996年8月16日）。

また2006年に行われた岩国市の住民投票は，同市の常設型住民投票条例に基づいて，市長自らが「市議会との意見の乖離」などを理由として発議したものだったが，これに市議会議員の多くは反発し，当時の議長は「住民投票をもし実施するなら，『白紙撤回』か『他の道も模索すべきだ』と聞くべきだ」と主張した（『朝日新聞』山口版2006年2月3日）。「賛否の二者択一では市民の意見が正確に反映されない」などとして，棄権を呼びかける市民団体もビラの配布や街宣車による活動などを行い，こうしたボイコット運動の効果は限定的ではあったと思われるものの，最終的な住民投票の焦点は，賛否そのものよりも住民投票の成立要件である「投票率50％」を超えるか否かに移っていくこととなった（塩沢2009b）。

この2つの住民投票では，基地縮小を求める意見，もしくは基地機能強化に反対する意見が，いずれも圧倒的多数を占める結果となったのだが，他方では，単純には割り切れない課題を賛否2択で尋ねることを疑問視する意見が，県民・市民の間でも少なくなかったといえる。米軍基地関連の残る2つの事例は，こうした中間的な要素も含めて，賛否2択とは異なる形式をとるに至った事例である。名護市民投票については本節で触れた後，2019年の沖縄県民投票については次節で，市町村別投票率の分析と併せて述べることとしたい。

・名護市の事例

1996年4月の日米両政府間における普天間基地の返還合意を受け，その代替施設の移設候補地として名護市の米軍キャンプ・シュワブが挙がると，同市の比嘉鉄也市長は「海上ヘリポート建設に基本的に反対」の立場から，当初は

政府側の事前調査の協力要請に拒否の姿勢を示したものの，その後，事前調査の受け入れを表明した（『琉球新報』1997 年 1 月 21 日；同年 4 月 19 日）。これに反発した建設反対派の各団体が結集し，全有権者の半数近い有効署名をもとに1997 年 9 月定例議会で住民投票条例の制定を求める直接請求を行った。

請求時点で条例制定に賛成の議員は少数派だったため，条例案は否決されるものとみられていたが，9 月 16 日に比嘉市長が「住民投票は実現したほうがいい」と発言し[14]，25 日には経済効果を絡めた設問項目を加えた 4 択形式とするなどの修正意見を市長が添えて，条例案が上程された（『琉球新報』同年 9 月 17 日；同月 26 日）。修正意見が示された時点では，与党側は「修正可決と，条例案否決が拮抗」する状況であった。その後，29 日に条例案をめぐる集中審議が行われると，野党側は「住民請求を黙殺するものだ」と非難する一方，市側は「基地に対して，賛成，反対だけでなく中間層の市民の声を拾い上げるためにも 4 択は必要」と強調した（『琉球新報』1997 年 9 月 29 日）。

結局，会期を 3 日間延長したのち，10 月 2 日夜に与党側が提出した条例修正案が可決された。設問形式は市長の意見に沿う形で，① 賛成，② 環境対策や経済効果が期待できるので賛成，③ 反対，④ 環境対策や経済効果が期待できないので反対，の 4 択形式となった。

その後 12 月 21 日に実施された住民投票に向けては，「基地建設で振興策を」と呼びかけた賛成派が「条件付き賛成」への投票を，対する反対派はあくまで「反対」への投票を，それぞれ訴える投票運動を展開した。そうしたこともあり，投票結果は反対票の合計が投票総数の約 53％を占め過半数を超えた一方，条件付き賛成が約 37％の票を得たことから，賛成票の合計も約 45％に達し，賛否は幾分拮抗する結果となった。この前年に行われた沖縄県民投票や，2006 年の岩国市の住民投票のように圧倒的な大差とならなかった要因の 1 つは，"容認" に近いニュアンスを含む中間的な選択肢が盛り込まれた設問形式にもあるといえるだろう[15]。

4．2019年沖縄県民投票の設問形式と市町村別の投票傾向

続けて，2019年2月の沖縄県民投票について，設問形式の確定に至る政治過程を整理するとともに，県民投票における市町村別データの分析を試みる。

4-1　住民投票条例案と設問形式をめぐる政治過程

2019年沖縄県民投票の条例制定過程に関して，概要を記した久保（2019）も参照しながら整理すると，まず原案の提出は元山仁士郎を代表とする「辺野古」県民投票の会が主導した直接請求に基づくものであった。急逝した翁長雄志の遺志を継ぐ形で出馬した玉城デニーが知事に初当選した翌月，2018年10月26日の本会議で，辺野古新基地建設の賛否を問う県民投票条例案は，県政与党提案の賛成，反対を問う2択の案が賛成多数で可決された。一方，野党の沖縄・自民と中立の公明は，賛否のほか，「やむを得ない」「どちらとも言えない」を加えた4択案を提出したが，こちらは否決された。久保（2019）も指摘するように，県民投票をめぐる一連の過程は前年の県知事選と同様の党派間対立の構図として理解可能であり，そうした側面は県民投票の投開票事務を委託される側の市町村の判断にも色濃く表れることとなる。

まず，本会議での採決に先立つ10月10日の米軍基地関係特別委員会で，投開票の事務に関する市町村との協議状況を県が説明する中で，県内41市町村のうち，うるま，浦添，宜野湾，豊見城，糸満，石垣の6市が回答を保留していることが明らかにされた[16]（『琉球新報』2018年10月11日）。このうち石垣の市議会では，「一定の政治的主義主張に公費を使用して訴えるもの」として県民投票に反対する意見書を，9月定例議会の最終本会議において賛成多数で可決している（『八重山毎日新聞』2018年10月18日）。このように県民投票条例案の審議段階からすでに，保守系首長を擁する市町村からの協力を得られるかどうかが，焦点の1つとなっていた。

その後11月27日には，翌2019年2月14日告示・24日投開票の日程が確

定するが，各市町村の12月議会における関連予算の審議においても，予算案を否決または削除する動きがみられ，年内に投票事務に係る予算案を可決し実施が決まったのは，34市町村にとどまった（『沖縄タイムス』2019年1月6日）。残る7市町のうち，与那国町長は予算を執行する意向を示し，糸満市議会では再議において1月8日に可否同数・議長採決により可決されたが，県民投票の告示まで1カ月を切る同月18日までに，宜野湾，宮古島，沖縄，石垣，うるまの5市の各市長は県民投票への不参加を表明した[17]。再議を含め2度否決した議会の決定を重くみた各市長の判断であったが，「単に○か×かで市民に迫るやり方はあまりに乱暴」（桑江朝千夫・沖縄市長）といった意見のほか，反対した議員の間に賛否2択の設問形式への批判が強いことが判断に影響したケースもあったようである（『沖縄タイムス』2019年1月8日；『琉球新報』同年1月15日）。

　こうした状況の中，県も一時は「全県実施」を断念する意向を示し，住んでいる市町村によって県民投票に参加できるか否かが決まる可能性が残された[18]。しかしその一方で，5市長や県議会に対する県内世論の不満の高まりもあり，県議会では妥協案が急浮上する。1月16日以降，公明会派が新里米吉議長に働きかけ，選択肢を3択とする妥協案[19]を示すとともに与野党の再調整役を水面下で要請し，その後新里議長は19日に，県民投票の全市町村実施に向けて，「賛成」「反対」の2択に「どちらでもない」を加えた3択とする条例改正案で全会一致をめざす方向で，野党と調整に入ることを県政与党会派の代表者らに伝えた（『琉球新報』2019年1月20日）。いったんは与党2会派が2択のまま実施すべきと判断したが，玉城知事や，「辺野古」県民投票の会の元山代表らが3択案の支持・容認を表明し，不参加を表明していた市長らからも評価の声が上がる中，県政与党の全3会派は23日に，3択へ変更する条例改正を容認することを決め，その翌日には，県議会の各派代表者会議が開かれ，条例改正案を全会一致で可決することを確認した（『沖縄タイムス』2019年1月25日）。29日の臨時議会では全会一致とならなかったものの，3択案が可決され，その後5市の最終判断が2月1日に出そろい，県内41市町村による「全県実施」

が決まった。

4-2　設問形式をめぐる政治過程がもたらした影響——市町村別データの分析

　前述のような経緯も踏まえて，2019年沖縄県民投票における市町村別データの分析を試みる。分析にあたっては，1996年の沖縄県民投票に関して同様に市町村別データの分析を行った塩沢（2004）を参照することとするが，まず始めに言及しておかなければならないのが，分析サンプルの制約である。1996年当時においても市町村数は53であり，統計分析においては決して必要十分といえるサンプルサイズではなかったのだが，その後平成の大合併を経て，県内の市町村数は41となった。こうした分析上の制約を踏まえた上で，分析を試みることとする。

(1)　米軍基地関連の事例に関する先行研究

　米軍基地問題を争点とした住民投票について分析した先行研究のうち，設問形式に着目したものとして，まず，山口県岩国市の住民投票後に実施した郵送調査のデータをもとに分析を行った塩沢（2009b）が挙げられる。実際の住民投票は，厚木基地から岩国基地への空母艦載機部隊の移駐をめぐって「賛成」「反対」の2択で実施されたが，移駐案に関する当時の議論の中では，あくまでも「白紙撤回」を求めるのか，それとも「条件付受け入れ」を視野に入れるのか，という単純な賛否とは異なる対立軸も存在していた。その点を踏まえて実際の投票行動と，移駐案に対する態度を別々の設問で尋ねたところ[20]，反対票が圧倒的多数であった実際の住民投票とは異なり，「白紙撤回」「条件付受け入れ」という対立軸においては，岩国市民の「民意」は拮抗することが明らかとなった。また，これらをクロス集計で確認すると，反対票を投じた人でも約3割が「条件付受け入れ」派であること，住民投票を棄権した人の多くも，やはり「条件付受け入れ」派であることがわかる（表2-5参照）。

　また，2019年の沖縄県民投票をめぐっては，投票前後に実施されたインター

表 2-5 岩国市住民投票における実際の投票行動と
移駐案への態度：クロスデータ

	投票		棄権
	賛成投票	反対投票	
白紙撤回	3	334	23
条件付受け入れ	46	142	136
国の言うとおりに	2	1	3
わからない	1	15	17

（出所）塩沢（2009b）。

ネット調査をもとにした分析がなされており，後から付け加えられた「どちらでもない」という選択肢の影響について，実験調査をもとに検討されている（岡田・久保・柳 2019）。「どちらでもない」が加わることで，回答者全体では「賛成」も「反対」も減少させる効果がある一方，県民投票の参加者に限定すると「賛成」を減少させる効果はなく，「反対」を減少させる効果があることが示されている。この点は，反対票の中に一定の意見の幅があることを示した塩沢（2009b）とも符合するものといえる。

すなわち，上述した2つの分析の限りにおいては，基地問題をめぐる住民投票が賛否2択で行われた場合には，反対票の中により幅広い住民意思が含まれることとなり，そこに含まれる中間的な意見は，単純な賛否2択とは異なる選択肢の下で初めて表出するものと考えられる。

(2) 市町村別投票率および得票率の分析

続けて，2019年沖縄県民投票における市町村別投票率および得票率の分析を行う。

分析に先立って，データの出典および操作化の定義について整理しておく。高齢化率は2015年国勢調査のデータから計算したもの，納税義務者1人当たり所得は「統計でみる市区町村のすがた2020」から，課税対象所得および納税義務者数の2018年度のデータをもとに算出したものである。また離島ダ

ミーは，沖縄本島に所在する市町村を0，それ以外の県内離島の市町村を1とするダミー変数，基地ダミーは基地所在市町村を1，それ以外を0とする変数である。直近の県知事選における市町村別投票率や現職知事の絶対得票率と併せて，これら一連の変数群は，1996年の県民投票を分析した塩沢（2004）で採用したものと同種の変数である。

加えて本章においては，「5市ダミー」を分析モデルに投入する。これはすなわち4-1でも述べた，県民投票への不参加を一時表明していた5つの市（宜野湾市，沖縄市，うるま市，石垣市，宮古島市）を1，残る36市町村を0とするダミー変数である。2019年の県民投票をめぐっては，「全県実施」が実現するかどうか不透明な状況が長く続いたのは既述の通りだが，これら5市の有権者は投票日まで1カ月を切る中でもなお，県民投票に参加できるかどうか不確実なままであり続けた存在といえる。そうした状況が投票率や，各選択肢への投票傾向に何らかの影響を与えるのか否かを，5市ダミーにより確認する。

まず，市町村別投票率を従属変数とした分析からみていく（表2-6参照）。5市ダミーを除く各独立変数はいずれも，塩沢（2004）における1996年の県民

表2-6　2019年沖縄県民投票における市町村別投票率　重回帰分析

	モデル1	モデル2	モデル3
2018知事選投票率	.453 **	.501 ***	.455 **
高齢化率	−.318†	−.203	−.312†
納税義務者1人当たり所得	−.339 *	−.147	−.332†
離島ダミー	−.154	.119	−.162
5市ダミー	−.378 *	−.229†	−.374 *
2018知事選玉城絶対得票率		.620 ***	
基地ダミー			−.016
N	41	41	41
Adj R^2	.360	.620	.341

（注）*** p<0.001　** p<0.01　* p<0.05　† p<0.1
　　　表中の値は標準化係数。

投票の分析で有意な相関を示したものと同種の変数だが，直近の知事選における投票率や玉城デニーの絶対得票率が明示的な相関を示す以外は，高齢化率や納税義務者1人当たり所得において，一部のモデルで相関がみられるにとどまる。他方で5市ダミーについては，いずれのモデルでも有意な負の相関を示している。直感的な理解にも沿う結果といえるが，やはり県民投票に参加するのか否かが不透明な状況が続いた中では，5市における関心の高まりも限定的だったと考えられる。

ではそうした中で，市町村レベルにおける各選択肢への投票傾向はどのようなものであったのだろうか。反対，どちらでもない，賛成，それぞれの相対得票率を従属変数とした分析の結果は，表2-7の通りである。反対票の相対得票率をめぐる分析を軸にみていくと，まずマイナスの方向で相関を示すのが，離島ダミーと基地ダミーである。他方で5市ダミーは，玉城デニーの絶対得票率と同様に反対票の相対得票率に対してプラスの相関を示している。これら5市は，基地が所在する宜野湾市，沖縄市，うるま市と，離島にあたる石垣市，宮古島市であるが，離島ダミーや基地ダミーが負の相関を示したのとは相反す

表2-7　2019年沖縄県民投票における市町村別の**相対得票率**　重回帰分析

従属変数：	反対票		どちらでもない		賛成票	
	モデル1	モデル2	モデル1	モデル2	モデル1	モデル2
2018知事選 玉城絶対得票率	.547 ***	.511 ***	−.415 *	−.380 *	−.575 ***	−.539 ***
高齢化率	−.004	.094	−.083	−.176	.013	−.085
納税義務者 1人当たり所得	−.070	.053	.105	−.011	.028	−.095
離島ダミー	−.388 **	−.535 ***	.345 *	.483 **	.347 **	.493 ***
5市ダミー	.234 *	.282 **	−.301 *	−.346 *	−.180 †	−.228 *
基地ダミー		−.279 *		.262 †		.278 *
N	41	41	41	41	41	41
Adj R²	.650	.700	.415	.452	.613	.662

(注)　*** $p<0.001$　** $p<0.01$　* $p<0.05$　† $p<0.1$
　　　表中の値は標準化係数。

表 2-8　2019 年沖縄県民投票における市町村別の**絶対得票率**　重回帰分析

従属変数：	反対票		どちらでもない		賛成票	
	モデル 1	モデル 2	モデル 1	モデル 2	モデル 1	モデル 2
2018 知事選 玉城絶対得票率	.781 ***	.764 ***	－.132	－.095	－.332 *	－.288 *
高齢化率	－.164 †	－.118	－.189	－.288	－.090	－.207
納税義務者 1 人当たり所得	－.076	－.018	.053	－.072	－.004	－.151
離島ダミー	－.077	－.146	.462 **	.610 **	.469 **	.644 ***
5 市ダミー	－.131	－.108	－.393 **	－.442 **	－.328 *	－.385 **
基地ダミー		－.131		.282 †		.333 *
N	41	41	41	41	41	41
Adj R^2	.776	.783	.298	.340	.447	.517

（注）　*** $p<0.001$　** $p<0.01$　* $p<0.05$　† $p<0.1$
　　　表中の値は標準化係数。

る結果である。表 2-6 の分析でみたように，投票率は伸び悩む傾向にあったといえるが，そうした中においても反対の意思を持つ市民は，ギリギリのところで参加資格を得た状況下で，積極的に意思表示をしたといえそうである。

　他方で，各選択肢の絶対得票率を従属変数とした場合には，また少し異なる傾向が表れる（表 2-8 参照）。反対の絶対得票率に関しては，前年の県知事選における玉城への支持の度合いが顕著な相関を示す一方，他に有意な相関を表す変数は，5 市ダミーも含めてほぼ皆無である。他方で，どちらでもない，および賛成の絶対得票率に対しては，離島ダミー，基地ダミーと，5 市ダミーが相対得票率を従属変数とした場合と同様の相関を示す。

　すなわち表 2-6，表 2-7 の分析と併せて考慮すると，県民投票に参加するのか否か不確実な状況が続いた 5 市においては，市全体としての投票率は伸び悩む中，反対の意思を持つ有権者は一定程度まで投票所に足を運び，絶対得票率も他の市町村と比べて遜色ない水準にとどまった一方，他の市町村と同じ条件で投票日を迎えていたならば「賛成」や「どちらでもない」に投票したであろう有権者が，棄権に回る傾向があったと考えられる。あくまで，41 市町村

という限られたサンプルを用いた分析ではあるが，投票者と比べて棄権者において「賛成」もしくは「どちらでもない」と考える割合が高いとする岡田・他（2019）による調査の結果とも整合的である。ここでの分析の限りにおいては，他の市町村とは異なる条件で県民投票を迎えたことが，5市における投票傾向の相違をもたらしたといえるだろう。

5．おわりに

　通常の選挙においてもそうであるように，住民投票に臨む有権者は必ずしも，彼らにとって最適な選択肢の下で意思表示を行えるとは限らない。争点となる政策課題の検討経過に応じて，より望ましい設問形式はあるはずだが，投票実施に至る政治過程において「政局」の要素が色濃くなればなるほど，そうした一連のプロセスの帰結として，有権者にとってわかりづらい選択肢が提示されるような事態が起こりうる。他方で，争点自体の性質によっても，適切な選択肢が設定されるか否かがある程度まで規定づけられるといえそうである。

　こういった観点からみれば，本章の2-3で考察を加えた合併関連の事例に関しては，全体的な傾向として，実施年ごとに設問形式のパターンに一定の相違があることが確認でき，合併をめぐる協議段階に応じた設問形式が採用されてきたことが読み取れる。考察でも述べたように，合併をめぐる住民投票の主要な争点は「合併するかどうか」と「どのような枠組みを選択するか」の2点となるが，これらの議論の過程に即した適切な選択肢が設定されやすい争点ということも，合併に関してはいえるだろう。他の政策争点と比べると，実施件数の圧倒的な多さのわりに，設問形式のあり方をめぐって混乱した事例は比較的少なかったように思われる。全国各地の合併論議を振り返ると，首長や議会のリコールに至った事例や首長自身の判断による出直し選挙などのケースも少なからずみられたが，合併問題に関していえば，そうした政治的混乱は設問形式それ自体に反映されるというより，合併案の具体的内容の部分（合併の形式や庁舎位置，新市名称など）に表れやすかったと考えられる。

他方で，設問形式それ自体がとりわけ政治的争点となりやすいのが，米軍基地問題を争点とするケースである。国際政治・国内政治と地方自治とが複雑に絡み合う争点であることや，イデオロギー色の強い主張が展開されやすい点もさることながら，地元住民にとっては，日常的な騒音や事故の危険性などと隣り合わせの生活を強いられると同時に，米軍基地が雇用の場となるなど一定の経済的恩恵をもたらす側面もある。それゆえに単純な賛成・反対だけでは割り切れず，住民投票における設問形式のあり方も一筋縄ではいかないものとなる。

　2019年の沖縄県民投票をめぐる本章の計量分析では，原案の賛否2択の形式から3択形式に落ち着くまでの一連の政治過程において，県民投票への不参加の可能性を最後まで残していた5市の存在に着目した。分析自体は41市町村というサンプル数の制約もあり，慎重な検討が必要となるが，これら5市の有権者は，県民投票の実施が決まってから告示・投票日に至るまでの間，他市町村の有権者とは異なるプロセスを辿ったとみることもでき，ある種の自然実験的な状況が生み出されていたといえる。表2-6～表2-8の分析の限りにおいては，そうした不確実な状況に置かれた有権者のうち，仮に投票所に足を運んでいたなら「賛成」や「どちらでもない」に投票したであろう人が棄権に回る傾向があった，との推測が成り立つ。他方で，従属変数が「どちらでもない」の場合と「賛成票」の場合との間には，明示的な傾向の相違は確認できず，市町村レベルの集計データの分析からは，「どちらでもない」という3つ目の選択肢が加わったことの影響までは，充分に析出することができなかった。今後また同様の投票事例が生じることがあれば，その際にも改めて分析を試みることとしたい。

　本章の冒頭でも述べたように，我が国における住民投票は，自治体議会が定める住民投票条例に基づいて実施されるのが最も一般的である。それはすなわち，議会内過程の延長線上において住民投票が行われることを意味し，複雑な政治過程を経て投票実施に至れば，投票に参加する有権者が困惑するのは必然ともいえる。行政や議会を統制する手段として用いられるはずの住民投票だ

が，住民投票に至る前段階の政治過程まで直接的に統制することには，相当な困難が伴う。先行研究でも示した合併関連の事例や，米軍基地問題を争点としたケースからもわかる通り，住民投票の基本形式といえる「賛否2択」ですべてが解決するとはいえず，それゆえに設問形式をめぐる混乱は常に生じうるものと考えなければならない。そうした混乱を事前に回避，もしくは最小限にとどめることができるかどうかという点は，住民投票の制度設計を考える上でも，検討課題の1つとなりそうである。

1) 投票の請求方法など制度の詳細については，瀬脇（2006）や塩沢（2019）を参照されたい。
2) 2005年3月末までに行われた68件中では32件が，2011年までに実施された77件中では34件が，このパターンに当てはまる。
3) 米国各州においては，通常の選挙と同時に何件もの住民投票が同時に実施されるのが一般的である。
4) 菖蒲町では，2003年4月にも合併の枠組みを問う住民投票が行われており，このときは「久喜市・鷲宮町」をわずか18票上回るという僅差で「蓮田市・白岡町」が選択され，その後，蓮田市・白岡町との合併協議が開始された経緯がある。詳細は塩沢（2009a）を参照。
5) 合併を争点とした住民投票の年別および月別の実施状況に関する詳細については，塩沢（2020）を参照。
6) 「複数統一実施」に該当する住民投票は，条例によるケースで103件を数える。塩沢（2019）および塩沢（2020）を参照。
7) 他方で，協議途中の段階で実施されるパターンでは，投票時点での協議相手のみを念頭に置いて賛否2択で実施されるケースが散見された一方，他の合併枠組みを支持する意見が議会や住民の一部で顕在化したようなケースであれば，その枠組みも含めて「枠組み2択」や「3択以上」で行われた住民投票もあった。
8) なお脇坂（2010）は，2008年3月までに条例に基づき行われた合併に関する住民投票を対象として，合併過程の段階に着目した分析を試みており，合併推進であれ反対であれ，その時点の自治体における政策を是認する割合が合併をめぐる政策過程の後半に行われる投票ほど，より高まることを示している。
9) 最多票の選択肢が複数の市町村を含む枠組みの場合，そのうちの1町が離脱して合併が成立したケースについても，原則として「最多票反映」としてカウントした。編入合併の場合は，編入先の自治体が最多票の枠組みに含まれていれば，やはり「最多票反映」としている。
10) なお，結果の反映状況について「その他」とした3件は，埼玉県北川辺町，長

野県信州新町，北海道日高町の各事例である。北川辺町では，最多票が「栗橋町・大利根町」，次点票が「加須市・騎西町」であったが，2010年3月に加須市，騎西町，大利根町と合併し「加須市」となった。信州新町は「複数統一実施」のケースであり，最多票は「小川村，中条村と合併」だったが，同時に住民投票を実施した両村の結果により，最多票を尊重することが直ちに困難となった。また日高町では，最多票は「(門別・平取両町との) 3町」であったが，平取町が合併協議から離脱し，翌年，2度目の住民投票で門別町との合併に賛成多数となり2町合併を行っている。

11) いずれのパターンにおいても，庁舎整備に要する費用（初期費用）・実質負担額がより少ない案が住民に支持される傾向がみられることを塩沢（2016）は指摘しており，この傾向は直近の垂水市，室戸市の事例においてもやはり同様に当てはまるといえる。

12) 塩沢（2016）では，2010年代に庁舎整備をめぐる住民投票の事例が目立った要因の1つとして，合併特例債の発行期限が迫る中で判断を先送りできない事情があったことを指摘しているが，直近で実施された室戸市や津久見市のケースでいえば，2025年度までの事業完了を条件として活用が可能な「緊急防災・減災事業債」を念頭に，投票実施のタイミングが模索された側面もあるといえる。

13) なお，塩沢（2023）では鳥取と，愛知県新城市の住民投票において，2つの選択肢が確定するに至った政治過程について整理されている。

14) この発言に関し，与党会派新政会の会長は「住民投票を行えば，市長は（海上基地賛成派が）勝つと思っているようだ」と述べている（『琉球新報』1997年9月17日）。

15) なお比嘉市長は12月に入ってから，表向きは「中立の立場」を取りつつ，海上基地の建設受け入れに前向きともとれる発言を繰り返し（『沖縄タイムス』1997年12月17日），投票結果が出た翌日には与党市議団との協議の中で「海上基地受け入れは厳しい」との認識を示したものの，投票から3日後の24日には首相官邸での橋本首相との会談で建設受け入れを表明し，同時に市長辞任も表明した。

16) このうち浦添と豊見城の各市長は，県議会本会議で条例が可決された段階で協力姿勢に転じた。

17) 県民投票に係る予算は，地方自治法177条1項で定める「義務費」にあたると解されることから，議会が否決した場合には，市町村長は再議に付さなければならないと県は指摘していた（『沖縄タイムス』2018年12月25日）。また，再議で否決されても同条2項の規定に基づき首長判断で予算を執行できるとし，首長が経費を支出することが適当であるとの見解を示していた。

18) 5市の不参加表明により，この時点では県全体の約3割の有権者が県民投票に参加できない可能性があった。

19) この時点での公明の妥協案は，「容認」「反対」「やむを得ない」の3択であった（『琉球新報』2019年1月20日）。

20) 郵送調査では,「投票結果を受けて, 市や市議会には国に対してどのように対応してほしいと考えましたか。あなたの考えに近いものを一つ選んで○を付けてください。」との質問によって, 移駐案に対する態度を測っている。選択肢は,「投票結果を尊重して, 移転案の白紙撤回を訴え続けてほしい」「移転案受け入れも視野に, 地元に有利な条件を引き出してほしい」「地元に不利になるので, 国の言うとおりにしてほしい」「わからない」の4つとしたが, 回答は最初の2つの選択肢, すなわち「白紙撤回」と「条件付受け入れ」の両者に集中している。

参 考 文 献

上田道明（2005）「『平成の大合併』をめぐる住民投票は何を残したか」『季刊　自治と分権』第20号, 66-77頁。

上田道明（2011）「市民参加の手段としての住民投票, そして議会」畑山敏夫・平井一臣編『実践の政治学』（Ⅱ章），63-91頁。

岡田勇・久保慶明・柳至（2019）「県民投票と県民の意識」『世界』921号, 72-81頁。

河村和徳（2010）『市町村合併をめぐる政治意識と地方選挙』木鐸社。

久保慶明（2019）「沖縄における選挙協力と政策争点—2017年総選挙・2018年知事選・2019年県民投票の分析—」『選挙研究』第35巻第1号, 44-59頁。

塩沢健一（2003）「『3択』に対する有権者の投票行動—広島県府中町の住民投票を事例として—」公共選択学会第7回全国大会報告論文。

塩沢健一（2004）「沖縄県民投票に関する計量分析—迷惑施設をめぐる有権者の投票行動—」『レヴァイアサン』第35号, 105-130頁。

塩沢健一（2008）「住民投票における選択肢の設定と投票参加—『平成の大合併』をめぐる一連の事例から—」『計画行政』第31巻第1号, 79-88頁。

塩沢健一（2009a）「住民投票の研究—賛否の行動をめぐる自治体間比較—」宮野勝編著『選挙の基礎的研究』（第4章）中央大学出版部, 81-115頁。

塩沢健一（2009b）「『民意』は一通りではない—米軍岩国基地問題と住民投票・市長選挙—」『年報政治学』2009-Ⅱ号, 203-224頁。

塩沢健一（2016）「庁舎整備の政治学—住民投票実施に至る政治過程と有権者の投票行動—」『公共選択』第66号, 100-129頁。

塩沢健一（2019）「合併の『何が』問われたのか：合併特例法の規定に基づく住民投票の分析」『公共選択』第72号, 58-83頁。

塩沢健一（2020）「住民投票の実施形態と投票率・得票率—『平成の大合併』をめぐる事例の分析をもとに—」『中央大学社会科学研究所年報』第24号, 89-111頁。

塩沢健一（2023）「住民投票における設問形式のパターンとそれらがもたらす帰結—投票実施に至る政治過程にも着目して—」2023年度日本選挙学会報告論文。

砂原庸介（2018）「誰が自治体再編を決めるのか—『平成の大合併』における住民

投票の再検討」若林幹夫・立岩真也・佐藤俊樹編『社会が現れるとき』（第 5 章）東京大学出版会，131-163 頁。

瀬脇一（2006）「市町村合併の現状と今後の課題について」『選挙』第 59 巻第 9 号，1-20 頁。

脇坂徹（2010）「住民投票の実施目的と投票結果の傾向―市町村合併に関する事例を対象として―」『公共政策研究』第 9 号，81-92 頁。

Bowler, Shaun and Todd Donovan (1998) *Demanding Choices: Opinion, Voting, and Direct Democracy*, The University of Michigan Press.

Cronin, Thomas E. (1989) *Direct Democracy: The Politics of Initiative, Referendum, and Recall*, Cambridge: Harvard University Press.

Magleby, David B. (1984) *Direct Legislation: Voting on Ballot Propositions in the United States*, Baltimore: Johns Hopkins University Press.

第 3 章
政治・行政・裁判所への信頼性と個人属性
――内閣府『満足度・生活の質に関する調査』を用いた分析――

寺村絵里子

1. はじめに

　本章は，政府統計を用いて政治・行政・裁判所への信頼性と個人属性の関係について検証することを目的とする。近年，国際連合や OECD といった国際機関において幸福度指標を政策に反映しようとする試みが進められている（内閣府 2024）。日本でも，GDP といった量的指標だけではなく満足度という質的・主観的尺度も活用するとして 2017 年から『経済財政運営と改革の基本方針（骨太の方針）』にも盛り込まれている（内閣府 2024；Hiromitsu et al. 2025）。

　同指標は国際比較が可能となっており，OECD が生活の質に関する報告書を作成・発行している（図3-1）。この項目の中には「政府への信頼」という項目が盛り込まれている。指標としては投票率と規制策定における利害関係者の関与の2指標を用い，国際比較を行っている。

　日本は国際的にみてどのくらいの位置づけなのだろうか。そこで，OECD（2024）による政府への信頼指標を確認する。ランキングによれば，日本のランクは2指標のいずれも下位にある。最新選挙の数値により，日本の投票率は 53％ としているが，これは OECD 平均の 69％ を下回り 41 カ国中 38 位である。また，意思決定への国民の関与は，行政機関が主要法および下位規制を策定する際に利害関係者がどの程度関与しているかを測定している。日本のスコアをみると，規制策定における利害関係者の関与レベルは 1.4 となっており，

図3-1　OECDによる生活の質に関するインデックス

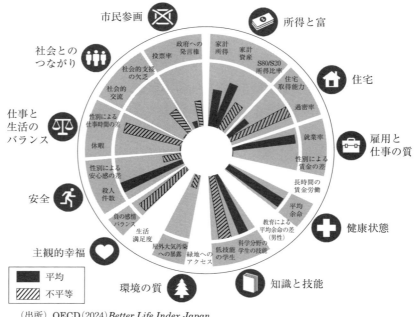

（出所）OECD（2024）*Better Life Index Japan.*

OECD平均の2.1よりも低く，41カ国中35位となっている。

　これらの結果から，国際的にみて日本の政治・行政・裁判所への信頼性は低い傾向にあることが読み取れるが，どのような人が信頼性が高く，また低い傾向にあるのだろうか。次節以降はこの点に着目し，政府統計を用いて検証を行う。本章の構成は以下の通りである。第2節は先行研究をまとめ，第3節はデータの説明および記述分析を行っている。第4節は政府統計を用いたパネルデータによる分析を試み，第5節は考察・まとめである。

2．日本における政治と信頼度に関する先行研究

　本テーマに関する先行研究は多く，ここでは主に日本における政治と信頼度

に関する先行研究を挙げる。大山（2010）は世界価値観調査の2005年データを用いて行政への信頼に関する要因を分析した結果，個人属性は他の要因を考慮すると大きな影響はないものの，年齢が高いほど，また居住地規模が小さいほど行政を信頼することを指摘した。また，宇野・重田・渡辺（2023）は「政府を信頼しない人」の規定要因を分析し，個人属性よりもむしろこれらから規定される階層意識のほうが，より政府を信頼する要因を規定しているとする。ただし，個人属性の中でも若年層は政府への信頼が低く，年収が高く高学歴・高所得層であると政府への信頼度が高いと指摘しているが，計量分析による検証はまだなされていない。谷口（2024）は地方政治に関する住民意識の分析を行っているが，国よりも地方の政治・行政を信頼している割合が高く，先行研究との一致を指摘している。一方，宮野（2017）による回帰分析の結果からは，生活水準は信頼度にマイナスの影響をもたらすことが示されている。

　また，政治への信頼度とは対極的な表現であるが「政治不信」や「政治的有効性感」に関する先行研究も多い。古い文献にはなるが，代表的な先行研究の1つとして田中・谷藤・小林（1993）は政治不信に関する国際比較を行っている。北欧と日本5カ国の比較調査の結果からは，日本は政権に対する満足度が低いことや社会階層の影響が小さいこと，政党や政治家に対する信頼感が投票行動に結びついていないこと，などが知見として得られている。境家（2013）は，政治的有効感と投票参加の規定要因に関し分析を行い，教育程度や年齢が正の効果をもたらしていることを実証している。安野（2005）はパーソナルネットワークと政治意識の関係を検証し，集団参加が政治的有効性感覚，政治参加にプラスの効果をもたらすことを実証した。

3．使用データ・データ分析

3-1　使用データ

　使用データは内閣府が実施する「満足度・生活の質に関する調査」の個票

データである。この調査は総合的な主観的満足度および分野別満足度を調査し，他指標との関係性を明らかにするものである。調査期間は2019〜2024年（いずれも年始に実施）まで6回にわたり実施されているが，本分析では2019〜2023年の5時点のデータを用いる。質問内容は生活全体の主観的満足度，生活分野別の重要項目，生活分野別の主観的満足度，生活分野別の重要度，個人属性および生活実態等であり，1万人を対象としたweb調査である。調査対象者は地域・人口比にあわせ都道府県，性別，年代により均等割り付けを行っている。2019年の回収数は10,293，2020年は5,281であり，この両年は別サンプルに調査を行っている。2021年以降は同一サンプルに調査を行うパネルデータ[1]となっており，2021年が5,234，2022年以降はさらに新規回答者を加えた10,633，2023年が同じく10,633となっている。

3-2　記述分析

本データを用いて，まず政治・行政・裁判所への信頼と個人属性の関係を確認する。ここで着目する設問は，13ある生活満足度に関する分野別主観満足度[2]のうち「政治・行政・裁判所への信頼性」である[3]。この設問に関し，個人属性に関する設問とかけあわせ回答傾向をみたものが図3-2および表3-1である。いずれもデータは2019〜2023年を含むプールドデータである。図3-2は政治・行政・裁判所への信頼性の平均値と世帯年収の関係をみたものである。世帯年収に着目した理由は，第2節による先行研究から，政治に対する信頼と生活水準，収入に何らかの関係があると想定したためである。平均スコアは世帯年収が高くなるほど上昇傾向にあり，100万円未満が5.0，1,000万円以上2,000万円未満が5.9である。ただし，2,000万円以上になるとスコアは5.8とわずかに低下する。

次いで確認するのは政治・行政・裁判所への信頼性と性別・投票有無[4]の関係である（表3-1）。男性・投票ありのスコアは5.54，男性・投票なしは5.37，女性・投票ありは5.44，女性・投票なしは5.21のスコアであった。男性のほうが女性よりも，投票ありのほうがなしの者よりもスコアが高い傾向に

図3-2　政治・行政・裁判所への信頼性と世帯年収の関係

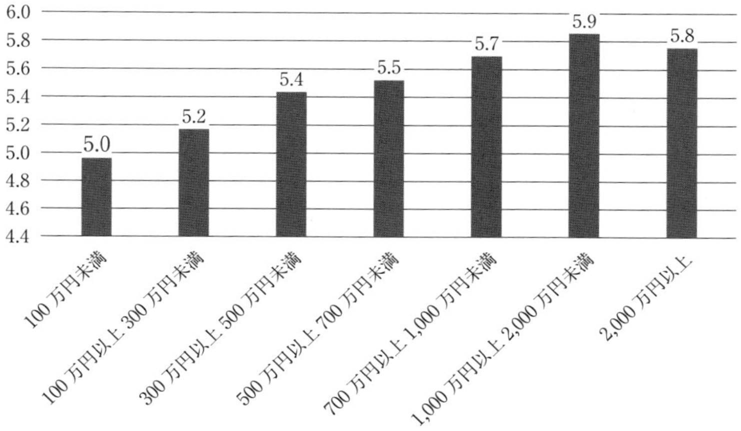

世帯年収	信頼性
100万円未満	5.0
100万円以上300万円未満	5.2
300万円以上500万円未満	5.4
500万円以上700万円未満	5.5
700万円以上1,000万円未満	5.7
1,000万円以上2,000万円未満	5.9
2,000万円以上	5.8

（出所）内閣府『満足度・生活の質に関する調査』から筆者作成。以下同様。

表3-1　政治・行政・裁判所への信頼性と性別・投票有無の関係

	投票した	投票していない
男性	5.54	5.37
女性	5.44	5.21

ある。検定の結果，性別については5％水準，投票有無については1％水準で有意に信頼性の差が確認された。

このように，政治・行政・裁判所への信頼性については，個人属性の違いと何らかの関係があることが示唆される。続いて，信頼性の詳細項目に関する検討および，政治・行政・裁判所への信頼性と個人属性の関係を計量分析を用いて検証する。

3-3　政治・行政・裁判所への信頼性に関する詳細項目の検討

本調査では，政治・行政・裁判所への信頼性に関する詳細項目を尋ねている。ここでは，2022〜2023年のデータを用いて各詳細項目と個人属性の関係

を検討する。設問は「政治・行政・裁判所による判断の内容」「政治・行政・裁判所による分かりやすい説明」「政治・行政・裁判所を取り巻くマスコミの報道」「政治・行政・裁判所への参画機会」「政治・行政・裁判所における一般からの声の反映」の5つであり，「そう思う」を1,「そう思わない」を0とするの2択となっている。

図3-3は，政治・行政・裁判所への信頼性に関する詳細項目と世帯年収の関係をみたものである。詳細項目では図3-1と少し異なる傾向がみられる。具体的には「政治・行政・裁判所による判断の内容」については，収入が高くなるほどわずかに上昇するが，その他の項目については横ばいである。「政治・行政・裁判所への参画機会」については100万以上300万円未満の層でやや上昇するが，年収が上がるほどやや減少傾向にある。

また，「政治・行政・裁判所における一般からの声の反映」については20～

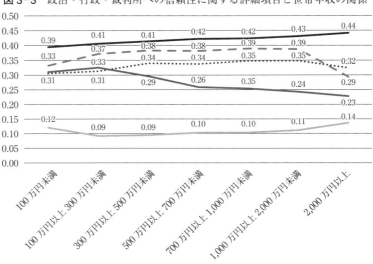

表 3-2　政治・行政・裁判所への信頼性に関する詳細項目と性別・投票有無の関係

	政治・行政・裁判所による判断の内容	政治・行政・裁判所による分かりやすい説明	政治・行政・裁判所を取り巻くマスコミの報道	政治・行政・裁判所への参画機会	政治・行政・裁判所における一般からの声の反映
男性・投票した	0.47	0.37	0.37	0.12	0.28
男性・投票していない	0.40	0.31	0.31	0.12	0.25
女性・投票した	0.40	0.42	0.34	0.09	0.32
女性・投票していない	0.36	0.37	0.28	0.08	0.26

24 歳の 0.23 から 75 〜 79 歳の 0.38 へと上昇し，その後低下するが，「政治・行政・裁判所による分かりやすい説明」「政治・行政・裁判所を取り巻くマスコミの報道」「政治・行政・裁判所への参画機会」3 項目については特徴的な傾向はみられない。

表 3-2 は，投票有無と信頼性に関する詳細項目の関係をみたものである。「政治・行政・裁判所による判断の内容」「政治・行政・裁判所による分かりやすい説明」「政治・行政・裁判所を取り巻くマスコミの報道」の 3 項目については，男女ともに投票の有無で平均スコアに統計的に有意な差が確認された（1% 水準で有意）。「政治・行政・裁判所への参画機会」については，男性の投票有無別にみると平均スコアに有意な差は確認されなかったが，女性の場合は 5% 水準で平均スコアに有意な差が確認された。「政治・行政・裁判所における一般からの声の反映」については，男性の投票有無について 5% 水準で有意，女性で 1% 水準の平均スコアの差がみられた。判断の内容，説明，マスコミ報道，一般の声の反映については投票行動に差がみられたが，政治・行政・裁判所への参画機会と特に男性の投票有無については有意性がないという結果となった。

3-4　パネルデータを用いた分析

本節では，前項で確認した政治・行政・裁判所への信頼性と個人属性の関係について，パネルデータを用いて検証を行う。データは 2019 〜 2023 年のデー

タを用いているが，上述の通り時点としては四時点のデータとなる。また，今回はすべての年度に回答したバランスパネルデータ（2,115 サンプル）を用いる。

分析にあたり，用いる被説明変数は「政治・行政・裁判所への信頼性」である。加えて，比較のために「全体的主観満足度」も用いる。説明変数は表 3-3 の通りであり，特に着目する変数は，先の記述分析の結果から世帯年収と何らかの関係があると想定し，この変数に着目する。日本における先行研究の推計結果からは，収入がプラスとする研究（大山 2010；宇野・重田・渡辺 2023）と生活水準はマイナスとする研究（宮野 2017）が混在している。その他，性別，年代，世帯人数，就業状況，学歴，健康状態も考慮し，コントロール変数として地域（都道府県）を加える。

表 3-3　使用する変数

被説明変数	あなたは全体として現在の生活にどの程度満足していますか	「まったく満足していない」を 0 点，「非常に満足している」を 10 点（分析時は 1-11）
	生活に関係する様々な分野における満足度 政治・行政・裁判所への信頼性	「まったく満足していない」を 0 点，「非常に満足している」を 10 点（分析時は 1-11）
説明変数	直近の選挙の投票有無	投票した，投票していない
	性別	男性，女性
	年齢：5 歳区切り	〜19 歳，〜24 歳，〜29 歳，〜34 歳，〜39 歳，〜44 歳，〜49 歳，〜54 歳，〜59 歳，〜64 歳，〜69 歳，〜74 歳，〜79 歳，80 歳以上
	世帯人数	実数
	就業状況	正規雇用，非正規雇用，会社役員，自営，内職・在宅，学生（アルバイトあり），学生（アルバイトなし），求職中，無職（求職していない）
	最終学歴（見込みを含む）	中学校，高等学校，専門学校，高専，短大，大学，大学院
	世帯年収：7 区分	100 万円未満，100 万円以上 300 万円未満，300 万円以上 500 万円未満，500 万円以上 700 万円未満，700 万円以上 1,000 万円未満，1,000 万円以上 2,000 万円未満，2,000 万円以上
	健康状態	よい，まあよい，ふつう，あまりよくない，よくない
	都道府県	47 都道府県
	年	2019＋2020 年，2021 年，2022 年，2023 年

表 3-4　行政・政治・裁判所への信頼性と満足度と個人属性に関する推計

	Model 1 (政治・行政・裁判所信頼度)			Model 2 (主観的総合満足度)		
	Coef.	Std.err.	t	Coef.	Std.err.	t
世帯年収（100万円未満）						
100万円以上300万円未満	0.1154	0.0706	1.64	0.2617 ***	0.0634	4.13
300万円以上500万円未満	0.2156 **	0.0962	2.24	0.3585 ***	0.0865	4.15
500万円以上700万円未満	0.3651 ***	0.1254	2.91	0.4244 ***	0.1127	3.76
700万円以上1,000万円未満	0.3891 ***	0.1426	2.73	0.5144 ***	0.1283	4.01
1,000万円以上2,000万円未満	0.1891	0.1649	1.15	0.4051 ***	0.1483	2.73
2,000万円以上	-0.0606	0.2746	-0.22	0.3096	0.2469	1.25
学歴（中学校）						
高等学校	0.1551	0.3146	0.49	-0.4139	0.2829	-1.46
専門学校	0.1949	0.3437	0.57	-0.7232 **	0.3090	-2.34
高専・短大	0.4014	0.3542	1.13	-0.6858 **	0.3185	-2.15
大学	0.5674	0.3539	1.60	-0.5415 *	0.3182	-1.70
大学院	0.9550 **	0.4328	2.21	-0.4084	0.3891	-1.05
就業状態（正規雇用）						
非正規雇用	-0.1464	0.1069	-1.37	-0.0112	0.0961	-0.12
会社役員	-0.3485	0.2252	-1.55	0.0165	0.2025	0.08
自営	-0.1838	0.1657	-1.11	0.0874	0.1490	0.59
内職・在宅	-0.0996	0.1793	-0.56	-0.1878	0.1612	-1.16
学生（アルバイトあり）	0.0664	0.2163	0.31	0.3845 **	0.1945	1.98
学生（アルバイトなし）	0.2742	0.2763	0.99	-0.1186	0.2484	-0.48
求職中	-0.1128	0.1550	-0.73	-0.2863 **	0.1394	-2.05
無職（求職していない）	-0.1092	0.1242	-0.88	0.0382	0.1117	0.34
健康状態（よくない）						
あまりよくない	-0.1232	0.0947	-1.30	-0.1178	0.0852	-1.38
ふつう	-0.1346	0.0969	-1.39	-0.0694	0.0871	-0.80
まあよい	-0.1090	0.0936	-1.16	-0.0353	0.0842	-0.42
よい	-0.1155	0.0968	-1.19	0.0510	0.0870	0.59
性別	0.0000	(omitted)		0.0000	(omitted)	
年代（14区分）	-0.0652	0.0549	-1.19	0.0169	0.0493	0.34
世帯人数	0.0030	0.0348	0.09	-0.0132	0.0313	-0.42
地域（47都道府県）	0.0051	0.0100	0.51	0.0066	0.0090	0.73
年（2019＋2020年）						
2021年	0.0098	0.0663	0.15	-0.0693	0.0596	-1.16
2022年	-0.0094	0.0680	-0.14	-0.0650	0.0611	-1.06
2023年	-0.0712	0.0469	-1.52	0.0439	0.0422	1.04
_cons	5.3719 ***	0.5711	9.41	6.7146 ***	0.5135	13.08
N	8,460			8,460		
sigma_u		1.6264			2.0887	
sigma_e		1.4066			1.2647	
rho		0.5721			0.7317	

（注）＊＊＊：1％水準で有意，＊＊：5％水準で有意，＊：10％水準で有意。

これらの変数を用いて分析を行った結果が表3-4である。パネル分析の結果，いずれも固定効果モデルを採用した。モデル1（政治・行政・裁判所への信頼性）の結果をみると，着目する世帯年収は，100万円未満に比べその他の世帯年収水準はすべて係数がプラスになっており（2,000万円以上を除く），特に300万円以上500万円未満，500万円以上700万円未満，700万円以上1,000万円未満は統計的に有意にプラスの結果となっている。その他，有意な結果を得た個人属性として学歴（大学院）であった。大学院卒の係数は0.9550と高く，他の学歴と比べ大きく政治・行政・裁判所への信頼性が高いという結果になっている。

モデル2（全体的な生活満足度）の結果は世帯年収，学歴，就業形態で統計的に有意な結果を得ている。モデル2と比べたモデル1の結果の特徴としては，学歴がプラスの効果を持ち学歴が上がるほど係数が大きくなること，就業形態

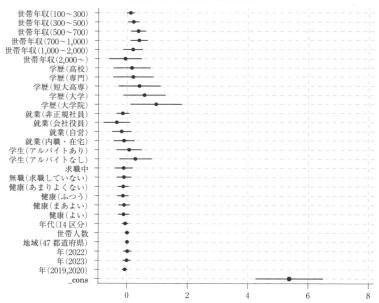

図3-4　各説明変数の係数と信頼区間のプロット

について統計的に有意な結果がみられなかったことである。

　図3-4は，表3-4の分析に加え各説明変数の係数とその信頼区間をプロットしたものである。世帯年収のプロットに着目すると，世帯年収が上がるほど係数が上がり，世帯年収1,000万円以下では係数が低下するが，信頼区間も世帯年収が上がるほど広く分布していることがわかる。世帯年収1,000万円以上2,000万円未満，2,000万円以上の世帯では政治・行政・裁判所への信頼性のばらつきが他の区分と比べてより大きくなっていることが示唆される。つまり，政治・行政・裁判所への信頼性は年収とともに逓増傾向にあるが，世帯年収1,000～2,000万円以上のグループ以上になると逓減し，かつ個人差が大きくなる傾向にある。

4．おわりに

4-1　考察とまとめ

　本章では，政府統計を用いて政治・行政・裁判所への信頼性と個人属性の関係について検証を行った。個人属性の中でも世帯年収に着目し，信頼性との関係をみた。また，総合的主観満足度と分析結果を比較し，政治・行政・裁判所への信頼性の特徴を確認した。

　分析の結果，政治・行政・裁判所への信頼性と世帯年収の関係は，100万円未満に比べその他の世帯年収水準はすべて統計的に有意にプラスの結果となっていた。その他，有意な結果を得た個人属性として学歴（大学院）であった。被説明変数を総合的生活満足度とした場合と比較した結果の特徴としては，学歴がプラスの効果を持ち学歴が上がるほど係数が大きくなること，就業形態について統計的に有意な結果がみられなかったことが挙げられる。

　政策として，経済的指標に加えウェルビーイングという個人の主観的指標を考慮した取り組みが進められていることは先述した通りであるが，この項目の1つに「政府への信頼」および政治に関する個人の行動が具体的指標として取

り入れられている。そして，この数値は諸外国に比べて低調である。今回の分析結果からは，生活水準を代理する一定程度までの世帯年収や教育年数が政治・行政・裁判所への信頼性と関係がみられたことが示されている。世帯年収は1,000～2,000万円以上の層になると信頼性はむしろ逓減し，個人差が大きくなる。これらの結果から，低収入層だけでなく，一部の高収入層に関する信頼性の欠如の解消の必要性も浮かび上がる。今後同指標のスコア向上のための取り組みが求められていくだろう。

4-2 今後の課題

本研究にはいくつかの課題が残されている。1点目は，政治・行政・裁判所の各項目の識別である。本調査では，これら3つの項目に対する信頼性が混在する設問となっており，それぞれの項目に関する信頼性の識別が困難となっている。将来的には，別のデータを用いるなりして各項目の信頼性の識別を行うことが必要である。2点目は，信頼性と個人属性の因果関係についてパネルデータを用いた検証を行ったが，より厳密な検証として内生性を考慮した追加的分析が求められる。これらについては，今後課せられた課題としたい。

> 謝辞　本章作成にあたり，内閣府から『満足度・生活の質に関する調査』（2019年～2023年）の個票データの提供を受けた。

1) 2021年は2019年，2020年調査のいずれかの調査に回答したサンプルに新規回答者を加えている。
2) 分野別主観満足度は，①家計と資産，②雇用環境と賃金，③住宅，④仕事と生活（ワークライフバランス），⑤健康状態，⑥教育水準・教育環境，⑦交友関係やコミュニティなど社会とのつながり，⑧政治，行政，裁判所への信頼性，⑨生活を取り巻く空気や水などの自然環境，⑩身の回りの安全，⑪子育てのしやすさ，⑫介護のしやすさ・されやすさ，⑬生活の楽しさ・面白さ，の13分野である。
3) 設問は「生活に関係する様々な分野における満足の度合いについて，「まったく満足していない」を0点，「非常に満足している」を10点とすると，何点くらいになると思いますか。いずれか1つだけ選んでください。あなたご自身のこと

についてお答えください」である。
4) 設問は「あなたは直近に行われた国・地方選挙において投票しましたか。投票には期日前投票および不在者投票を含みます」であり，回答は「投票した」，「投票していない」の2択である。

参 考 文 献

宇野重規・重田園江・渡辺靖（2023）「政治不信は民主主義をどう変えるのか 社会に潜むネガティブな感情をつかむ」『NIRA オピニオンペーパー』74, 1-12 頁。

大山耕輔（2010）「行政信頼の政府側と市民側の要因―世界価値観調査 2005 年のデータを中心に―」『年報政治学』61(1), 1_31-1_48 頁。

境家史郎（2013）「戦後日本人の政治参加―［投票参加の平等性］論を再考する―」『年報政治学』64(1), 1_236-1_255 頁。

田中愛治・谷藤悦史・小林良彰（1993）『選挙研究シリーズ 12　各国政治不信の現状』北樹出版。

谷口尚子（2024）「地方政治に関する住民意識の分析」『法學研究』Vol. 97, No. 2, 129-147 頁。

内閣府（2017-2024）『経済財政運営と改革の基本方針（骨太の方針）』。

内閣府（2019-2023）『満足度・生活の質に関する調査報告書』。

平野浩（2002）「社会関係資本と政治参加」『選挙研究』17, 19-30 頁。

宮野勝（2017）「「政治家」不信についての考察」『中央大学社会科学研究所年報』21 号，21-42 頁。

安野智子（2005）「JGSS―2003 にみるパーソナル・ネットワークと政治意識」『JGSS 研究論文集』4。

OECD（2024）*Better Life Index Japan*. https://www.oecdbetterlifeindex.org/countries/japan/

OECD（2024）*Civic Engagement*. https://www.oecdbetterlifeindex.org/topics/civic-engagement/

Toshiaki Hiromitsu, Eriko Teramura and Ryusuke Oishi（2025）"Wellbeing and Policy in Japan," Briguglio M, Czap N.V and Laffan K (eds.), *Wellbeing and Policy: Evidence for Action*, Routledge, in press.

付表 1　記述統計量

	Mean	Std.dev.	Min	Max
政治・行政・裁判所の信頼度	5.391	2.035	1	11
総合生活満足度	6.654	2.382	1	11
世帯年収（100万円未満）	0.153	0.360	0	1
100万円以上300万円未満	0.333	0.471	0	1
300万円以上500万円未満	0.269	0.444	0	1
500万円以上700万円未満	0.106	0.308	0	1
700万円以上1,000万円未満	0.086	0.280	0	1
1,000万円以上2,000万円未満	0.046	0.209	0	1
2,000万円以上	0.007	0.083	0	1
学歴（中学校）	0.028	0.164	0	1
高等学校	0.302	0.459	0	1
専門学校	0.120	0.325	0	1
高専・短大	0.116	0.320	0	1
大学	0.386	0.487	0	1
大学院	0.048	0.215	0	1
就業状態（正規雇用）	0.417	0.493	0	1
非正規雇用	0.208	0.406	0	1
会社役員	0.016	0.125	0	1
自営	0.074	0.262	0	1
内職・在宅	0.017	0.131	0	1
学生（アルバイトあり）	0.015	0.121	0	1
学生（アルバイトなし）	0.008	0.090	0	1
求職中	0.028	0.164	0	1
無職（求職していない）	0.217	0.412	0	1
健康状態（よくない）	0.053	0.223	0	1
あまりよくない	0.208	0.406	0	1
ふつう	0.378	0.485	0	1
まあよい	0.273	0.445	0	1
よい	0.089	0.284	0	1
性別（男性）	0.501	0.500	0	1
女性	0.499	0.500	0	1
年代（14区分）	7.057	2.921	1	14
世帯人数	2.810	1.332	1	10
地域（47都道府県）	23.572	13.324	1	47
年（2019＋2020年）	0.250	0.433	0	1
2021年	0.250	0.433	0	1
2022年	0.250	0.433	0	1
2023年	0.250	0.433	0	1
N		8,460		

第 4 章
大学におけるリカレント教育の展開
―― 2000年代から2020年代の行政資料を対象とした概念分析 ――

種 村 　 剛

1. はじめに

　本研究の目的は，2000年代から2020年代の政府の基本計画，審議会の答申や報告書，白書，内閣総理大臣の発言記録などの行政資料を主な対象として概念分析を行い，日本の高等教育機関である大学で行われているリカレント教育の，政策上の位置づけと展開を明らかにすることである。

　リカレント（recurrent）は「循環」を意味する。『教育振興基本計画』［第4期］によれば，リカレント教育は，学校教育を修了した後，社会人が再び学校等で受ける教育を指す（内閣府 2023b, 4）。2024年の時点で，大学では数多くのリカレント教育プログラムが実施されている[1]。筆者は，大学でリカレント教育の企画・実践を行う組織に所属している。筆者がリカレント教育の運営に携わる中で「公開講座とリカレント教育の違い」や「大学がリカレント教育に携わる意義」について説明を求められることがあった。今後，大学がリカレント教育を実施する上で，リカレント教育の政策上の位置づけとこれまでの展開を整理し，リカレント教育とは何か，あるいは，大学がリカレント教育を担う理由について説明できることは有用である。

　本章は次のように論を進める。最初に先行研究を踏まえ本研究の新規性を確認する。次に概念分析を行う理由を説明する。そして，本章の問いと，調査対象となる資料を示した上で，通時的にリカレント教育の展開を整理する。最後

に結論をまとめ，考察を行う。

2．先行研究

　日本のリカレント教育の歴史的な展開を整理した研究として戸澤（2008），出相（2021；2023b）がある。これらは，1960年代後半のOECD（Organisation for Economic Co-operation and Development; 経済協力開発機構）によるリカレント教育概念の提唱が日本のリカレント教育の導入に与えた影響について詳らかである。「生涯学習」や「学び直し」の語とリカレント教育の関連を整理した先行研究として，岩永は現在のリカレント教育を第3次の生涯学習ブームと位置づけている（岩永2022, 18-20）。岩崎（2020）および加藤（2022）は「学び直し」概念の登場がリカレント教育を人的資本の育成に向かわせたことを指摘している。

　大学開放の視点からリカレント教育を俯瞰した，複数の研究をまとめたレビューに，出相（2023a）がある。合田（2023）は戦後教育政策を中央教育審議会の答申などを用いて，大学開放について整理している。菅原他（2023）は大学開放に関連してリカレント教育の研究レビューを行っており，最新の研究動向を俯瞰することに役立つ。

　松本（2022）および板倉（2023）は，リカレント教育と2020年代に登場したリスキリングの産業への導入過程とその際の課題をまとめている。

　三菱総合研究所（2024）はリカレント教育の効果分析や，リカレント教育に係る委託事業を網羅的にレビューしている。

　これらの先行研究から次のことがわかる。①リカレント教育は1960年代後半のOECDの提唱を契機に日本に導入されたこと。②リカレント教育は「生涯学習」と関連した概念であること。③リカレント教育は大学開放と関連していること。④「学び直し」概念の登場によってリカレント教育の理念が人的資本論と結びつくようになったこと。⑤先行研究においてリスキリングとリカレント教育の関連が一定程度整理されていること。

以上の先行研究を踏まえ，本章は大学におけるリカレント教育の展開を，2000年代の「学び直し」の提唱から2020年代のリスキリング概念の登場までを一貫して整理することを試みる。次の3つがこれまでの先行研究とは異なる点である。第1に，リカレント教育に関連する政府の基本計画や，審議会の答申や報告書，白書，内閣総理大臣の発言などをできるだけ網羅的に展望し，資料を一覧できるようにする点。第2に，2020年代のリスキリング概念の登場までを扱い，リカレント教育とリスキリングの意味の違いについて考察する点。第3に，概念分析を用いて概念間の関連に注目する点である。次節では，概念分析と概念分析を用いた政策研究の意義を説明する。

3．概 念 分 析

　最初に，概念分析について説明する。概念分析は質的研究法の1つである[2]。浦野は概念分析を「そのつどの実践において，どのような概念が用いられているのか。その概念はどのような組織性を備え，どのように用いられているのか」について答えを与える試みと説明する（浦野 2016, ii）。概念とは一般に語，言葉を意味する。しかし，概念分析で用いられる「概念」の語は，単に語そのものを意味するのではなく「そのつどの状況において語や振る舞いを一定の仕方で結びつけながら表現を作ることによって行為を成し遂げる仕方」であり「実践を組織する方法」を意味する（浦野 2016, iv）。概念分析は，概念にどのような意味が与えられ，その意味の正当性を担保する根拠に何が置かれているのかを確かめたり，私たちが行っている活動の根拠を，語の意味に準拠して反省的に捉え直したりするために用いる手法と位置づけることができるだろう。

　次に，政策研究に概念分析を用いることの有効性を確認する。政策の立案は，複数の語を一定の仕方で結びつけ，法律や条例，またこれらを運用するための規定を文章として構成する活動ともいえる。また政策の実施とは，政策として組織化した語に対応する実践を行うことであるともいえる。政策立案および実施は，前述の概念分析が示す「概念を用いた実践」の側面を有している。

このように，概念分析と政策の立案・実施は表裏一体の側面がある。ゆえに，概念分析は，政策研究に応用可能であると考える。

概念分析を用いて，政策を質的な側面から検証することは，数量的なデータを用いて社会を記述し，統計的手法を用いて現象の因果関係を明らかにすることと同様に，政策自体の内容を分析的に捉え，批判的に検討するために有用であろう。

4．問　　い

大学におけるリカレント教育について，本章は次の問いを立てる。

問1：どのような意味内容が大学で行われるリカレント教育に付与されているのか。
問2：どのような政策がリカレント教育の意味内容に影響を与えているのか。

問いを設定した意図を示す。問1について。「リカレント教育」の意味内容を定めることは，この語の意味に沿うように政策が実施される以上，極めて政策的である。この問いに答えることは，リカレント教育がそもそも何を目的とした政策であるかを知るために必要である。

問2について。本研究は調査を進めるための作業仮説として，リカレント教育政策の周辺にある諸政策が当該の語の意味に影響を与えていると想定する。いい換えれば，リカレント教育の語の意味は，他の政策を参照し，そこで用いられている語法とをすりあわせることで組織化されているのではなかろうか。この作業仮説は本研究が採用する概念分析の手法と親和的である。

この2つの問いに答えることで，大学で行われるリカレント教育はどのような実践として組織されているのか，そして大学でリカレント教育が実施されるようになった経緯や理由を，他の政策との関連の中で明らかにすることを試みる。

5．分 析 対 象

　本章は2000年代から2020年代にかけて公開された，基本計画や審議会等の提言，答申，報告書や白書などの行政資料を主な分析対象とする。政策は基本計画や提言に基づいて立案される。また，報告書や白書は政策の内容を反映している。ゆえに，行政資料と政策の内容は対応関係を持っている。そのため，政策の内容を分析するために，以下に示した資料を用いることは妥当であるといえるだろう。

表4-1　本章が参照した行政資料等

発表年月	作成組織など	タイトル
2003年6月	若者自立・挑戦戦略会議	「若者自立・挑戦プラン」
2004年12月	若者自立・挑戦戦略会議	「若者の自立・挑戦のためのアクションプラン」
2006年5月	「多様な機会のある社会」推進会議	「再チャレンジ可能な仕組みの構築中間取りまとめ」
2006年7月	財政・経済一体改革会議	「経済成長戦略大綱」
2006年7月	経済財政諮問会議	「経済財政運営と構造改革に関する基本方針2006」
2006年9月	所信表明演説	安倍晋三の所信表明演説
2006年12月	「多様な機会のある社会」推進会議	「再チャレンジ支援総合プラン」
2007年2月	成長力底上げ戦略構想チーム	「成長力底上げ戦略」
2008年2月	中央教育審議会	「新しい時代を切り拓く生涯学習の振興方策について」
2008年7月	内閣府	「教育振興基本計画」[第1期]
2010年12月	内閣府男女共同参画局	「第3次男女共同参画基本計画」
2012年6月	文部科学省	「大学改革実行プラン―社会の変革のエンジンとなる大学づくり」
2013年2月	若者・女性活躍フォーラム	「我が国の若者・女性の活躍推進のための提言」
2013年5月	教育再生実行会議	「これからの大学教育の在り方について」
2013年6月	日本経済再生本部	「日本再興戦略― JAPAN is BACK」
2013年6月	内閣府	「教育振興基本計画」[第2期]
2013年11月	文部科学省	「国立大学改革プラン」
2014年2月	文部科学省高等教育局大学振興課	「平成25年度地（知）の拠点整備事業」

年月	機関	文書
2015年3月	教育再生実行会議	「「学び続ける」社会，全員参加型社会，地方創生を実現する教育の在り方について」
2015年6月	文部科学省	「国立大学経営力戦略」
2015年12月	内閣府男女共同参画局	「第4次男女共同参画基本計画」
2016年5月	中央教育審議会	「個人の能力と可能性を開花させ，全員参加による課題解決社会を実現するための教育の多様化と質保証の在り方について」
2016年6月	一億総活躍国民会議	「ニッポン一億総活躍プラン」
2016年10月	文部科学省高等教育局大学振興課	「平成27年度地（知）の拠点大学による地方創生推進事業（COC＋）」
2017年3月	働き方改革実現会議	「働き方改革実行計画」
2017年6月	すべての女性が輝く社会づくり本部	「女性活躍加速のための重点方針2017」
2017年6月	「第4次産業革命スキル習得講座認定制度（仮称）」に関する検討会	「「第4次産業革命スキル習得講座認定制度（仮称）」について（報告）」
2017年9月	人生100年時代構想会議	「第1回人生100年時代構想会議議事録」
2017年9月	記者会見	安倍晋三の記者会見
2017年11月	所信表明演説	安倍晋三の所信表明演説
2017年12月	日本経済再生本部	「新しい経済政策パッケージ」
2017年12月	人生100年時代構想会議	「人生100年時代構想会議 中間報告」
2018年1月	施政方針演説	安倍晋三の施政方針演説
2018年1月	World Economic Forum 2018	"Towards a Reskilling Revolution: A Future of Jobs for All"
2018年6月	人生100年時代構想会議	「人づくり革命 基本構想」
2018年6月	経済財政諮問会議	「経済財政運営と改革の基本方針2018」
2018年6月	日本経済再生本部	「未来投資戦略2018」
2018年6月	内閣府	「教育振興基本計画」［第3期］
2018年7月	文部科学省	「リカレント教育の拡充に向けて」
2018年11月	中央教育審議会	「2040年に向けた高等教育のグランドデザイン」
2019年2月	科学技術・学術審議会	「地域科学技術イノベーションの新たな推進方策について」
2019年6月	すべての女性が輝く社会づくり本部	「女性活躍加速のための重点方針2019」
2019年12月	まち・ひと・しごと創生本部	「第2期「まち・ひと・しごと創生総合戦略」」
2020年1月	World Economic Forum 2020	"Jobs of Tomorrow: Mapping Opportunity in the New Economy"
2020年4月	文部科学省	「文部科学省におけるリカレント教育の取組について」
2020年9月	リクルートワークス研究所「DX時代のリスキリング」プロジェクト	『リスキリング―デジタル時代の人材戦略』
2020年9月	中央教育審議会生涯学習分科会	「第10期中央教育審議会生涯学習分科会における議論の整理」

2020年12月	内閣府男女共同参画局	「第5次男女共同参画基本計画」
2021年3月	内閣府	「科学技術・イノベーション基本計画」［第6期］
2021年6月	教育再生実行会議	「ポストコロナ期における新たな学びの在り方について」
2021年10月	所信表明演説	岸田文雄の所信表明演説
2022年1月	施政方針演説	岸田文雄の施政方針演説
2022年4月	すべての女性が輝く社会づくり本部と男女共同参画推進本部	「女性活躍・男女共同参画の重点方針2022」
2022年5月	経済産業省	「人的資本経営の実現に向けた検討会 報告書—人材版伊藤レポート2.0」
2022年5月	教育未来創造会議	「我が国の未来をけん引する大学等と社会の在り方について」
2022年6月	経済財政諮問会議	「経済財政運営と改革の基本方針2022」
2022年6月	内閣府	「デジタル田園都市国家構想基本方針」
2022年8月	中央教育審議会生涯学習分科会	「第11期中央教育審議会生涯学習分科会における議論の整理」
2022年10月	所信表明演説	岸田文雄の所信表明演説
2023年1月	施政方針演説	岸田文雄の施政方針演説
2023年3月	立憲民主党厚生労働部門文部科学部門	「立憲民主党「もっと良い学びなおしビジョン」」
2023年5月	新しい資本主義実現会議	「三位一体の労働市場改革の指針」
2023年5月	内閣府	「「こども未来戦略方針」―次元の異なる少子化対策の実現のための「こども未来戦略」の策定に向けて」
2023年6月	すべての女性が輝く社会づくり本部と男女共同参画推進本部	「女性活躍・男女共同参画の重点方針2023」
2023年6月	経済財政諮問会議	「経済財政運営と改革の基本方針2023」
2023年6月	内閣府	「教育振興基本計画」［第4期］
2023年12月	内閣府	「デジタル田園都市国家構想総合戦略（2023改訂版）」

　これらの資料をもとに，各年代の社会状況を前提とした社会課題，他の概念との関連の中でリカレント教育概念が形成されていく過程を概念分析を用いて精査する。

6．「学び直し」概念の登場——2006～2008年

　2000年代の中盤，若者層の失業問題を背景に「学び直し」や「学び方の複線化」の語が登場する。そしてこれらの語が，2008年に成立した教育振興基

本計画［第 1 期］に組み込まれていくことを確認する。

6-1　若年者の失業問題の顕在化

1991 年，日本はいわゆるバブル経済の崩壊に見舞われる。1991 年に 2.1% だった完全失業率は 2002 年に 5.4% まで上昇する。企業の採用抑制も続き，15 〜 24 歳の非正規雇用比率は，1995 年の 12.9% から，2005 年の 34.6% に増加した（厚生労働省 2011, 258-259）。

1990 年代後半から 2000 年代前半にかけて，若年者の失業者数やフリーターの増加が社会問題化する。この問題に対応するために 2003 年 4 月第 1 次小泉純一郎内閣の下，文部科学大臣，厚生労働大臣，経済産業大臣および経済財政政策担当大臣からなる若者自立・挑戦戦略会議が発足し，同年 6 月「若者自立・挑戦プラン」を発表する（若者自立・挑戦戦略会議 2003）。若年者の失業問題を抜本的に解決するため，教育，人材育成などの改革の必要性を指摘し，キャリア教育やフリーター再教育プランを提示する。

その一方，社会を牽引する高度な専門能力を持つ人材を育成するキャリア高度化プランとして，大学，大学院等での産学官連携によるキャリアアップのための先導的な短期教育プログラムの開発・推進や，専門職大学院の設置などによる高度専門職業人の養成を掲げる。後述する，リカレント教育の目的である，若年層の就労支援と高度専門職業人の養成がこの時期に現れていることがわかる。

翌 2004 年 12 月には，内閣官房長官，農林水産大臣，少子化・男女共同参画担当大臣が加わった「若者の自立・挑戦のためのアクションプラン」の策定に至る（若者自立・挑戦戦略会議 2004）。

6-2　「再チャレンジ」を可能にするための大学・大学院での「学び直し」

2006 年 3 月，内閣府は「多様な機会のある社会」推進会議（通称：再チャレンジ推進会議）を設置する。議長は当時の安倍晋三内閣官房長官である。本会議は同年 5 月「再チャレンジ可能な仕組みの構築中間取りまとめ」を提出した

(再チャレンジ推進会議 2006)。本取りまとめは「個別の再チャレンジ支援策」として「事業に失敗しても再起できる」「健康を害しても職場復帰」「不本意な就職をした若者が再チャレンジ」「出産・育児が一段落した女性の再就職」等を挙げている（同書, 2）。このことから「再チャレンジ」は主に「復職・再雇用」を含意していることがうかがえる。就職していない人々に対して「再チャレンジ」の名の下に就労支援を行い，再就職が行われることで，当時「勝ち組・負け組」の言葉が象徴している「格差社会」を克服し，失業率を下げ，併せて公的扶助など社会保障にかかる費用を抑制する狙いがみてとれる。

本取りまとめは，再チャレンジを可能とする柔軟で多様な社会の仕組みの構築として「学び方の複線化」を掲げる（同書, 2）。大学等における社会人の「学び直し」を推進するために，専門職大学院の支援，実践的な教育コース等の開設，履修証明プログラムの普及促進等を図るとする（同書, 4）。ここに「学び直し」の語が登場している。本取りまとめは，社会人の「学び直し」を「再チャレンジ可能な社会」＝「再就労可能な社会」を実現するための方策に位置づけている。

2006年7月，財政・経済一体改革会議[3]が「経済成長戦略大綱」をまとめる（財政・経済一体改革会議 2006）。「人口減少を克服する新しい経済成長」と「「豊かで強く魅力ある日本経済」の実現」を目標とする経済成長戦略を政府・与党の最優先課題と位置づける。生産性の抜本的な向上を目的とした5つの制度インフラの1つに「人材立国」の実現を挙げ「すべての人が，安心・納得して学び方・働き方を選択することができ，やり直しが可能となる社会を実現するため，大学院・大学等における社会人の「学び直し」の機会の拡大など人材育成パスの複線化を進める」としている（同書, 28）。

同年7月，経済財政諮問会議[4]が「経済財政運営と構造改革に関する基本方針2006」を提出する（経済財政諮問会議 2006）。学び方の複線化を図るために「大学等における実践的な教育コースの開設等の支援，再就職等に資する学習機会を提供する仕組みの構築等，社会人の学び直しを可能とする取組を進める」とする（同書, 27）[5]。

このように，大学は，経済成長や構造改革の下，社会人の「学び直し」を促進する機関として位置づけられ「改革」の対象となっていく。

6-3　第1次安倍内閣の発足と教育基本法の改正

2006年9月，第1次安倍晋三内閣が「美しい国，日本」を旗印に発足した。安倍内閣総理大臣は，その所信表明演説で【活力に満ちたオープンな経済社会の構築】として「新たな日本が目指すべきは，努力した人が報われ，勝ち組と負け組が固定化せず，働き方，学び方，暮らし方が多様で複線化している社会，すなわちチャンスにあふれ，誰でも再チャレンジが可能な社会」と述べ「再チャレンジ支援策」の推進を掲げる（安倍 2006）。これは自身が議長を務めた「多様な機会のある社会」推進会議の内容を引き継ぐものであるといえるだろう。

2006年12月，その「多様な機会のある社会」推進会議は「再チャレンジ支援総合プラン」をまとめる（「多様な機会のある社会」推進会議 2006）。「フリーター，ニート，子育て中の女性，障害者，高齢者といった様々な事情・状況にある人々が，就業・起業，学習，居住等に関し，何事かを実現できるようになるための障害を取り除く，もしくは，選択肢を多様化しようとするものであり，チャレンジしようとする「人」への支援」（同書，1）が施策の狙いである。「複線型社会の実現」が，3つの重点課題の1つとして掲げられ（同書，3），その方策として「生涯学習関連施設，大学・高専・専修学校と地域の産業界等関係者が連携し，社会人等が地域で実践的な学び直しができる機会を充実する」ことを挙げている（同書，4）。

2006年12月，教育基本法の全面改正が行われた。同法第3条に「国民一人一人が，自己の人格を磨き，豊かな人生を送ることができるよう，その生涯にわたって，あらゆる機会に，あらゆる場所において学習することができ，その成果を適切に生かすことのできる社会の実現が図られなければならない」とする生涯学習の理念の項目が新設された。また同法7条には「大学は，学術の中心として，高い教養と専門的能力を培うとともに，深く真理を探究して新たな

知見を創造し，これらの成果を広く社会に提供することにより，社会の発展に寄与するものとする」として，従来の大学の役割である「教育」「研究」に「社会貢献」が加わった。これ以降「社会貢献」の項目は，大学がリカレント教育を行う根拠となる。

2007年2月「成長力底上げ戦略（基本構想）」が示される（成長力底上げ戦略構想チーム 2007）。能力発揮社会の実現を掲げ，企業の職業訓練プログラムを履修した結果や評価等を記録し就職活動等の職業キャリア形成に活用する「ジョブ・カード制度」（2008年4月施行）や，大学・専門学校等を活用した「実践型教育システム」の構築を謳っている（同書, 2-3）。

2007年6月，改正された教育基本法の下で，学校教育法の改正が行われた。同年7月，文部科学省は「社会人の学び直しニーズ対応教育推進プログラム」として，大学，短期大学，高等専門学校の社会人の再就職やキャリアアップ等に資する優れた実践的教育を選定し，委託費を配分，受講者の再就職の支援を行うことを決定した[6]。

2007年12月，上述の学校教育法の改正に基づき，大学・大学院等に履修証明制度が創設された[7]。これまで実施されていた社会人を対象とした科目等履修生制度や公開講座だけではなく，学生向けの学位プログラムの他に，学生以外を対象とした履修証明プログラムを開設し，履修証明書（certificate）を交付できることになった。

6-4　教育振興基本計画［第1期］の策定

2008年2月中央教育審議会が「新しい時代を切り拓く生涯学習の振興方策について」を答申する（中央教育審議会 2008）。【今後の生涯学習の振興方策について】（第1部）は学習の目的に「自らを深める」ことで「充実した心豊かな生活」を送ることと「職業生活に必要な知識・情報・技術等を習得・更新する」ことで「経済的にも豊かな生活」を送ることの2つを挙げ，教養の獲得と職業能力の開発を併置する。後者については，知識基盤社会（knowledge-based society）の時代において「知識を創造する人への投資こそが重要」とし，国民

の経済的な格差の問題や非正規雇用の増加に対応するために「生涯にわたり職業能力や就業能力（エンプロイアビリティ）を持ち，社会生活を営んでいく上で必要な知識・技能などを習得・更新」できる環境づくりを提案する（同書，3）。めざすべき施策として，個人の要望や社会の要請に応じた生涯学習を含めた学習機会の提供，学習成果の評価と社会的通用性の向上を挙げる。本答申は教養を重視するこれまでの生涯学習に加え，職業能力の開発について言及する。その一方で，高度専門職業人養成については前面に出さず，主に非正規雇用対策としての「学び直し」に言及している。

　2008年7月に閣議決定した「教育振興基本計画」［第1期］[8]は【今後5年間に総合的かつ計画的に取り組むべき施策】（3章）の基本的な考え方の1つとして「個人の発達段階やそのとき置かれている状況等を踏まえつつ，だれもが若年期から高齢期まで生涯を通じて質の高い教育や学習に取り組み，その成果を生かすことのできる」生涯学習社会の実現を掲げ，そのために「いったん学校教育を終えた後や，途中で中断した後に，それぞれのニーズに応じて再度学校教育の場に戻ったり，様々な社会教育を受けたりする機会が設けられていることが重要」とし，「学び直し」の機会の提供と学習成果を社会で生かすための仕組みづくりを図るとしている（内閣府 2008, 20）。教育基本計画［第1期］の提示する「生涯学習社会」には，「多様な機会のある社会」推進会議などで展開された「学び方の複線化」や「学び直し」概念が含意されていることがわかる。

7．地域再生の核となる大学づくりと経済対策としての「学び直し」——2012〜2016年

　2012年から2016年にかけて，「学び直し」に関連する2つのトピックが提示される。第1に，地域と連携した「学び直し」である。これは大学COC事業および「地方創生」と関連している。

　第2に，第2次安倍晋三内閣掲げる「一億総活躍社会」の実現を目標とした

社会人の学び直しである。この学び直しについては，大きく2つの方向性が示されている。1つは職業人材育成を主眼とするもの，もう1つは，若者や女性を主なターゲットとした復職・再雇用を目的としたものである。

7-1 大学改革実行プランと大学COC事業

民主党政権下の2012年6月，文部科学省が「大学改革実行プラン」を提示する（文部科学省2012）。「我が国が目指すべき社会」の1つに「生涯学習の一層の拡大と人材の流動性が高まる社会」を挙げ，【求められる人材像・目指すべき新しい大学像】として「生涯学び続け，主体的に考え，行動できる人材」「地域再生の核となる大学」「生涯学習の拠点となる大学」を示している（同書, 2）。そして大学機能の再構築として「地域再生の核となる大学づくり（COC：Center of Community 構想の推進）」を掲げ，その機能として，地域と大学の連携強化，大学の生涯学習機能の強化を挙げる（同書, 3）。

大学COC機能の目標は「大学等（短大・高専を含む）が，地域の課題を直視して解決にあたる取組を支援し，大学の地域貢献に対する意識を高め，その教育研究機能の強化を図る」ことである。地域人材の育成・雇用機会の創出のために「社会人のニーズに対応したキャリア・アップ，就業等学びの場の提供による社会人学生の受け入れなど，社会人に対する学び直しの場を提供」することを進めるとしている（同書, 12）。大学COCの機能として，地域課題の解決をゴールにした，生涯学習や社会人に対する学び直しが位置づけられていることがわかる。

大学COC機能は後述する「教育振興基本計画」［第2期］（2013年6月）で【絆づくりと活力あるコミュニティの形成に向けた学習環境・協働体制の整備促進】の施策に位置づけられた。文部科学省は2013年度から「地（知）の拠点整備事業（大学COC事業）」を実施する（文部科学省高等教育局大学振興課2014）。2015年度にはその後継となる「地（知）の拠点大学による地方創生推進事業（COC+）」が行われる（文部科学省高等教育局大学振興課2016）[9]。民主党政権下で構想された大学COC事業が，後述する自民党政権で立ち上がった

「地方創生」に組み込まれていったことがうかがえる。

7-2 大学改革と「学び直し」による高度職業人材の育成

2012年12月，政権交代が行われ第2次安倍内閣が発足する。同月，経済財政諮問会議と連携の下，経済再生に向けた経済対策の実施・成長戦略の実現を担う日本経済再生本部[10]を，翌2013年1月には，21世紀の日本にふさわしい教育体制の構築と教育の再生を目的とした教育再生実行会議[11]を設置する。

2013年5月，教育再生実行会議が「これからの大学教育の在り方について」を公開する（教育再生実行会議 2013）。2017年までの5年間を「大学改革実行集中期間」と位置づけ，直ちに取り組む5つの方策の1つに【大学等における社会人の学び直し機能を強化する。】を挙げる。「「大学＝18歳入学」という日本型モデルを打破し，大学・専門学校等において社会人が新たな能力を獲得するための学び直し機能を質・量ともに強化する」ことを謳い，大学等による，産業界・地方公共団体のニーズに対応した高度人材を養成するためのオーダーメイド型・実践的な職業教育プログラムの開発・実施，国の履修証明制度の充実・活用，従業員の学び直しプログラム受講について事業主への支援等を提示した（同書，7-8）。

2013年6月，日本経済再生本部が「日本再興戦略―JAPAN is BACK」（以下「日本再興戦略」）を提出する（日本経済再生本部 2013）。日本産業再興プランの1つとして，雇用制度改革・人材力の強化を挙げ「経済を新たな成長軌道に乗せるためには，人材こそが我が国の最大の資源であるという認識」に立ち「若者・女性・高齢者等の活躍の機会を拡大」し「全ての人材が能力を高め，その能力を存分に発揮できる「全員参加の社会」を構築する」ことを掲げる（同書，29）。このために「大学，大学院，専門学校等が産業界と協働して（中略）社会人の学び直しを推進する」ことが示されている（同書，36）。

2013年6月「教育振興基本計画」[第2期] の閣議決定がある（内閣府 2013）[12]。【社会人の学び直しの機会の充実】として「社会人の学び直しの機会の充実・スキルアップ・職種転換などのキャリアアップや再就職（出産等により一度離職

した女性の再就職など）などの再チャレンジを目指す社会人の学び直しをはじめ，多様なニーズに対応した教育の機会を充実するなど，大学・大学院・専門学校等の生涯を通じた学びの場としての機能を強化する」ことを挙げている（同書，53）。この社会人の学び直しに関する施策の成果目標は【社会的・職業的自立に向けた能力・態度の育成等】となっており，人材育成のための学び直しが前面に打ち出されていることがわかる。同年8月には，企業等と連携し，より実践的な職業教育に取り組む専修学校専門課程を「職業実践専門課程」として文部科学大臣が認定する制度が創設される。

7-3　地方創生と大学の役割

地方創生は2014年に始まった「人口の減少に歯止めをかけるとともに，東京圏への人口の過度の集中を是正し，それぞれの地域で住みよい環境を確保して，将来にわたって活力ある日本社会を維持することを目的」とする政策である（まち・ひと・しごと創生本部 2019, 1)[13]。大学に対して，地域の企業や地方公共団体と連携し，地域産業を担う人材養成や，地域課題の解決に貢献する取り組みを推進することを指摘する。

2015年3月，教育再生実行会議が「「学び続ける」社会，全員参加型社会，地方創生を実現する教育の在り方について」を発表する（教育再生実行会議 2015）。タイトルに「地方創生」が入っていることがわかる。本報告は，急速な経済社会の変化に対応するため，学校卒業までに身につけた能力だけでは不十分であり，社会に出た後も知識や技術を身につけることが求められるとした上で「「教育→労働→（育児→家庭）→老後」といった人生を前提とした教育の在り方」を改める必要があると指摘する（同書, 2）。【社会に出た後も，誰もが「学び続け」，夢と志のために挑戦できる社会へ】（1章）では学び直しについて【生涯で何度でも，学び中心の期間を持つ人生サイクルを】【大学等を若者中心の学びの場から全世代のための学びの場へ】【社会全体で学びを支援】を挙げている（同書, 4）。この提言を受け，2015年7月に，大学等における社会人や企業等のニーズに応じた実践的・専門的なプログラムを文部科学大臣が認定す

ることで，社会人の学び直しを推進する「職業実践力育成プログラム（BP：Brush up Program for professional）」が創設された。2019年度に始まった「専門職大学」制度はこの系譜に位置づけることができるだろう。

2016年5月，中央教育審議会が答申「個人の能力と可能性を開花させ，全員参加による課題解決社会を実現するための教育の多様化と質保証の在り方について」をまとめる（中央教育審議会 2016）。本答申は第1部【社会・経済の変化に伴う人材需要に即応した質の高い専門職業人養成のための新たな高等教育機関の制度化について】と第2部【生涯学習による可能性の拡大，自己実現及び社会貢献・地域課題解決に向けた環境整備について】で構成されている。第1部の【今後の職業人養成の在り方】は「1つの企業中で職務内容を限定せずに働くメンバーシップ型雇用」から「職種の専門性に基づいて，企業横断的にキャリアップ」を行う「ジョブ型雇用」へのシフトに言及している（同書，5）。【社会人の学び直し環境に関する課題と対応】では「職業生活と学習活動とを往還し，又は同時に営みながら，知識・技能等の修得・更新を図ることのできる，社会人の学び直し環境を整備していく」と述べ，特に「女性の社会参加・仕事復帰を支援していく上で，様々なライフステージを通じた学び直し機会の充実」が重要としている（同書，11）。

第2部【学習成果活用の課題】は，大学等が「地方公共団体や地域課題に取り組むNPO等と連携」して「社会的課題の解決に資する実践的な講座」を実施することへの期待を述べている（同書，34）。学び直しの目的として、専門職業人の育成、女性の社会参加、地域の課題の解決が挙がっている。

7-4　女性・若者の「学び直し」と「一億総活躍社会」

前述した「日本再興戦略」は，2013年2月に発足した若者・女性活躍推進フォーラムが同年5月に発表した「我が国の若者・女性の活躍推進のための提言」を参照している（若者・女性活躍フォーラム 2013）。本提言は，若者の活躍推進のために，【企業のニーズに即した社会人の学び直し】（2章4節）を挙げ，「高度な技術や知識の習得を目指すステップアップ型」と「成長産業への労働

力シフトを促進するキャリア転換型」の人材育成を促すために，高等教育機関のオーダーメイド型の教育プログラムの開発・実施に対して政府が支援を行うことを挙げている（同書, 6-7）。本提言は「企業ニーズ」に対応した高度なスキルを持った人材育成のための「学び直し」を提示している。

2015年9月，安倍内閣総理大臣は「一億総活躍社会」の実現を目標に掲げた。一億総活躍社会は「女性も男性も，お年寄りも若者も，一度失敗を経験した方も，障害や難病のある方も，家庭で，職場で，地域で，あらゆる場で，誰もが活躍できる，いわば全員参加型の社会」と説明されている（厚生労働省 2016, 230）。一億総活躍社会は，第1次安倍内閣で提唱された「再チャレンジが可能な社会」の後継であるとみなせるだろう。同年10月に内閣総理大臣を議長とし，関係閣僚と有識者からなる「一億総活躍国民会議」が内閣府に設置された。

2015年12月，内閣府男女共同参画局「第4次男女共同参画基本計画」が閣議決定した（内閣府男女共同参画局 2015）。第3分野【雇用等における男女共同参画の推進と仕事と生活の調和】において「大学や専修学校等と産業界が協働し，再就職希望者を含む社会人等の就労，キャリアアップ，キャリア転換に必要な実践的な知識・技術・技能を身に付けるための取組を推進し，学び直し等の充実を図る」ことを挙げている（同書, 37）[14]。

2016年6月，一億総活躍国民会議による「ニッポン一億総活躍プラン」が閣議決定する（一億総活躍国民会議 2016）。【「希望出生率1.8」に向けた取組の方向】として【女性活躍】（3章3節）を挙げ「一人ひとりの女性が自らの希望に応じて活躍できる社会づくり」のために「大学・専修学校等における実践的な学び直しの機会の提供を図る」としている（同書, 13）。本プランは，出生率の回復のために，女性の活躍を目的とした「学び直し」の必要性を示している。

8．「学び直し」からリカレント教育へ——2017～2018年

2017から2018年は，次の4点においてリカレント教育概念の里程標となる

年である[15]。第1に「働き方改革実行計画」が女性・若者の人材育成として「リカレント教育」を提唱したこと。第2に，厚生労働省と経済産業省が，それぞれ正規雇用労働者を主な対象とした人材育成のための教育訓練を促進する制度を創設したこと。第3に，人生100年時代構想会議がリカレント教育の推進を掲げたこと。第4に，2018年の「教育振興基本計画」［第3期］と「2040年に向けた高等教育のグランドデザイン」において「リカレント教育」の語が登場したことである。これらによって行政文書の中の「学び直し」の語が「リカレント教育」に置き直されたり，「リカレント教育」が「社会人の学び直し」として説明されるようになったりする。以下では，それぞれを確認する。

8-1 「働き方改革」と女性・若者の人材育成

2017年3月，働き方改革実現会議[16]が「働き方改革実行計画」をまとめる（働き方改革実現会議 2017）。本計画は，一億総活躍社会の実現のためには日本経済再生が必要とした上で，働き方改革はそのための「最大のチャレンジ」と位置づける（同書，1）。【女性・若者の人材育成など活躍しやすい環境整備】として【女性のリカレント教育など個人の学び直しへの支援などの充実】（6章1節）を掲げ「我が国では正社員だった女性が育児で一旦離職すると，復職や再就職を目指す際に，過去の経験，職業能力を活かせない職業に就かざるを得ないことが，労働生産性の向上の点でも問題を生じさせている。大学等における職務遂行能力向上に資するリカレント教育を受け，その後再就職支援を受けることで，一人ひとりのライフステージに合った仕事を選択しやすくする」と述べる。併せて，教育訓練費の拡充，人工知能（AI）がもたらす第4次産業革命に需要が見込まれるスキルに関する専門教育講座の開拓・受講支援を行うことが示される（同書，17）。「働き方改革実行計画」は，前述の「ニッポン一億総活躍プラン」を踏襲し，日本経済再生のためには女性の労働力が必要であり，女性の労働力を確保するためにはリカレント教育が必要だ，とする筋書きを示している。

2017年6月，すべての女性が輝く社会づくり本部[17]が「女性活躍加速のた

めの重点方針 2017」を公開する（すべての女性が輝く社会づくり本部 2017）。【ライフイベントに対応した多様で柔軟な働き方の推進】（1章1節4）では，個人の学び直し・復職・再就職支援として，子育て女性のための「リカレント教育」講座の増設・給付率および上限額の引き上げが示されている（同書, 5）。リカレント教育の語が，女性や若者の就労支援を目的とした人材育成のための「学び直し」を意味して登場していることがわかる。

8-2　厚生労働省と経済産業省の人材訓練支援

「働き方改革実行計画」が掲げられる中，2017年度より厚生労働省はこれまでの「キャリア形成促進助成金」を改め「人材開発支援助成金」制度を開始する。本制度は「企業内における労働者のキャリア形成を効果的に促進するため，事業主や事業主団体が，雇用する労働者等に対して，職務に関連した専門的な知識及び技能を習得させるための職業訓練等を計画に沿って実施した場合や人材育成に係る制度を導入し，労働者に適用させた場合に，訓練経費や訓練期間中の賃金の一部等を助成する」ものである（厚生労働省 2017, 219）[18]。

経済産業省は2017年8月に，労働者のキャリア形成を図る専門的かつ実践的な教育を行う教育訓練を経済産業大臣が認定し，奨励する「第四次産業革命スキル習得講座認定制度」を創設，2018年度より「第四次産業革命スキル習得講座」（通称：Reスキル講座）の運用を開始する。2017年6月に公開された「「第4次産業革命スキル習得講座認定制度（仮称）」について（報告）」では，リカレントの語は使われていないもののIoTや人工知能がもたらす産業構造の変化へ対応するための鍵として「人材育成の抜本的強化」と「成長産業への転職・再就職支援」を挙げる。そして「人生100年時代を見据えて，能力・スキルの変化に対応し成長産業への転換を促すために」「「IT力」をはじめとして，働きながら求められる能力・スキルを獲得できる教育訓練の充実が必要」としている（「第4次産業革命スキル習得講座認定制度（仮称）」に関する検討会 2017, 1）。経済産業省の「Reスキル講座」がDX（デジタルトランスフォーメーション）に係るリスキリングにつながることは後述する。

8-3 「人づくり革命」と人生100年時代構想会議

2017年9月,人生100年時代構想会議が発足する。議長の安倍晋三内閣総理大臣に代わり会議の司会進行を担当したのは,茂木敏充人づくり革命担当大臣である[19]。当会議は「全ての人に開かれた教育機会の確保,負担軽減,無償化,そして何歳になっても学び直しができるリカレント教育」を筆頭のテーマに掲げている(人生100年時代構想会議2017a)。会議のメンバーに『ライフ・シフト』(原題 "The 100-Year Life" 2016)の著者リンダ・グラットンが含まれていることは特筆に値する。彼女は第3回の会議でリカレント教育についてコメントを行っている(人生100年時代構想会議2017b)。

2017年9月の記者会見で安倍内閣総理大臣は「いくつになっても,誰にでも学び直しと新しいチャレンジの機会を確保する。人生100年時代を見据え,その鍵であるリカレント教育を抜本的に拡充します。こうしたニーズに応えられるよう,大学改革も強力に進めていかなければなりません」という(安倍2017a)。2017年11月の所信表明演説でも同様に,リカレント教育の抜本的な拡充と,「人づくり革命」を牽引する拠点として大学改革を進めることを述べた(安倍2017b)。「人生100年時代」「リカレント教育」と「大学改革」が一体になっていることがわかる。

2017年12月,日本経済再生本部による「新しい経済政策パッケージ」(以下「パッケージ」)が閣議決定する(日本経済再生本部2017)。「人生100年時代」を枕詞に「高齢者から若者まで,全ての国民に活躍の場があり,全ての人が元気に活躍し続けられる社会,安心して暮らすことのできる社会」の実現のためには「幼児教育から小・中・高等学校教育,高等教育,更には社会人の学び直しに至るまで,生涯を通じて切れ目なく,質の高い教育を用意し,いつでも有用なスキルを身につけられる学び直しの場が,安定的な財源の下で提供される必要がある」と指摘し,その鍵となる政策が「人づくり革命」とする(同書,2-1)。「パッケージ」は,リカレント教育を,来年夏に向けての検討継続事項とした上で「高校・大学まで教育を受け,新卒で会社に入り,定年で引退して現

役を終え，老後の暮らしを送る」単線型の人生設計に代わって「個人が人生を再設計し，一人一人のライフスタイルに応じたキャリア選択」を行うために「生涯を通じて学び直しを行うことが必要」であり，そのために「誰にでも学び直しと新しいチャレンジの機会を確保する」と述べる（同書，2-9）。同年12月「パッケージ」を踏まえて人生100年時代構想会議が「人生100年時代構想会議 中間報告」（以下「中間報告」）を取りまとめる（人生100年時代構想会議 2017c）。

2018年1月，安倍内閣総理大臣は施政方針演説で，人生100年時代構想会議のメンバーで，80歳からプログラミングを学びゲームアプリを開発した若宮正子に言及し「いくつになっても，誰にでも，学び直しと新たなチャレンジの機会を確保する。雇用保険制度も活用し，リカレント教育の抜本的な拡充を図ります」と述べ「一億総活躍社会に向けて，人づくり革命」を進めることを宣言する（安倍 2018）。

2018年6月，人生100年時代構想会議は「人づくり革命 基本構想」（以下「基本構想」）を発表する（人生100年時代構想会議 2018）。「基本構想」は前述の「パッケージ」「中間報告」に追加する，人づくり革命に関連した5つの政策の1つとしてリカレント教育を掲げる。「基本構想」は「より長いスパンで個々人の人生の再設計が可能となる社会を実現するため，何歳になっても学び直し，職場復帰，転職が可能となるリカレント教育を抜本的に拡充する」（同書，3），「リカレント教育は，人づくり革命のみならず，生産性革命を推進するうえでも，鍵となるものである。リカレント教育の受講が職業能力の向上を通じ，キャリアアップ・キャリアチェンジにつながる社会をつくっていかなければならない」（同書，10）と述べる。2018年6月に公開された「経済財政運営と改革の基本方針2018」には「基本構想」のリカレント教育の部分がそのまま掲載されている（経済財政諮問会議 2018, 14-16）。ここからは，人生100年時代構想会議，日本経済再生本部，そして経済財政諮問会議が一体となって，人材育成のためのリカレント教育の推進を図っていることを読み取ることができる。

8-4 「教育振興基本計画」〔第3期〕と「2040年に向けた高等教育のグランドデザイン」

2018年6月に閣議決定した「教育振興基本計画」〔第3期〕は，基本計画で初めてリカレント教育の語が登場する点に特徴がある（内閣府 2018）。「人生100年時代においては，生涯の様々なステージに必要となる能力を着実に身に付け，発揮することが一層重要となることから，リカレント教育の充実を図ることが必要」（同書，19）と述べる。女性活躍推進のためのリカレント教育の強化を謳っている点も特徴である（同書，68）。

本基本計画は「教育を通じて生涯にわたる一人一人の「可能性」と「チャンス」を最大化すること」を理念として掲げ，5つの基本的な方針を挙げる（1部4章）。その1つ【生涯学び，活躍できる環境を整える】では【人生100年時代を見据えた生涯学習の推進】【職業に必要な知識やスキルを生涯を通じて身に付けるための社会人の学び直しの推進】等を示す（2部3章）。後者については，社会に開かれた高等教育の実現，社会人の大学院入学および博士号取得等について言及している（同書，71）。同年8月には，本計画を踏まえ，専修学校で行われる職業に必要な実践的かつ専門的な能力を育成することを目的とした体系的な教育を国が認定することで，社会人の職業に必要な能力の向上を図る「キャリア形成促進プログラム認定制度」が創設された[20]。

2018年6月「地域における大学の振興及び若者の雇用機会の創出による若者の修学及び就業の促進に関する法律」が施行される。本法律は，地方公共団体が地域における大学振興・若者雇用創出のために行われる事業に関する計画を作成し，内閣総理大臣の認定を申請できるとする（第5条）。事業の中には「地域における中核的な産業の振興及び当該産業に関する専門的な知識を有する人材の育成のために，大学及び事業者が協力して行う取組」が含まれている。また，第11条で，地域における大学振興・若者雇用創出のための交付金制度を定めている。

2018年7月，文部科学省は「リカレント教育の拡充に向けて」を発表した。

前述した「経済財政運営と改革の基本方針2018」など，社会人の学び直しに関する提言，社会人学習者の現状・課題を踏まえ，大学等におけるリカレント教育拡充の今後の方向性を示している（文部科学省 2018）。

2018年11月中央教育審議会が「2040年に向けた高等教育のグランドデザイン」をまとめる（中央教育審議会 2018）。高等教育改革の指針として，①学修者が「何を学び，身につけることができるのか」を明確にし，学習の成果を学習者が実感できる教育を行う，②18歳人口の減少を前提にして，教育の質の維持向上の観点から社会人および留学生の受け入れ拡大を図る，③地域のニーズに応える，それぞれの高等教育機関の強みや特色を活かした連携等を行うことを挙げる（同書, 2）。これらの指針とリカレント教育は次の関連がある。

第1に「何を学び，身につけることができるのか」の認識が共有されれば，生涯学び続けることの意義が高まり，リカレント教育の仕組みがより重要になる（同書, 6）。第2にリカレント教育は18歳で入学する日本人を主な対象とする従来の高等教育モデルを脱却し「人生100年時代を見据え，様々な年齢や経験を持つ学生が相互に刺激を与えながら切磋琢磨するキャンパスを実現」に資する（同書, 15）。第3に，地域ニーズに対応した連携として，地方創生との関連が示唆されている（同書, 15）。

9．イノベーションとリカレント教育——2019〜2021年

この時期，従来いわれてきた，女性や若者の雇用や地方創生のためのリカレント教育に加えて，イノベーションやSociety 5.0[21]との関連で，リカレント教育が語られるようになる。

9-1　イノベーションと地域人材育成のためのリカレント教育

2019年2月「地域科学技術イノベーションの新たな推進方策について」が発表される（科学技術・学術審議会 産業連携・地域支援部会 第9期地域科学技術イノベーション推進委員会 2019）。【科学技術イノベーションによる地方創生の実現に

向けて】(3章)に【人材(「ヒト」)の視点：イノベーション活動を担う人材の育成・確保】として，【一人ひとりのイノベーション力の底上げ（リカレント教育など）】の項目がある。大学が，地方公共団体や産業界と連携して実践的・専門的な「イノベーション力」の向上につながるリカレント教育プログラム開発・実施の役割を担うことが謳われている（同書, 34）。

2019年12月「第2期「まち・ひと・しごと創生総合戦略」」の閣議決定がある（まち・ひと・しごと創生本部 2019）。本戦略は施策の基本目標の1つとして【地方とのつながりを築き，地方への新しいひとの流れをつくる】ことを挙げ【地方への移住・定着の促進】を促進するための施策の1つとして「若者の就学・就業による地方への定着の推進」を掲げる。そして「地域産業の振興を担う人材の育成のため，大学・専門学校における社会人向けプログラムの開発・実施や，専門職大学等の開設により，実践的なリカレント教育及び職業教育を進める」ことを提案する（同書, 42）。具体的には，女性・高齢者の新規就業者を掘り起こすためのリカレント教育（同書, 工程表26），地域産業の振興を担う高度な専門的人材の育成を行うためのリカレント教育である（同書, 工程表35）。後者については「職業実践力育成プログラム」や「キャリア形成促進プログラム」の充実，地域産業を担う専門職業人を育成するために専門職大学などの制度活用の促進が記されている。

9-2　就職・起業希望者のためのリカレント教育

2019年6月の「女性活躍加速のための重点方針2019」では「女性活躍が「生産性向上・経済成長・地方創生」の切り札」と述べ「Society 5.0の実現を見据えながら，科学技術・学術分野における人材育成やリカレント教育の強化等を含め，更なる取組を進める」と述べる（すべての女性が輝く社会づくり本部2019, 2）。

2020年12月，男女共同参画局がまとめた「第5次男女共同参画基本計画」では，「再就職希望者を含む社会人等の就労，スキルアップ，キャリア転換に必要な実践的な知識・技術・技能を身に付けるためのリカレント教育を推進

し，学び直し等の充実を図る」としている（内閣府男女共同参画局 2020, 45）。

9-3 Society 5.0 とリカレント教育の推進

2020年4月，文部科学省は「文部科学省におけるリカレント教育の取組について」を公開する（文部科学省 2020）。人生100年時代とSociety 5.0の到来を背景に「誰もがいくつになっても学び直し，活躍することができる社会の実現に向けて，関係省庁が連携してリカレント教育を一層推進するとともに，転職や復職，起業等を円滑に成し遂げられる社会を構築していく必要性」があると述べる（同書，2）。「人生100年時代」「Society 5.0」は安倍政権下で提示された語である。「誰もがいくつになっても学び直し，活躍することができる社会」は「一億総活躍社会」を「転職や復職，起業等を円滑に成し遂げられる社会」は「再チャレンジ」を含意している。これらも安倍政権が目標に掲げたものである。

2020年9月，中央教育審議会生涯学習分科会が「第10期中央教育審議会生涯学習分科会における議論の整理」をまとめる（中央教育審議会生涯学習分科会 2020）。【新しい時代の生涯学習・社会教育の広がりと充実に向けて】に【個人の成長と社会の発展につながるリカレント教育の推進】（2章2節4）を挙げる。人生100年時代やSociety 5.0による社会変化に対応するために「大学や専門学校等におけるリカレント教育も一層積極的に推進・充実していく必要がある」とする（同書，20）。

2021年3月「科学技術・イノベーション基本計画」[22)]が閣議決定する。本計画はリカレント教育を「趣旨に応じ，生活の糧を得るため，更なる社会参画のため，あるいは，知的満足（文化・教養）のため」などの類型化が可能である中で，とりわけ「Society 5.0 の観点から，人生100年時代にあって複線型のキャリアパスが求められる中，新たなキャリアやより高いレベルに挑戦しようとする者を念頭に，更なる社会参画を目的」としたリカレント教育を取り上げる。そして，リカレント教育によって「人材流動性を高め，個人の兼業，副業，転職等をしやすい環境を整備し，Society 5.0 時代の価値創造を実現する」

ことを述べている（内閣府 2021, 67）。

　2021 年 6 月，教育再生実行会議が「ポストコロナ期における新たな学びの在り方について」を発表する（教育再生実行会議 2021）。学びの複線化・多様化として「社会人等を対象としたリカレント教育（社会人の学び直し）」に言及し「遠隔・オンライン教育の特性も生かして，高等学校教育と大学教育の連携・接続の一層の円滑化，リカレント教育の充実・高度化等を図る」ことを提言する（同書，23）。

　この中でリカレント教育は大学院を含む高等教育機関が行う①「社会・経済活動のニーズに対応したリカレント教育」（同書，24），専門学校が担う②「職種転換を考えている人などへの教育機会の提供として，短期の学びを中心としたリカレント教育プログラム」，③「生涯学習の一環であるリカレント教育」に加え，④「高等学校教育と専門学校教育の連携・接続の取組の促進や地域等での産学連携による職業教育強化など，地域社会や産業界のニーズに応じた教育プログラムの開発」を挙げる（同書，25）。この 4 つの分類が，日本の大学で行われているリカレント教育を網羅的に示している。この点については，最後に整理する。

10. リスキリングの登場と展開――2021 年以降

　日本で最も早いリスキリングについての体系的な言及の 1 つに，リクルートワークス研究所「DX 時代のリスキリング」プロジェクトが著した『リスキリング：デジタル時代の人材戦略』（2020 年 9 月）がある（リクルートワークス研究所「DX 時代のリスキリング」プロジェクト 2020）。本書は，リスキリングを企業のデジタルトランスフォーメーション（DX）[23]を背景に「新しく生まれた職を得るための職業能力再開発」を指す概念として説明している。その上で，リスキリングの語に注目が集まる発端として, 2018 年の世界経済フォーラム（World Economic Forum）のダボス会議報告書「リスキル革命に向けて（Towards a Reskilling Revolution）」があることを指摘する（World Economic Forum 2018）。

世界経済フォーラム2020年の報告書「明日の仕事 (Jobs of Tomorrow)」は「リスキル革命」のためのプラットフォームを構築し，今後10年間で10億人の雇用機会を創出することを宣言している (World Economic Forum 2020)。経済産業省が2021年2月より開催している「デジタル時代の人材政策に関する検討会」には先の「DX時代のリスキリング」プロジェクトのプロジェクトリーダー石原直子が委員として参画している（石原 2021）。以上より，日本ではDX導入を背景に経済産業省が，リスキリングの語を用い始めたことがうかがえる。以下では，①岸田文雄内閣総理大臣の提唱する「新しい資本主義」やDXの提唱と共にリスキリング概念が使われるようになったこと，②リスキリングとリカレントの2つの概念の関係について確認する。

10-1 「新しい資本主義」とリスキリング

2021年10月，岸田文雄が内閣総理大臣に就任する。就任後の所信表明演説で経済政策として「新しい資本主義の実現」を掲げ（岸田 2021），「新しい資本主義実現本部」を設置した。2022年1月の施政方針演説では「新しい資本主義」を実現する方策として「人への投資」の強化を挙げた（岸田 2022a）。

2022年4月，すべての女性が輝く社会づくり本部と男女共同参画推進本部が「女性活躍・男女共同参画の重点方針2022」，いわゆる「女性版骨太の方針」をまとめた。【女性の経済的自立】（1章）に【リカレント教育の推進】を挙げ，大学等におけるデジタルリテラシーの育成やDX推進のためのリスキリングを目的としたリカレント講座を開発・実施，就職・転職支援，教育効果の検証等を挙げる（すべての女性が輝く社会づくり本部 他 2022, 3）。ここで「リスキリングを目的としたリカレント」の文言が現れる。リカレント教育はリスキリングを含む上位概念として使われている。

2022年5月，経済産業省の人的資本経営の実現に向けた検討会は「人的資本経営の実現に向けた検討会 報告書：人材版伊藤レポート2.0」を公開した（経済産業省 2022）。本レポートは，持続的な企業価値向上に向けた人材戦略および人的資本経営の具体的な対応を示したもので，「経営環境の急速な変化に

対応するためには，社員のリスキルを促す必要がある。また，社員が将来を見据えて自律的にキャリアを形成できるよう，学び直しを積極的に支援することが重要」と指摘する（同書，57）。

2022年5月，教育未来創造会議[24)]が第1次提言として「我が国の未来をけん引する大学等と社会の在り方について」を発表する（教育未来創造会議2022）。【基本理念】（2章1節）で，教育と人材育成を「人への投資」と位置づけ【在りたい社会像】（2章2節）で「誰もが，生涯にわたって意欲があれば学び，スキルを身につけることができる生涯学習社会，生涯能力開発社会（＝全世代学習社会）の実現」を掲げる。【具体的方策】（3章）では【未来を支える人材を育む大学等の機能強化】【新たな時代に対応する学びの支援の充実】に並んで【学び直し（リカレント教育）を促進するための環境整備】を挙げる。

2022年6月「経済財政運営と改革の基本方針2022」が閣議決定する（経済財政諮問会議2022）。【新しい資本主義に向けた重点投資分野】（2章1節）の1つに【人への投資と分配】を掲げる。「社会全体で学び直し（リカレント教育）を促進するための環境を整備する」と述べ，学び直しの成果の可視化と評価，学び直しによるキャリアアップ等の促進，企業におけるリカレント教育による人材育成の強化等の取り組みを進めることを示す（同書，4）。ここではまだリスキリングの語は登場していない。

2022年6月「デジタル田園都市国家構想基本方針」が公表された（内閣府2022）。【デジタル人材の育成・確保】（2章1節3）の【高等教育機関等におけるデジタル人材の育成】では，高等教育機関が産業界と連携し，就業者・失業者・非正規雇用労働者を対象とした，デジタル分野等成長分野を中心としたリカレント教育プログラムの提供と，就業者を対象とした，応用基礎的なデジタル分野の能力の育成を目的とするリスキリングプログラムを提供し「デジタル人材を地方の高等教育機関等から継続的に輩出する体制を構築」することを掲げる（同書，25）。本基本方針では，就業支援を目的としたリカレント教育と，より高度なデジタル分野の能力を涵養するリスキリングとに語の用法が分けられている。

2022年12月に「デジタル田園都市国家構想総合戦略」，2023年12月にはその改訂版である「デジタル田園都市国家構想総合戦略（2023改訂版）」の閣議決定が行われた（内閣府 2023c）。リカレント教育について，高等教育機関等による専門的なデジタル知識・能力を持った人材の育成（同書，38-39），産学官協働で地方 DX を推進するコンソーシアム形成（同書，60）を掲げている。

10-2　リカレントとリスキリング——意味の綱引き

リスキリングの語が登場したことで，行政文書において，リカレントとリスキリングの語の意味を巡る綱引きをみることができる。

2022年8月，中央教育審議会生涯学習分科会が「第11期中央教育審議会生涯学習分科会における議論の整理」を公表する（中央教育審議会生涯学習分科会 2022）。【今後の生涯学習・社会教育の振興方策】に【リカレント教育の推進】（3章4節）を挙げる。ここでは「社会人になってからも学びを継続する上では，学習習慣があるか否かの影響が極めて大きい」ことを指摘し，学校教育，社会教育等で学習習慣を身に付けることが重要だとする。

また，リカレント教育を「いつでも学び直しができるシステム」と位置づけた上で，①キャリアチェンジを伴わずに現在の職務を遂行する上で求められる能力・スキルを追加的に身に付けるアップスキリング，②現在の職務の延長線上では身に付けることが困難な時代のニーズに即した能力・スキルを身に付けるリスキリング，③職業とは直接的には結びつかない技術や教養等に関する学び直しを含むものと説明している（同書，9）。リスキリングをリカレント教育の下位カテゴリとする整理を行っている点が興味深い。

岸田内閣総理大臣は，2022年10月の所信表明演説で，リスキリングを「成長分野に移動するための学び直し」と位置づけ支援策を整備すると述べた（岸田 2022b）。また，2023年1月の施政方針演説では，リスキリングについて，GX，DX，スタートアップ等，成長分野に関連するものへの重点的な支援，在職者向けのリスキリング支援体制の見直し，年齢性別問わずリスキリングから転職まで一気通貫で支援する枠組みの構築を挙げた。また，長期的な目線での

学び直しの支援についても言及し，成長分野に移動するための学び直し＝リスキリングとは狙いが異なる学び直しもありえることを示唆している（岸田 2023）。

2023 年 3 月，立憲民主党厚生労働部門文部科学部門は「立憲民主党「もっと良い学びなおしビジョン」」を発表する（立憲民主党厚生労働部門文部科学部門 2023）。リスキリングを「企業が主導して労働者に新たに業務上必要となる知識・スキルを習得させる」，リカレント教育を「個人主体で職業に必要な知識・技術を習得するために就学と就職を繰り返す」と説明し「立憲民主党は，企業主体のリスキリングに加え，個人主体のリカレント教育を重視し，働くことを望む全ての人を支援」すると述べる。企業と個人でリスキリングとリカレントを切り分ける独特の概念の使い方を示している。

2023 年 5 月，「三位一体の労働市場改革の指針」の公表がある（新しい資本主義実現会議 2023）。冒頭「職務ごとに要求されるスキルを明らかにすることで，労働者が自分の意思でリ・スキリングを行え，職務を選択できる制度に移行していくことが重要」と述べ（同書, 1），三位一体の労働市場改革として「リ・スキリングによる能力向上支援，個々の企業の実態に応じた職務給の導入，成長分野への労働移動の円滑化」を掲げている（同書, 3）。「リ・スキリング」について，個人の直接支援の拡充，雇用調整助成金の見直しなど，6 項目の方針を挙げている（同書, 3-5）。ここで新しく登場した「リ・スキリング」概念は，2023 年 5 月の「こども未来戦略方針」（内閣府 2023a, 8），2023 年 6 月の「経済財政運営と改革の基本方針 2023」（経済財政諮問会議 2023, 4）においても，三位一体の改革とともに登場している。

2023 年 6 月に公開された「女性活躍・男女共同参画の重点方針 2023」（すべての女性が輝く社会づくり本部 他 2023）は，女性の所得向上・経済的自立に向けて，女性デジタル人材の育成等のリスキリングによる生産性の向上を通じたキャリアアップ（同書, 1），および女性非正規雇用者等へのリスキリング支援を掲げる（同書, 10）。これまで「女性活躍・男女共同参画の重点方針」で用いられていた「リカレント教育」の語が「リスキリング」に置き換わっている。

2023年6月に「教育振興基本計画」[第4期]が閣議決定する（内閣府2023b）。本章のはじめにで述べたように，本計画はリカレント教育を「学校教育を修了した後，社会人が再び学校等で受ける教育」と位置づけ，職業から離れるあるいは，就きながら行われるかを問わず，職業に必要とされるスキルを身に付けるリスキリング，職業とは直接的に結びつかない技術や教養等に関する学び直しを含む概念とする（同書，4）。また【リカレント教育を通じた高度専門人材育成】では，労働生産性の低さを改善するために，リスキリング的な視点を含んだリカレント教育を通じて，複雑化・高度化する企業課題や産業ニーズに対応して自らの知識や技能をアップデートできる高度専門人材の育成が重要と述べる。そのために，高等教育機関による社会人が学びやすい教育プログラム提供，企業における学習成果の評価とキャリアアップ，転職を含んだ労働移動の促進を掲げる（同書，15）。先の「第11期中央教育審議会生涯学習分科会における議論の整理」と同様にリスキリングがリカレントの下位カテゴリに置かれている。

　概念分析の考えに従えば，政策に用いる語の意味を規定することは政策立案の根幹に関わる「概念を用いた実践」である。上記より，リカレントをリスキリングに置き換える用法がある中で，リカレントをリスキリングの上位概念に位置づける文部科学省，新たに「リ・スキリング」を提唱する内閣府といった，概念の意味の正統性を巡る「綱引き」を確認できる。

11. おわりに

11-1 結　論

　本研究では，2000年代から2020年代の政府の基本計画や，審議会の答申や報告書，白書，内閣総理大臣の発言記録などの行政資料を主な分析対象として概念分析を行い，以下に示す問いに答えることで，日本の大学におけるリカレント教育の政策上の位置づけと展開を明らかにすることを試みた。

問1：どのような意味内容が大学で行われるリカレント教育に付与されているのか。
問2：どのような政策がリカレント教育の意味内容に影響を与えているのか。

大学で行われているリカレント教育は以下の4つの意味内容を含意していた。

① 教養を高めることを目的としたリカレント教育
② 高度職業人材の養成を目的としたリカレント教育
③ 女性・若者の再就職を目的としたリカレント教育
④ 地域の課題解決を図る人材の育成を目的としたリカレント教育

行政資料を通時的に確認した結果，2000年代以降の大学で展開されているリカレント教育にも，従来の「生涯学習」が掲げる，教養を深め人生を豊かにする教育のあり方が含まれていることがわかった。しかし，2010年代以降のリカレント教育において，このような教養を重視する従来の「生涯学習」タイプは後景に退いている。

2010年代の自民党政権下において，リカレント教育は，少子高齢化が進行する日本の経済成長を目的として，大学改革を伴い導入・展開されていた。このリカレント教育は，以下の3つのタイプに整理できる。

1つ目は，専門的な知識やスキルを有した高度職業人材を養成するリカレント教育である。このタイプのリカレント教育は，2010年代後半から登場するSociety 5.0やDX推進，2020年代以降岸田政権下の「新しい資本主義」の下，リスキリングの語に置き換わり展開している。

2つ目は，女性・若者の主に再就職を主眼に置いたリカレント教育である。以上2つは「再チャレンジ」「一億総活躍社会」「働き方改革」「人生100年時代」「人づくり革命」といった安倍政権下の経済政策とパラレルに展開している。これらの経済政策がすべて人を対象にした人的資本論に依拠している点は

興味深い。

　3つ目は，地域人材の育成をめざすリカレント教育である。このタイプのリカレント教育は「大学COC事業」と「地方創生」，そしてその後継である「デジタル田園都市国家構想」と関連していた。

　リカレント教育の意味内容を，関連する政策のキーワードとともに整理した。一方，上述したリカレント教育の意味内容は複数が同時に成立可能である。大学で展開されているリカレント教育は，これら複数の目的が融合したアマルガムの様相を持っているといえるだろう。

11-2　考　　察

　前項において，リカレント教育が，政府の経済政策と呼応し，大学改革を伴い，大学に導入・展開されていることを確認した。これを受けて次の問いを提示する。

　　　なぜ政府の経済政策に対応するリカレント教育が大学で行われるようになったのか。

　以下，問いを説明するいくつかの論点を整理し，今後検討する仮説として提示する。第1に，大学に社会貢献が求められるようになったからではないか。2006年の教育基本法の改正で，大学の役割に，従来の教育，研究に加え社会貢献が加わった。この改正以後，大学は社会貢献を掲げて，地域社会や産業に対する連携を行うようになる。

　この「社会貢献」の語は，大学の行うリカレント教育の意味に影響を与えていると考える。理由を述べる。大学は一種の公益性を持った機関である。ゆえに，大学の活動はすべからく何らかの公益性すなわち社会貢献の側面があるといえるだろう。その意味で「社会貢献」の語は，大学が行う「教育」「研究」活動以外を網羅的に取り込むことができる概念になっている。このとき，リカレント教育を「社会貢献」とみるか，あるいはリカレント「教育」として位置

づけるのかで，大学におけるリカレント教育の制度的な立ち位置が変わってくる。前者に立つとリカレント教育は，従来から大学で行われている公開講座に近いものになる。後者の立場によると単位や学位の授与も関係し，社会人学生・大学院生が射程に含まれることになる。「公開講座とリカレント教育は何が違うのか」という冒頭の問いかけは「リカレント教育は社会貢献なのかそれとも教育なのか」が問われていた側面もあったのではないか。

　第2に，大学改革，とりわけ国立大学の機能区別と運営費交付金の減額が影響しているのではないか。2012年の「大学改革実行プラン」（文部科学省，前掲書）そして第2次安倍政権下の「日本再興戦略」「教育基本計画［第2期］」を受け，文部科学省は2013年11月，国立大学の機能強化を進める「国立大学改革プラン」を提示した（文部科学省 2013）。2015年6月に文部科学省による「国立大学経営力戦略」は，国立大学の役割を，① 地域に応える人材育成・研究の推進，② 分野ごとの優れた教育研究，③ 世界トップクラスの卓越した教育研究，の3つに分類し，運営費交付金の重点支援を行うことを示した（文部科学省 2015）。これを受け① のカテゴリに入る国立大学は，先に挙げた「地域の課題解決を図る人材の育成を目的としたリカレント教育」に力を入れることになる[25]。

　大学がリカレント教育を行うということは，従来の教育・研究活動に業務を付加することである。政府および文部科学省は，国立大学にはそれを行う余裕があると考えている。その思想は「大学経営の効率化」の文言に如実に表れている。一方，国立大学にとって，リカレント教育プログラムの実施は，減額される運営費交付金を埋め合わせるための補助金を取りに行く手段としての側面もあるといえるだろう。

　第3に，政治主導の政策形成のしくみが関連しているのではないか。毎年1回，内閣府に設置された経済財政諮問会議が「経済財政運営と改革の基本方針」を発表する。5年を1期として政府が策定する「教育振興基本計画」はその内容に沿うものとして立案される。そして教育行政は当該計画に基づいて実施される。このように内閣府の経済財政政策が教育行政に対してトップダウン

の影響を与えることを可能にするしくみが，上述した大学改革を加速させているのではないだろうか。この点において「教育振興基本計画」の策定を義務づけた2006年の教育基本法の改正は，以後続く，大学改革への大きな一歩だったといえるだろう。

　最後に，リカレント教育の展開の背景には人的資本論の普及があるのではないか。人的資本論は，個人の持つ知識や技術を資本としてみなす考え方である。人的資本論によれば，「新しい資本主義」における「人への投資」が示すように，教育は一種の投資である。教育を受けることで個人の知識や技術が高まり，生産性が上がると仮定する人的資本論は，経済政策と連動するリカレント教育の理論的な下支えになっているといえるだろう。人的資本論の想定はシンプルでわかりやすい。また，教育に携わる人々は，その職業的信念として，教育を通じて学生の知識やスキルを高めることが学生に何らかの良い帰結をもたらしうると想定する傾向があるだろう。そのため，教育現場の人々は，人的資本論が教育を投資のレトリックで表現することに違和感を覚えつつも，その論を完全に否定することは難しいのではないか。

　しかし，人的資本論については批判的に検討すべき論点がある。第1に，人的資本論は，教育機会や学歴による格差を肯定する立場である。たとえば，人的資本論の立場によれば社会人大学院生が博士の学位を取得したら，賃金の上乗せを求めるだろう。その際，経済的な格差はどこまで認められることになるのだろうか。第2に，個人の知識や技術が高まることで，社会全体の生産性が高まるという人的資本論の想定は，経験的にどの程度妥当するのだろうか。第3に，そもそも，なぜ人的資本論はこれほどまでこの日本社会に根づいたのだろうか。リカレント教育の理論的背景にある，人的資本論を批判的に検討することは，今後の課題である。

　　1) 大学におけるリカレント教育の状況についてはリカレント教育のポータルサイト「マナパス」参照（https://manapass.jp/）。
　　2) 概念分析にはおよそ2つの系譜がある。1つは看護学領域で行われている概念分析である（上村他2005）。もう1つは，ライル，ヴィトゲンシュタイン，ウィ

3) 経済・財政一体改革会議は「経済財政運営と構造改革に関する基本方針2006」の策定に向け，歳出・歳入一体改革と成長力・競争力強化について政府・与党が一体となって検討を進めるために設置された会議体である（小澤 2015, 4）。
4) 経済財政諮問会議は，2001年に内閣府に設置された，経済財政政策に関する重要事項について，内閣総理大臣のリーダーシップを十全に発揮することを目的とする合議制機関。毎年，政権の重要課題の方向性を示す「経済財政運営と改革の基本方針」（別名：「骨太の方針」）を策定する。
5) 前年2005年6月の「経済財政運営と構造改革に関する基本方針2005」および，同年12月の「女性の再チャレンジ支援プラン」には「学び直し」の文言は登場しない（経済財政諮問会議 2005，女性の再チャレンジ支援策検討会議 2005）。これらの行政文書には2006年に「学び直し」の語の登場があったことがわかる。
6) しかし，翌年2007年9月に第1次安倍内閣は退陣したため「再チャレンジ支援総合プラン」は尻すぼみに終わり「社会人の学び直しニーズ対応教育推進プログラム」は，民主党政権下の2010年6月，文部科学省内の事業仕分けの対象となり，同年度に廃止となった（岩崎 2020, 10-11）。
7) 履修証明制度については，文部科学省ウェブページを参照（https://www.mext.go.jp/a_menu/koutou/shoumei/）。2019年4月以降から履修証明プログラムの総時間数の要件が120時間から60時間に短縮された。同年8月から大学，2022年から大学院において，履修証明プログラム全体に対し単位授与が可能になった。
8)「教育振興基本計画」は，改正された教育基本法に基づき，教育基本法の理念の実現と施策の総合的・計画的な推進を図るために，5年を1期として策定される計画。
9) 2020年度には大学が就職先と一体となった教育プログラムを実施して若者の定着と地域活性化を推進する「大学による地方創生人材教育プログラム事業（COC+R）」の実施に至っている（合田 2023, 20-21）。
10) 日本経済再生本部は2020年10月に廃止となった。
11) 教育再生実行会議は後述する教育未来創造会議の発足に伴い2021年12月に廃止となった。
12)「日本再興戦略」は「教育振興基本計画」［第2期］の内容に影響を与えている，文部科学省（2014, 126）を参照。
13) 2014年9月に「まち・ひと・しごと創生法」が制定され，内閣に設置された「まち・ひと・しごと創生本部」は「まち・ひと・しごと創生総合戦略」［第1期］を策定した（2015年度〜2019年度）。2022年12月に出された「デジタル田園都市国家構想総合戦略」において「まち・ひと・しごと創生総合戦略」［第2期］は抜本的に改訂され，2023年度から2027年度までの新たな総合戦略となった。

14）「学び直し」の語が民主党政権下で編まれた「第3次男女共同参画基本計画」の対応箇所［第4分野 雇用等の分野における男女の均等な機会と待遇の確保］に登場しない点は興味深い（内閣府男女共同参画局 2010）。このことは「学び直し」が自民党政権下で登場した概念であることと関連しているのではないかと推測できる。
15）2018年を「リカレント教育元年」と呼ぶことがある（小椋 2023, 108）。
16）働き方改革実現会議は「一億総活躍社会」の実現に向けた取り組みの1つである「働き方改革」を推進するため，2016年9月に内閣に設置された会議体。「働き方改革実行計画」をもとに，2018年7月「働き方改革を推進するための関係法律の整備に関する法律」が成立した。「働き方改革」については厚生労働省のウェブページを参照（https://www.mhlw.go.jp/content/000474499.pdf）。
17）すべての女性が輝く社会づくり本部は，我が国最大の潜在力である「女性の力」が十分に発揮され，我が国社会の活性化につながることを目的に，2014年10月に内閣に設置された。2015年から同本部が公表していた「女性活躍加速のための重点方針」は，2021年より，すべての女性が輝く社会づくり本部と男女共同参画推進本部の合同会議による「女性活躍・男女共同参画の重点方針」となり，2022年版から「女性版骨太の方針」の別称が表紙に示されるようになった。
18）2022年度，人材開発支援助成金の中に，2026年までの期間限定で「事業展開等リスキリング支援コース」が創設された。2023年度には，厚生労働省は既存の「キャリア形成サポートセンター」を改組・拡充し「キャリア形成・学び直し支援センター」を発足させている。
19）人づくり革命担当大臣は第4次安倍内閣（2018年10月）まで設置された。2019年以降の施政方針演説では，人づくり革命，リカレント教育は言及されていない。
20）2018年6月「未来投資戦略2018」が閣議決定する（日本経済再生本部 2018）。【AI時代に対応した人材育成と最適活用】（2章1節2）において【大学等におけるリカレント教育等を活用したAI人材等の裾野拡大】を挙げている（同書，105）。AIなどの専門的な能力を育成するためのリカレント教育の必要性を謳ったこの提言が「キャリア形成促進プログラム認定制度」の制定に影響を与えていると思われる。
21）Society 5.0 の説明は，内閣府のウェブページを参照（https://www8.cao.go.jp/cstp/society5_0/）。
22）「科学技術・イノベーション基本計画」は科学技術・イノベーション基本法に基づいて策定される，5年を1期とした日本の科学技術・イノベーション政策の中長期計画である。
23）経済産業省はDXを「企業がビジネス環境の激しい変化に対応し，データとデジタル技術を活用して，顧客や社会のニーズを基に，製品やサービス，ビジネスモデルを変革するとともに，業務そのものや，組織，プロセス，企業文化・風土を変革し，競争上の優位性を確立すること」と説明している（経済産業省 2020,

1)．この説明を要約するとDXとは「デジタル技術を用いたイノベーション」の意味になる。
24) 教育未来創造会議は「高等教育をはじめとする教育の在り方について，国としての方向性を明確にする」「誰もが生涯にわたって学び続け学び直しができるよう，教育と社会との接続の多様化・柔軟化を推進する」ことを目的に，教育再生実行会議の後継として2021年12月に設立された会議体である。
25) 文部科学省は，地方大学活性化として「地域活性化人材育成事業（SPARK）」や，国際卓越研究大学への支援と対になる「地域中核・特色ある研究大学強化促進事業（J-PEAKS）」を実施している。これらの事業の中にもリカレント教育が含まれている。

参　考　文　献

新しい資本主義実現会議（2023）「三位一体の労働市場改革の指針」。https://www.cas.go.jp/jp/seisaku/atarashii_sihonsyugi/pdf/roudousijou.pdf

安倍晋三（2006）「第165回国会　安倍内閣総理大臣の所信表明演説」。https://www.shugiin.go.jp/internet/itdb_annai.nsf/html/statics/ugoki/h18ugoki/02honkai/65honkai.htm

安倍晋三（2017a）「安倍内閣総理大臣記者会見（2017年9月25日）」。https://warp.ndl.go.jp/info:ndljp/pid/10992693/www.kantei.go.jp/jp/97_abe/statement/2017/0925kaiken.html

安倍晋三（2017b）「第195回国会における安倍内閣総理大臣所信表明演説」。https://www.kantei.go.jp/jp/98_abe/statement2/20171117shoshinhyomei.html

安倍晋三（2018）「第196回国会における安倍内閣総理大臣施政方針演説」。https://www.kantei.go.jp/jp/98_abe/statement2/20180122siseihousin.html

石原直子（2021）「リスキリングとは―DX時代の人材戦略と世界の潮流」『第2回デジタル時代の人材政策に関する検討会資料』。https://www.meti.go.jp/shingikai/mono_info_service/digital_jinzai/pdf/002_02_02.pdf

板倉文彦（2023）「リスキリングの展開に関する一考察―企業就業者のリスキリングと高等教育機関の役割」『歌子』31，5-18頁。

一億総活躍国民会議（2016）「ニッポン一億総活躍プラン」。https://warp.ndl.go.jp/info:ndljp/pid/12019971/www.kantei.go.jp/jp/singi/ichiokusoukatsuyaku/pdf/plan1.pdf

岩崎久美子（2020）「「学び直し」に至る施策の変遷」『日本労働研究雑誌』721，4-14頁。

岩永雅也（2022）「成人の学習と高等教育」『高等教育研究』25，15-22頁。

上村朋子・本田多美枝（2005）「概念分析の手法についての検討―概念分析の主な手法とその背景」『日本赤十字九州国際看護大学』3，194-207頁。

浦野茂（2009）「はじめに」酒井泰斗・浦野茂・前田泰樹・中村和生『概念分析の社会学―社会的経験と人間の科学』ナカニシヤ出版，i-vi頁。

浦野茂（2016）「はじめに」酒井泰斗・浦野茂・前田泰樹・中村和生・小宮友根『概念分析の社会学2──実践の社会的論理』ナカニシヤ出版，i-vi頁．

小椋幹子（2023）「大学におけるリカレント教育課程──女性を対象とした働くための学びの場」出相泰裕編著『学び直しとリカレント教育──大学開放の新しい展開』ミネルヴァ書房，108-123頁．

小澤隆（2015）「成長戦略の経緯と論点」国立国会図書館『調査と情報』868頁．

科学技術・学術審議会 産業連携・地域支援部会 第9期地域科学技術イノベーション推進委員会（2019）「地域科学技術イノベーションの新たな推進方策について──地方創生に不可欠な「起爆剤」としての科学技術イノベーション」．https://www.mext.go.jp/component/b_menu/shingi/toushin/__icsFiles/afieldfile/2019/03/26/1414443_2_1.pdf

加藤潤（2022）「「学び直し」言説の誕生と変容──平等化言説から市場化言説への転換」『愛知大学教職課程研究年報』11, 25-35頁．

岸田文雄（2021）「第205回国会における岸田内閣総理大臣所信表明演説」．https://www.kantei.go.jp/jp/100_kishida/statement/2021/1008shoshinhyomei.html

岸田文雄（2022a）「第208回国会における岸田内閣総理大臣施政方針演説」．https://www.kantei.go.jp/jp/101_kishida/statement/2022/0117shiseihoshin.html

岸田文雄（2022b）「第210回国会における岸田内閣総理大臣所信表明演説」．https://www.kantei.go.jp/jp/101_kishida/statement/2022/1003shoshinhyomei.html

岸田文雄（2023）「第211回国会における岸田内閣総理大臣施政方針演説」．https://www.kantei.go.jp/jp/101_kishida/statement/2023/0123shiseihoshin.html

教育未来創造会議（2022）「我が国の未来をけん引する大学等と社会の在り方について」．https://www.cas.go.jp/jp/seisaku/kyouikumirai/pdf/ikkatsu_dl.pdf

教育再生実行会議（2013）「これからの大学教育の在り方について」．https://www.mext.go.jp/b_menu/shingi/chukyo/chukyo4/004/gijiroku/attach/1338229.htm

教育再生実行会議（2015）「「学び続ける」社会，全員参加型社会，地方創生を実現する教育の在り方について」．https://www.mext.go.jp/b_menu/shingi/chukyo/chukyo0/gijiroku/__icsFiles/afieldfile/2015/04/15/1356851_3_2_1_1.pdf

教育再生実行会議（2021）「ポストコロナ期における新たな学びの在り方について」．https://www.mext.go.jp/kaigisiryo/content/000119815.pdf

経済財政諮問会議（2005）「経済財政運営と構造改革に関する基本方針2005」．https://www5.esri.cao.go.jp/jp/esri/prj/sbubble/data_history/7/housin20_1.pdf, https://www5.esri.cao.go.jp/jp/esri/prj/sbubble/data_history/7/housin20_2.pdf

経済財政諮問会議（2006）「経済財政運営と構造改革に関する基本方針2006」．https://www5.esri.cao.go.jp/jp/esri/prj/sbubble/data_history/7/housin27_1.pdf, https://www5.esri.cao.go.jp/jp/esri/prj/sbubble/data_history/7/housin27_2.pdf, https://www5.esri.cao.go.jp/jp/esri/prj/sbubble/data_history/7/housin27_3.pdf, https://www5.esri.cao.go.jp/jp/esri/prj/sbubble/data_history/7/housin27_4.pdf

経済財政諮問会議（2018）「経済財政運営と改革の基本方針2018―少子高齢化の克服による持続的な成長経路の実現」．https://www5.cao.go.jp/keizai-shimon/kaigi/cabinet/honebuto/2018/2018_basicpolicies_ja.pdf

経済財政諮問会議（2022）「経済財政運営と改革の基本方針2022―新しい資本主義へ―課題解決を成長のエンジンに変え，持続可能な経済を実現―」．https://www5.cao.go.jp/keizai-shimon/kaigi/cabinet/honebuto/2022/2022_basicpolicies_ja.pdf

経済財政諮問会議（2023）「経済財政運営と改革の基本方針2023―加速する新しい資本主義―未来への投資の拡大と構造的賃上げの実現」．https://www5.cao.go.jp/keizai-shimon/kaigi/cabinet/honebuto/2023/2023_basicpolicies_ja.pdf

経済産業省（2020）「デジタルガバナンス・コード2.0」．https://www.meti.go.jp/policy/it_policy/investment/dgc/dgc2.pdf

経済産業省（2022）「人的資本経営の実現に向けた検討会 報告書―人材版伊藤レポート2.0」．https://www.meti.go.jp/policy/economy/jinteki_shihon/pdf/report2.0.pdf

厚生労働省（2011）『平成23年版 労働経済の分析―世代ごとにみた働き方と雇用管理の動向』［まとめ］．https://www.mhlw.go.jp/wp/hakusyo/roudou/11/dl/04.pdf

厚生労働省（2016）『平成28年版 厚生労働白書』．https://www.mhlw.go.jp/wp/hakusyo/kousei/16/dl/all.pdf

厚生労働省（2017）『平成29年版 厚生労働白書』．https://www.mhlw.go.jp/wp/hakusyo/kousei/17/dl/all.pdf

合田隆史（2023）「大学開放政策の動向」出相泰裕編著『学び直しとリカレント教育―大学開放の新しい展開』ミネルヴァ書房，10-26頁．

財政・経済一体改革会議（2006）「経済成長戦略大綱」．https://www.esri.cao.go.jp/jp/esri/prj/sbubble/data_history/7/housin26_1.pdf, https://www.esri.cao.go.jp/jp/esri/prj/sbubble/data_history/7/housin26_2.pdf, https://www.esri.cao.go.jp/jp/esri/prj/sbubble/data_history/7/housin26_3.pdf, https://www.esri.cao.go.jp/jp/esri/prj/sbubble/data_history/7/housin26_4.pdf

再チャレンジ推進会議（2006）「再チャレンジ可能な仕組みの構築（中間取りまとめ）の概要」．https://www.mhlw.go.jp/shingi/2006/07/dl/s0704-4c.pdf

女性の再チャレンジ支援策検討会議（2005）「女性の再チャレンジ支援プラン」．https://www.gender.go.jp/kaigi/kento/saisien/siryo/pdf/2-3.pdf

人生100年時代構想会議（2017a）「第1回人生100年時代構想会議議事録」．https://warp.ndl.go.jp/info:ndljp/pid/11049178/www.kantei.go.jp/jp/singi/jinsei100nen/dai1/gijiroku.pdf

人生100年時代構想会議（2017b）「第3回人生100年時代構想会議議事録」．https://warp.ndl.go.jp/info:ndljp/pid/11049178/www.kantei.go.jp/jp/singi/jinsei100nen/dai3/gijiroku.pdf

人生100年時代構想会議（2017c）「人生100年時代構想会議 中間報告」．https://warp.ndl.go.jp/info:ndljp/pid/11663707/www.kantei.go.jp/jp/singi/jinsei100nen/

pdf/chukanhoukoku.pdf
人生100年時代構想会議（2018）「人づくり革命 基本構想」。https://www.kantei.go.jp/jp/content/000023186.pdf, https://www.kantei.go.jp/jp/content/000023187.pdf
菅原慶子・出相泰裕（2023）「大学開放の事業と研究の動向」出相泰裕編著『学び直しとリカレント教育―大学開放の新しい展開』ミネルヴァ書房，27-45頁。
すべての女性が輝く社会づくり本部（2017）「女性活躍加速のための重点方針2017」。https://www.gender.go.jp/policy/sokushin/pdf/jyuten2017_honbun.pdf
すべての女性が輝く社会づくり本部（2019）「女性活躍加速のための重点方針2019」。https://www.gender.go.jp/policy/sokushin/pdf/jyuten2019_honbun.pdf
すべての女性が輝く社会づくり本部・男女共同参画推進本部（2023）「女性活躍・男女共同参画の重点方針2023（女性版骨太の方針2023）」。https://www.gender.go.jp/policy/sokushin/pdf/sokushin/jyuten2023_honbun.pdf
成長力底上げ戦略構想チーム（2007）「成長力底上げ戦略（基本構想）」。https://www.esri.cao.go.jp/jp/esri/prj/sbubble/data_history/7/housin29_1.pdf
「第4次産業革命スキル習得講座認定制度（仮称）」に関する検討会（2017）「「第4次産業革命スキル習得講座認定制度（仮称）」について」。https://warp.da.ndl.go.jp/info:ndljp/pid/11223892/www.meti.go.jp/report/whitepaper/data/pdf/20170615001_1.pdf
「多様な機会のある社会」推進会議（2006）「再チャレンジ支援総合プラン」。https://warp.ndl.go.jp/collections/content/info:ndljp/pid/12251721/www.kantei.go.jp/jp/singi/saityarenzi/hukusenka/dai2/siryou1_1_2.pdf
中央教育審議会（2008）「新しい時代を切り拓く生涯学習の振興方策について：知の循環型社会の構築を目指して」。https://www.mext.go.jp/component/b_menu/shingi/toushin/__icsFiles/afieldfile/2008/12/18/080219_01.pdf
中央教育審議会（2016）「個人の能力と可能性を開花させ，全員参加による課題解決社会を実現するための教育の多様化と質保証の在り方について」。https://www.mext.go.jp/b_menu/shingi/chukyo/chukyo0/toushin/__icsFiles/afieldfile/2016/10/24/1371833_1_1_1.pdf
中央教育審議会（2018）「2040年に向けた高等教育のグランドデザイン」。https://www.mext.go.jp/content/20200312-mxt_koutou01-100006282_1.pdf
中央教育審議会生涯学習分科会（2020）「第10期中央教育審議会生涯学習分科会における議論の整理―多様な主体の協働とICTの活用で，つながる生涯学習・社会教育―命を守り，誰一人として取り残さない社会の実現へ―」。https://www.mext.go.jp/content/20201013-mxt_syogai02-10074_01.pdf
中央教育審議会生涯学習分科会（2022）「第11期中央教育審議会生涯学習分科会における議論の整理―全ての人のウェルビーイングを実現する，共に学び支えあう生涯学習・社会教育に向けて」。https://www.mext.go.jp/content/220922-mxt_syogai03-000024695_1.pdf

出相泰裕（2021）「OECD のリカレント教育の理念と今日の日本におけるリカレント教育の意味」『UEJ ジャーナル』36, 1-19 頁。

出相泰裕（2023a）「現代日本におけるリカレント教育の意味—OECD の理念からの変容を踏まえて」出相泰裕編著『学び直しとリカレント教育—大学開放の新しい展開』ミネルヴァ書房, 73-92 頁。

出相泰裕編著（2023b）『学び直しとリカレント教育—大学開放の新しい展開』ミネルヴァ書房。

戸澤幾子（2008）「社会人の学び直しの動向—社会人大学院を中心にして」国立国会図書館『レファレンス』58（12）, 73-91 頁。

内閣府（2008）「教育振興基本計画」［第 1 期］。https://www.mext.go.jp/a_menu/keikaku/detail/__icsFiles/afieldfile/2013/05/16/1335023_002.pdf

内閣府（2013）「教育振興基本計画」［第 2 期］。https://www.mext.go.jp/a_menu/keikaku/detail/__icsFiles/afieldfile/2013/06/14/1336379_02_1.pdf

内閣府（2018）「教育振興基本計画」［第 3 期］。https://www.mext.go.jp/content/1406127_002.pdf

内閣府（2021）「科学技術・イノベーション基本計画」［第 6 期］。https://www8.cao.go.jp/cstp/kihonkeikaku/6honbun.pdf

内閣府（2022）「デジタル田園都市国家構想基本方針」。https://www.cas.go.jp/jp/seisaku/digital_denen/pdf/20220607_honbun.pdf

内閣府（2023a）「「こども未来戦略方針」—次元の異なる少子化対策の実現のための「こども未来戦略」の策定に向けて—」。https://www.cas.go.jp/jp/seisaku/kodomo_mirai/pdf/kakugikettei_20230613.pdf

内閣府（2023b）「教育振興基本計画」［第 4 期］。https://www.mext.go.jp/content/20230615-mxt_soseisk02-100000597_01.pdf

内閣府（2023c）「デジタル田園都市国家構想総合戦略（2023 改訂版）」。https://www.cas.go.jp/jp/seisaku/digital_denen/pdf/20231226honbun.pdf

内閣府男女共同参画局（2010）「第 3 次男女共同参画基本計画」［第 4 分野 雇用等の分野における男女の均等な機会と待遇の確保］。https://www.gender.go.jp/about_danjo/basic_plans/3rd/pdf/3-07.pdf

内閣府男女共同参画局（2015）「第 4 次男女共同参画基本計画」［第 3 分野 雇用等における男女共同参画の推進と仕事と生活の調和］。https://www.gender.go.jp/about_danjo/basic_plans/4th/pdf/2-03.pdf

内閣府男女共同参画局（2020）「第 5 次男女共同参画基本計画—すべての女性が輝く令和の社会へ」［第 2 分野 雇用等における男女共同参画の推進と仕事と生活の調和］。https://www.gender.go.jp/about_danjo/basic_plans/5th/pdf/2-02.pdf

日本経済再生本部（2013）「日本再興戦略：JAPAN is BACK」。https://www.kantei.go.jp/jp/singi/keizaisaisei/pdf/saikou_jpn.pdf

日本経済再生本部（2017）「新しい経済政策パッケージ」。https://www5.cao.go.jp/keizai1/package/20171208_package.pdf

日本経済再生本部（2018）「未来投資戦略2018―「Society 5.0」「データ駆動型社会」への変革」。https://www.kantei.go.jp/jp/singi/keizaisaisei/pdf/miraitousi2018_zentai.pdf

働き方改革実現会議（2017）「働き方改革実行計画」。https://www.kantei.go.jp/jp/headline/pdf/20170328/01.pdf

まち・ひと・しごと創生本部（2019）「第2期「まち・ひと・しごと創生総合戦略」」。https://www.chisou.go.jp/sousei/info/pdf/r1-12-20-senryaku.pdf

松本英博（2022）「リスキリングとリカレント教育の課題」『DHU JOURNAL』9, 35-38頁。

三菱総合研究所（2024）「リカレント教育の社会実装に向けた調査研究・普及啓発パッケージ事業報告書」。https://www.mext.go.jp/content/20240426-mxt_syogai03-000026209_1.pdf

文部科学省（2012）「大学改革実行プラン―社会の変革のエンジンとなる大学づくり」。https://www.mext.go.jp/b_menu/houdou/24/06/__icsFiles/afieldfile/2012/06/05/1312798_01_3.pdf

文部科学省（2013）「国立大学改革プラン」。https://www.mext.go.jp/component/a_menu/education/detail/__icsFiles/afieldfile/2013/12/18/1341974_01.pdf

文部科学省（2014）『平成25年文部科学白書』［第3章生涯学習社会の実現］。https://warp.ndl.go.jp/info:ndljp/pid/11293659/www.mext.go.jp/b_menu/hakusho/html/hpab201401/1350715_010.pdf

文部科学省（2015）「国立大学経営力戦略」。https://www.mext.go.jp/component/a_menu/education/detail/__icsFiles/afieldfile/2015/06/24/1359095_02.pdf

文部科学省（2018）「リカレント教育の拡充に向けて」。https://www.mext.go.jp/component/a_menu/other/detail/__icsFiles/afieldfile/2018/09/11/1407981_09.pdf

文部科学省（2020）「文部科学省におけるリカレント教育の取組について」。https://www8.cao.go.jp/kisei-kaikaku/kisei/meeting/wg/koyou/20200409/200409koyou03.pdf

文部科学省高等教育局大学振興課（2014）「平成25年度地（知）の拠点整備事業」。https://www.mext.go.jp/a_menu/koutou/kaikaku/coc/1346066.htm

文部科学省高等教育局大学振興課（2016）「平成27年度地（知）の拠点大学による地方創生推進事業（COC＋）」。https://www.mext.go.jp/component/a_menu/education/detail/__icsFiles/afieldfile/2016/10/28/1378661_01_1.pdf

リクルートワークス研究所「DX時代のリスキリング」プロジェクト（2020）『リスキリング―デジタル時代の人材戦略』。https://www.works-i.com/research/works-report/item/reskilling2020.pdf

立憲民主党厚生労働部門文部科学部門（2023）「立憲民主党「もっと良い学びなおしビジョン」―希望する全ての人に，学び直しの機会を！」。https://cdp-japan.jp/article/20230302_5535

若者・女性活躍推進フォーラム（2013）「我が国の若者・女性の活躍推進のための提言」。

https://www.mhlw.go.jp/stf/shingi/2r98520000032rgy-att/2r98520000032rl7_1.pdf

若者自立・挑戦戦略会議（2003）「若者自立・挑戦プラン」。https://www.mext.go.jp/component/a_menu/education/detail/__icsFiles/afieldfile/2015/04/03/1234098_001.pdf

若者自立・挑戦戦略会議（2004）「若者の自立・挑戦のためのアクションプラン」。https://www.mext.go.jp/component/a_menu/education/detail/__icsFiles/afieldfile/2015/04/03/1234098_006.pdf

World Economic Forum（2018）Towards a Reskilling Revolution: A Future of Jobs for All. https://www3.weforum.org/docs/WEF_FOW_Reskilling_Revolution.pdf

World Economic Forum（2020）Jobs of Tomorrow: Mapping Opportunity in the New Economy. https://www3.weforum.org/docs/WEF_Jobs_of_Tomorrow_2020.pdf

（最終閲覧日はすべて 2024 年 5 月 24 日）

第 5 章
「世論調査の信頼性」をめぐる自由回答の分析

宮 野　　勝

1．はじめに――課題

　宮野（2009；2019；2021）において，テレビや新聞などのマスメディアによる世論調査はどのくらい信頼できるのかを検討してきた。
　それらでの結論の1つは，簡略化して述べると，内閣支持率や政党支持率についてのメディアの世論調査は，見かけ以上に類似した結果を内蔵しており，メディア間の測定の安定性という意味では十分に「信頼性」がある，というものであった。
　より正確には，様々な留保が必要になる。たとえば，宮野（2019；2021）で内閣支持率について確認した範囲は，（あいうえお順で，）朝日新聞，NHK，日経新聞，毎日新聞，読売新聞，という5つのマスメディアの世論調査である。期間は，2009～2013年，または，2009～2019年である。また，比べ方としては，「各社間の調査方法の微妙な差によりDK／NAが高い社と低い社があるので，これを調整した『相対』支持率で比べる」「同月調査ではなく同日調査で比べる」「1回聞きの社と2回聞きの社とがあることに留意して比べる」，ことを推奨した。それらの結果，「メディアの世論調査は，同日調査であれば，相互の差は小さい」「メディアの世論調査は，メディアによるイデオロギー差の影響も認められない」「これらは世論調査の数値までの話であり，数値の解釈・見出し・記事内容については範囲外である」などとした（詳細は，宮

野 2019；宮野 2021，の結論部分をご覧いただきたい）。

　このように，様々な留保の下にではあるが，内閣支持率や政党支持率についてのメディアの世論調査は，メディア間で測定の安定性がある，という結論になった。

　しかし，世間一般には，メディアの世論調査は必ずしも信頼されていない。これについて，2015 年に実施された 2 つの「世論調査についての世論調査」が参考になる。この 2 調査は，宮野（2019, 41）でも取り上げたが，テーマとの関連で，少し詳しめに紹介する。

　1 つ目は NHK の 2015 年 5 月の「「世論」形成と情報利用に関する世論調査」（配布回収法による全国調査。有効数 1621。有効率 67.5％）（原・中野 2016, 51-52, 図 5 参照）である。問 8 で「世論調査に関する次の意見について，あなたはどう思いますか。」として，7 小問を，回答カテゴリー 5 値で問うている。そのうち関連する 2 問の結果における 5 値を肯定・中間・否定の 3 値にまとめると，問 8-(1)「世論調査は人々の意見を公平に反映している」は，肯定 38％・中間 41％・否定 20％であった。また，問 8-(2)「世論調査の結果はマスメディアに操作されている」は，肯定 29％・中間 41％・否定 29％だった。

　2 つ目は中央調査社の 2015 年 11 月の「世論調査に対する関心と信頼・貢献度評価に関する調査」（全国の個別面接調査。回収数 1200。回収率 30.0％。中間回答がない 4 値の選択肢で，他に DK がある）（穴澤 2018）である。4 値を肯定・否定の 2 値にまとめ，DK を加えて 3 値にすると，「あなたは，世論調査や市場調査などのアンケート調査によって，国民全体の考え方を正しくとらえることができると思いますか，それとも，できないと思いますか。」との問いに，肯定 46％・否定 38％・DK16％だった。また，「全体として見た場合，世論調査や市場調査などのアンケート調査の結果は信用できると思いますか，それとも，できないと思いますか。」との問いに，肯定 59％・否定 29％・DK12％だった。

　質問文・調査法・回収率なども異なり単純な比較はできないが，NHK 調査では，不信は 2 ～ 3 割だったが，信頼とはいえない中間回答が 4 割もあった。中間回答がない中央調査社調査では，不信は 3 ～ 4 割だった[1]。いずれにせよ，

かなりの不信感が存在する。

　ところで，なぜ世論調査への不信が少なからず存在するのか，逆になぜ信頼するのか，については，管見では，十分に検討されてきてはいない。先の2調査における不信理由に関わる設問を紹介する。

　第1に，NHK調査では，問7で，「世論調査に関する以下の意見について，あなたが「そう思う」と感じるものすべてに○をつけてください。」としている。3つの「意見」のうち，ここでの議論と関連が深い2点は，「2,000人程度の調査でも，世の中の考え方をほぼ正確にとらえることができる」「新聞社によって世論調査の結果に違いがあるのは，新聞社が操作しているからではない」である。強い肯定の文言であるために○を付けにくかったのかもしれないが，選ばれたのは，前者は19.2％，後者は23.1％で，いずれも2割前後である。(8割前後の人は「正確にとらえることはできない可能性がある」，「操作している可能性がある」，またはDK／NA，と考えたことになるだろうか。)

　第2に，中央調査社調査では，「信用できない」と回答した3割弱の人に「信用できないと思うのはなぜですか。」と理由を尋ねている。その他 (5.5％) を除くと5点が示されている。「一部の人を調査しただけでは，全体の考え方がわからないから」(62.1％)，「画一的な質問では，千差万別の考え方をとらえることはできないから」(35.6％)，「いろいろ質問しても，まじめに答える人は少ないから」(27.0％)，「よく知らないことを聞かれたりするから」(24.1％)，「調査をいいかげんに行う調査機関が多いから」(11.8％)，である。最大の不信理由は「一部の人」の調査であることであり，不信29％の62.1％なので，回答者全体の18.0％にあたる[2]。

　これら2調査では，世論調査の不信・信頼の理由について限られた選択肢で調べており，解明は十分ではないと考える。現代社会で世論調査は重要な位置を占めており，どのような理由で世論調査が信頼されたり信じられないと思われたりしているのかは，大切なテーマである。そこで，この点について理解を深めることを課題とし，自由回答での質問紙調査を試みた。

2. 問い・データ・方法

2-1 問いとデータ

　課題は，世論調査に対する信頼と不信の理由を，広くかつ詳しく探ることである。そのために，質問紙形式のウェブ調査を実施し，選択肢での回答と自由回答の設問とを用意した。

　調査は，2022年2月に，調査会社に委託して調査会社のモニターを対象に実施した。性別・年齢（18歳から79歳に限定）・地域について，全国を代表する回答者になるように依頼し，有効回収数は1,061名だった。

　回収結果を2021年10月1日時点での総務省統計局データと比べたところ，性別・年齢10歳刻み・地域のそれぞれについては，ほぼ代表的であった（例外は10代で，2名の少数だった）。

　無作為抽出の調査ではないし，そもそもモニター調査であり，純粋な意味で代表的であるということではない。ただし，多様な自由回答を得るという目的や，回答者の中で各理由が多いのか少ないのかなど，およそのことを知るには足りると判断している[3]。

2-2 質問文

　世論調査を信頼するか否かについて，7段階の回答選択肢を用意して回答を求め，続いて，その信・不信の回答理由を自由回答形式で質問した。

　表5-1に，設問を紹介する。

2-3 分析の方針

　まず3節で，Q4Aの選択肢による結果を示す。世論調査の信頼・不信に関し，全回答者，性別，年齢別（2値）の回答分布を調べる。

　次に4節・5節で，Q4Bの世論調査に対する信頼・不信の自由回答を分析す

表 5-1 世論調査信頼度をたずねる質問文

Q4A 新聞・テレビなどで発表される世論調査（内閣支持率など）を，あなたはど
のくらい信頼していますか。　（ひとつだけ）
　7　とても信頼している
　6　信頼している
　5　どちらかといえば信頼している
　4　どちらともいえない
　3　どちらかといえば信頼していない
　2　信頼していない
　1　全く信頼していない
　9　わからない

Q4B なぜそう思うのか，ご自身の言葉で説明してください。
　わからない場合は，「わからない」と入力してください。（自由回答）

る。自由回答の分析には，専用のソフトウェアは使わず，1 ケースずつ順に分類していくことを試みた。その過程で分類カテゴリーを構築していき，一通り終了してから全体を再調整したり，細かいカテゴリーを大きな分類にまとめたりした（再調整は数回行い，一応の安定的な結果になるまで続けた）[4]。

3．選択肢からの回答による信頼・不信

　表 5-2 は，Q4A の選択肢による結果である。
　図 5-1 に示すように，全体では，不信 1～3・中間 4・信頼 5～7，で，ほぼ 3 分の 1 ずつである（ざっくり表現すると，35％・30％・35％くらいである）。
　全体と比べて，性別，年代別で，小さな差はあるが，大きな差はない（男性のほうが女性より，また高齢のほうが若年より，信頼が少し多いなど）[5]。
　調査年度も設問も回答選択肢も異なるため，過去の世論調査と単純には比較できないが，あえて比べるならば，冒頭で紹介した 2015 年の NHK 調査の問 8-(2)と類似した結果といえないだろうか。

表 5-2　Q4A への回答の分布（全サンプル，性別，年代別）

(単位：%)

		全体	女性	男性	18～49	50～79
7	とても信頼している	1.1	0.2	2.1	2.3	0.0
6	信頼している	6.3	4.6	8.1	6.9	5.8
5	どちらかといえば信頼している	25.9	26.4	25.6	20.8	30.9
4	どちらともいえない	28.7	29.7	27.6	27.3	29.9
3	どちらかといえば信頼していない	17.5	20.5	14.5	16.4	18.6
2	信頼していない	8.8	8.4	9.2	10.7	6.9
1	全く信頼していない	8.2	5.9	10.5	10.7	5.8
9	わからない	3.5	4.4	2.4	4.8	2.2
	回答数	1061	526	532	523	538

図 5-1　Q4A 回答を「不信 1～3，中間 4，信頼 5～7」でまとめたグラフ

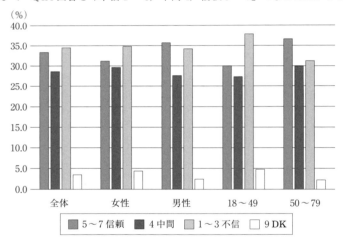

4．信頼・不信理由の自由回答の分類とカウント

4-1　分類の難しさ

回答を読みながら，分類カテゴリーの作成を試みたが，これは困難な作業で

あった。自由回答における表現は，絡み合っていて分けることが難しい場合も少なくないためである。どのような分類カテゴリーを立てるべきか，どの分類に最も当てはまるのか，迷うケースが少なくなかった。

今回の分類カテゴリーおよび分類それ自体は暫定的で，世論調査の信頼・不信理由の大きな特徴を捉えようと試みたものである（分類の適切度は目的に応じても変わることになり，今回の分類カテゴリーとは別の分類，またより適切な分類がありうる）。

分類に際しての困難としては，① 文章の意味・解釈に迷う回答，② 理由であるか否か判定が難しい回答（信頼・不信それ自体について述べているのか，信頼・不信理由を述べているのか，区別しにくい場合があった），③ どの理由カテゴリーにも該当しにくい回答，④ 複数の分類に関連する回答，⑤ 複数の理由を述べていて，代表する理由を取り出そうとすると難しい回答，などがあった。

結局のところ，分類カテゴリーの作成，また各回答の分類カテゴリーへの振り分けは，コーダー，またはソフトウェア，あるいは統括者，に依存することになろう。

4-2　不信理由・信頼理由の大分類

複数の理由が挙げられている場合，それらを1つずつとしてカウントするか，主要なもの1つを選んでカウントするか，という選択がありうる。今回は，回答者1名について，最も大きな理由と思われるものを1点だけとして数えることにした[6]。

分類作業と再調整を続けるうちに40を超える小分類になったが，共通部分を含む場合もあり，最終的に，便宜的に不信理由・信頼理由をそれぞれ（「その他」を除いて）5つの大分類に分けてみた。

最終的に，大分類は，「1 結果への信不信」「2 調査への信不信」「3 サンプリング関連への信不信」「4 メディアへの信不信」「5 回答者への信不信」（「6 その他」），とした。この5分類をそれぞれ信頼と不信とに分けると10分類になる。

なお,「3 サンプリング関連への信不信」(以下では「サンプル不信」「サンプル信頼」などの省略形も用いる)は,概念的には「2 調査への信不信」に含まれるが,ケース数が多いために独立して立てることにした。

4-3 不信理由・信頼理由の大分類のカウントの試み

表5-3は,自由回答の「不信」理由と「信頼」理由を大分類に分けた結果をカウントしたものだが,分類しにくいケースも多く,数値は暫定的である。

表の最初の5行(1〜5)は,不信理由であり,主にQ4Aで不信(1〜3)またはどちらともいえない(4)を選んだ人からの回答になる。次の6行(11〜16)は,信頼理由で,主にQ4Aで信頼(5〜7)を選んだ人からの回答になる[7]。

Q4Aへの回答で,信頼(5〜7)と不信(1〜3)とが拮抗していたが,Q4B

表5-3 世論調査の信・不信理由の分類

		度数	%	理由中%
1	結果不信	82	7.7	13.4
2	調査不信	97	9.1	15.9
3	サンプル不信	123	11.6	20.1
4	メディア不信	96	9.0	15.7
5	回答者不信	24	2.3	3.9
11	結果信頼	50	4.7	8.2
12	調査信頼	40	3.8	6.5
13	サンプル信頼	15	1.4	2.5
14	メディア信頼	54	5.1	8.8
15	回答者信頼	2	0.2	0.3
16	他にない	14	1.3	2.3
30	その他理由	14	1.3	2.3
	理由 Total	611	57.6	100
80	信不信	87	8.2	
90	関心ない	8	0.8	
99	DK/NA	355	33.5	
	Total	1061	100	

での理由のカウント数は，不信理由（合計422）のほうが信頼理由（合計179）の2倍以上ある。これは，信頼（5〜7）では，「信頼の理由」よりも「信頼の程度」のみを語る回答が少なくなかったことと，「4 どちらともいえない」場合や「5 どちらかといえば信頼している」場合に，なぜ信頼しきれないのかという理由として不信理由を挙げる場合があるためである。これらに対し，「4 どちらともいえない」場合や「3 どちらかといえば信頼していない」場合に，なぜ完全な不信ではないのかを述べるケースはほとんどなかった。

　不信理由では，調査と調査方法，サンプリング関連に対する不信を挙げる回答が多く，「2 調査不信」と「3 サンプル不信」の合計で220に達している。次いで，「4 メディア不信」(96) と「1 結果不信」(82) が多かった。

　信頼理由では，「12 調査信頼」と「13 サンプル信頼」の区別が難しく，「13 サンプル信頼」は少なくなった。また両者を合計しても59ケースで，「11 結果信頼」(50) や「14 メディア信頼」(54) とほぼ同数だった。

5．世論調査に対する不信・信頼理由の紹介と分析

　5つの大分類ごとに，不信理由と信頼理由のそれぞれについて，また必要に応じてさらに下位分類に分けつつ，自由回答の具体例を挙げ，対比していく[8]。

　自由回答は「　」内に示し，その後ろの（　）内に，①世論調査信頼度（Q4Aでの「1 不信」〜「7 信頼」の回答），②性別，③年代，④整理番号，を示す。自由回答中のメディアの固有名詞は，○○新聞・△△テレビなどとした。

　適宜，自由回答からの読み取りの大まかな結論を「まとめ」として記す。

5-1 「1 結果不信」(82)　vs　「11 結果信頼」(50)

　最初に取り上げるのは，「世論調査の結果」を，おかしいと思うか，適切と思うかである。

　3つの下位分類として，「1-1 メディア間での比較」，「1-2 実態との比較」，「1-3 各自の感覚との比較」，に分け，場合によって，さらに小分類に分ける[9]。

(1-1)　「メディア間相違」(42)　vs　「メディア間類似」(12)

　世論調査について，メディア間で乖離があるから信頼しないという人と，メディア間で大差ないから信頼するという人とが存在する。メディア間での乖離は回答数が多く，不信の大きな理由の1つである。

(1-1 不信)　メディア間相違

・メディア間乖離

「どの新聞やテレビ局が正確な結果を公表しているかわからないので」(4, 女性, 30代, 933)

「新聞・テレビ・ネットでそれぞれ情報に乖離があるため。」(3, 男性, 40代, 852)

「新聞やテレビと，インターネットで情報のラグがあり，どちらを信頼すればよいのかわからない時があるから」(4, 女性, 50代, 530)

・メディアの立ち位置による相違

「○○新聞・△△テレビなど，自民党寄りのメディアでは露骨にバイアスがかかるから。」(4, 男性, 30代, 993)

「新聞社やネットによって違いがあり信用出来ない，特に◇◇新聞は信用できない。」(1, 男性, 50代, 689)

「立場の違いで支持率は変わるし，あるいは意図的に誘導回答を設定している。」(3, 男性, 70代, 988)

(1-1 信頼)　メディア間類似

・メディア間類似

「各社の傾向がほぼ同じだから」(5, 男性, 20代, 120)

「マスコミの数字が大差ないので。」(5, 男性, 50代, 381)

「ある程度差はあるが大体の数字が似通っている場合は信頼できると思う。」(5, 女性, 70代, 814)

・メディア間比較

「複数の媒体で総合的に数字を見るので，信用できる。」(7, 男性, 20代, 437)

「各社異なる集計で比較できるから」(5, 男性, 50代, 521)

「1社の世論調査だけでは偏りが生じるので,複数の調査結果からおおよその傾向は見られる」(5, 男性, 70代, 666)

(まとめ) メディア間の「差は大きい」とする回答者と「大差ない」とする回答者が存在する。

なお,回答者によって想定している「世論調査」の範囲が異なるようだ。世論調査の主催者として,新聞社のみを想定している人,テレビ局のみ想定している人,新聞社とテレビ局を挙げる人,がいる。さらに,いわゆるマスコミのみでなく,ネットにおける世論調査まで含める回答者も少なくない。

不信理由の1つは,メディアの立ち位置の違いがメディア間の差をもたらす(各メディアは立ち位置に沿うような調査結果を出す)と考えるためである。信頼理由の1つは,複数の社を比較することで傾向をつかめると考えることである。

メディア間での比較は,第1に想定するメディアの範囲が異なる場合があり,第2に範囲は同じでも新聞社やテレビ局が異なる場合があり,第3に同じ対象を見比べて異なる結論に至っている場合もありうる。

(1-2)　「実態と不一致」(8)　vs　「実態を反映」(11)

世論調査は「当たらない」とする回答者と「大体あっている」とする回答者とが存在する。

(1-2不信)　実態と不一致

「衆院選の予想を全く外したように,既存の世論調査では正確な世論が汲み取れなくなっている」(4, 男性, 30代, 1045)

「世論調査が当たっていたためしがないから」(1, 男性, 40代, 179)

「去年の衆院選ではネットで自民党には投票率が下がっているのに多数の票で勝ちました。あれだけ不正があったのによくわかりません。信頼できないと思いました。」(1, 女性, 70代, 43)

(1-2信頼)　実態と一致

「偏りはあると思うが,大体の変動はあっていると思うため」(5, 女性, 20代,

346)
「世論調査が全てではないですが,ある程度世の中の動きとあっているため。」
(5, 女性, 30代, 950)
「投票結果などにも反映されている」(5, 女性, 50代, 432)
(まとめ) 選挙結果などが世論調査から外れているとする人と,ほぼ的中しているという人とがいる。当然ながら,どの「世論調査」と比べるかにも依存するであろう[10]。

(1-3)「感覚と不一致」(20) vs 「感覚と一致」(27)
世論調査結果が自分や周囲の人の感覚と「乖離している」とする回答者と「おおむね一致する」と考える回答者が存在する。
(1-3不信) 感覚と差
「自分が感じている感覚と乖離している。」(2, 女性, 70代, 1126)
「自分や周りと意見が違いすぎる」(1, 男性, 50代, 870)
「Twitterやヤフコメなど,ネット関連での反応と乖離が大きいと感じることが多いため。」(3, 女性, 30代, 161)
(1-3信頼) 感覚と一致
「自分の判断とおおむね一致する」(5, 女性, 40代, 999)
「大体自分の意見に近い物が出ているので信頼出来そうだと感じています。」(5, 女性, 50代, 519)
「周りの人の考え方を聞いてもほとんどが世論調査の結果とあっている」(5, 女性, 70代, 603)
(まとめ) 回答者各自の意見だけでなく,ネット環境も含めた「周り」にどのような人がいるかが,世論調査結果が回答者の感覚と一致するか否かに影響しうる。

5-2 「2調査不信」(97) vs 「12調査信頼」(40)

次に取り上げるのは,調査それ自体,または調査方法についての信不信であ

る。
　サンプリング関連は次に回したので除き，3つの下位分類，「2-1 調査それ自体，または調査方法」，「2-2 質問文」，「2-3 被調査経験」，に分け，それぞれの自由回答を紹介する。

(2-1)「調査・調査方法不信」(54)　vs　「調査・調査方法信頼」(30)
　調査方法に対する不信と信頼も回答数が多く，不信の大きな理由の1つとなっている。
(2-1不信)　調査方法不信
・調査方法の不明
　「具体的な調査方法が明らかでないから」(3，女性，20代，598)
　「どういう風に調査してるのかわからないから」(3，女性，40代，1086)
・調査実施の不明
　「世論調査が本当に行われてるのかすらも不明瞭だから」(1，女性，30代，1030)
・調査方法の偏り
　「調査方法が偏っていると思っているから」(2，女性，40代，726)
　「固定電話の世論調査では偏りがあると思うから」(4，女性，40代，586)
・調査方法に依存
　「調査の仕方，聞き方，時期によってアンケート結果は大きく変動すると思っているから」(4，女性，50代，127)
　「調査方法が，新聞社やテレビ局で統一していないため」(3，男性，60代，732)
(2-1信頼)　調査方法信頼
・統計的処理などへの信頼
　「きちんとした方法で調査されていると思うからです」(5，女性，30代，252)
　「適切な統計処理のもと，作成されているはず，だから」(5，男性，50代，932)

「実施された方法等を考慮すれば，数値に意味がある」(5, 男性, 60代, 82)
・誤差は許容範囲
「電話やネットを使ったリアルな調査結果であるから一定数の虚偽回答はあるにせよ，統計データとしては正しいと思っている」(6, 男性, 30代, 878)
「数字の多少の誤差はある程度容認できる範囲である」(5, 男性, 70代, 25)
・調査方法の同等性
「常に同じやり方だと，比較ができる」(6, 女性, 20代, 749)

(まとめ) 調査方法不信には，調査方法が明らかでないという回答者，実施が見えないという回答者，調査方法が不適切だと考える回答者，そして，調査方法次第で如何様にも操作できるという回答者などが含まれる。これに対して調査方法信頼には，統計的処理などへの信頼，誤差の許容性，方法の継続性などが含まれる。

挙げられた理由は，不信・信頼ともに「5-3」で後掲する「3 サンプリング関連の信不信」と重なるものも少なくなかった。

(2-2)「質問文不信」(36) vs 「質問文信頼」(2)

質問文による操作可能性と操作も，調査に対する不信の大きな理由の1つである。

(2-2不信) 質問文不信
・質問による操作可能性
「質問の仕方によって結果が違ってくると思うので，信頼できるとは限らない」(4, 女性, 60代, 157)
「そもそも世論調査は設問方法によって操作できる。」(3, 男性, 70代, 1077)
・質問による操作
「マスコミが自分達の望むような世論調査の結果を導き出すために，恣意的な質問をしていると疑っているから」(1, 男性, 40代, 570)
「質問の順番等で恣意的に回答操作しているものが多い」(2, 男性, 70代, 98)

(2-2 信頼) 質問文信頼
・質問の適切性
「支持する，支持しないだけの単純な質問だと，かなり人々の考えが正確に出てくるのではないかと思います。」(6, 男性, 50代, 777)
「比較的バランスが良い調査項目なので分かりやすく回答もしやすいと思っています。調査結果に極端にバラツキがないと受け止めています。」(6, 男性, 70代, 1011)
(まとめ) 質問による操作可能性，質問による回答操作の実施が，不信理由として多く挙げられる。信頼理由として質問の適切性が挙げられるケースは少数であったが，調査の適切性の中に含意されていると思われる。

(2-3) 「被調査経験なし」(7) vs 「調査経験・被調査経験あり」(8)
本人または知人などの被調査経験のあるなしが，世論調査に対する信不信に影響している。
(2-3不信) 被調査経験なし
「自身や身近で調査にあったことがないから」(2, 女性, 40代, 496)
「世論調査は全く当てにならないと思っています。家族知人で受けたことがある人がいないからです。」(2, 男性, 50代, 151)
(2-3信頼) 調査経験・被調査経験あり
・被調査経験あり
「家に電話がかかってきて調査に協力したことも有るので結果が自分の思っていることとは違っても概ね結果どうりではないかと思います。」(5, 女性, 60代, 321)
・調査経験・知識あり
「世論調査業務を経験していた」(5, 男性, 50代, 905)
「大学で市場調査を選択したので。」(5, 女性, 70代, 56)
(まとめ) 調査に協力した経験がない，または調査協力経験者が身近にいないと不信理由となり，被調査経験があると信頼理由となるようだ。

1ケース数ずつではあるが，調査についての学習経験や調査業務経験があることが信頼理由として挙げられている点は，注目に値する。

5-3 「3 サンプル不信」(123) vs 「13 サンプル信頼」(15)

調査方法に関連する信不信の中で，「サンプリング」と「回答者の属性の偏り」についての言及が大変に多い。このため，これらを別に立てて示すことにした[11]。

サンプリングに関わる4つの下位分類として，「3-1 選び方」，「3-2 全体と一部の人」，「3-3 サンプル数N」，に分ける。次に「3-4 回答者の属性の偏り」とする。

(3-1) 「選び方不信」(25) vs 「無作為抽出信頼」(6)
(3-1不信) 選び方不信
・選び方
「どういう基準で回答者が選ばれているのかわからないから」(4，女性，50代，657)
「そもそものサンプルの抽出が偏っている気がするから」(3，女性，30代，927)
「調査を行うタイミングや調査の対象が恣意的で，調査主体の思惑に沿った結果が出るようにコントロールされた数字だと考えているから。」(1，男性，30代，669)
・調査対象者の交代
「調査対象が固定ではないので，推移を比較する意味があるのか疑問」(4，女性，50代，390)
(3-1信頼) 無作為抽出への信頼
「ランダムに調査した結果だと思うので」(5，女性，50代，300)
「世論調査は対象者が無作為に選出されるので結果には信憑性があると思うから。」(6，女性，70代，475)

「無作為抽出　年齢層などにばらつきをもたらせ統計的処理を行っている。」
（5，女性，40代，421）

(3-2)　「一部の人のみ」(23)　vs　「全体の反映・多数意見」(5)
(3-2 不信)　一部の人
「国民全てに関係するのだから，全員の調査をして結果を出すべきではないか？」(2，女性，30代，233)
「全員を調べたわけではないので，偏りが出る可能性があるから」(3，女性，50代，446)
「ほんの一部の意見だから」(4，女性，70代，392)
(3-2 信頼)　全体の反映・多数意見
「十分なサンプル数を抽出していれば，全体の傾向を反映すると思うから。」(5，女性，60代，614)
「大多数の意見だから」(5，女性，60代，92)

(3-3)　「サンプル数Nが少ない」(23)　vs　「Nは十分」(4)
(3-3 不信)　サンプル数Nが少ない
「サンプルが少なすぎ」(2，男性，60代，212)
「調査数が少ないし，全体を代表しているとは，思えないから」(3，男性，60代，1029)
「数千人の調査では信頼できない」(4，男性，70代，476)
(3-3 信頼)　サンプル数Nは十分・多数意見
「多くのサンプルをもとに集計されているから」(5，男性，20代，671)
「統計学上の一定数を調査していると思うから」(6，男性，30代，550)

（まとめ）　不信理由として，サンプルの選び方，全数調査でないこと，サンプル数（または回答者数）の少なさ，が挙げられる。

「一部の人ではなく全数調査すべきである」との回答は，質問の仕方が異なる中央調査社調査では，世論調査不信の最大の理由であった（否定29％中の

62.1％）が，今回の調査では，最大の理由というほどではなかった（23ケース＝否定理由中の5.5％）。

(3-4)　「回答者の属性の偏り」（52）
　「回答者の属性の偏り」は，不信理由の中で大きな割合を占めている。信頼理由として「回答者の属性の偏りがない」ということは重要であろうが，今回の調査では他の分類・表現の中に埋めこまれているようで，取り出した中にはなかった。ここでは不信理由としての「回答者の属性の偏り」のみを扱う。
・回答－非回答バイアス
　「調査に答える人の属性にバイアスがかかっていると思うから。」（3，男性，20代，376）
　「一定数，何があっても，回答しない層がいるように感じられるから。」（3，男性，30代，1040）
　「世論調査の実施対象となる人に偏りがあるため（固定電話所有など）」（3，女性，30代，54）
・回答率不明
　「回答率が分からないから。何世帯に聞いて答えた世帯だけが数字になり，答えていない世帯についての扱いが不明だから。」（4，女性，60代，292）
・操作
　「都合のいい意見だけを集めている気がするから。」（1，女性，30代，308）
・年齢層の偏り
　「特定の年齢層に偏っていそうだから。」（3，男性，20代，572）
　「インターネット世代の若い人の声が反映されていないから」（2，女性，60代，564）
・性別・年齢・地域の偏り
　「年代も地域差も偏りがあるし，詳細をすべて発表していないから」（2，男性，30代，555）
　「地域によって特性が違う。年齢層や性別にもバラツキがある。」（3，男性，

60代,320)

・報告不足

「抽出しているデータに偏りがないか，件数，性別，年齢の報告がない」(4,男性,70代,317)

(まとめ)　不信理由として，各種の回答者の属性の偏りが挙げられる。偏りとしては，回答 – 非回答に伴う偏り，固定電話所有者のみの回答による偏り，年齢層の偏り（若者が少ない），性別・地域別の偏り，調査主体による操作，などが指摘または懸念されていた[12]。

5-4　「4 メディア不信」(96)　vs　「14 メディア信頼」(54)

メディアそれ自体についての信不信も，ケース数が多かった。全体を4つの中分類，「4-1 メディアそれ自体」，「4-2 メディアによる操作・誘導」，に分け，それぞれの自由回答を紹介する。なお，「調査主体」に対する信不信も「メディアそれ自体」に含めることにする。

(4-1)　「メディア不信」(44)　vs　「メディア信頼」(51)

そもそものメディア自体に対する信不信が，世論調査への信不信の大きな理由となっている。

(4-1 不信)　メディア不信

・メディア不信

「新聞やテレビでは中立的な報道がなされていない印象が強いため，発表されるすべての情報において疑いの目を以てみている。」(3,男性,20代,859)

「新聞もテレビも信じていないから」(1,男性,20代,1076)

「昔は新聞等は信頼してたが　最近の新聞は　政府に対して忖度してるのか本来の役目を果たしてないと思うから。」(4,女性,60代,707)

・メディアの偏り・報道しない自由

「各社の思想・信条に基づいたバイアスがかかっていると思われる結果だか

ら。」(2，男性，30代，36)

「自分たちに都合が悪いと報道しない自由を発動するから」(1，男性，40代，610)

「自分たちに都合のいいところばかりを報道し，都合の悪いところは消しているように感じるから」(3，女性，40代，219)

(4-1信頼) メディア信頼

・報道信頼

「発表には責任がともなうから」(5，女性，30代，797)

「信頼の無い情報を新聞やテレビで報道した場合，あとでそれが分かると大問題になるのでそういった信頼のおけない情報は使用しないと思っているから。」(5，女性，40代，312)

「とくに新聞はしっかりとした取材を行ってることを知っている」(5，男性，50代，199)

「報道姿勢からの判断です。全ての組織を信頼しているわけでは，ありません。」(6，男性，70代，69)

・調査主体信頼

「手間暇，時間と，人を使って集めているはずだから。」(5，男性，40代，627)

「世論調査を実施している会社が信頼出来るから」(5，男性，60代，205)

(4-2) 「メディアによる操作・誘導」(52) vs 操作なし (3)

メディア自体への信不信と分けがたいが，メディアによる操作がありうると考えることが，世論調査に対する不信理由となっている。

(4-2不信) メディアによる操作・誘導

・操作可能性

「操作されていないかどうかわからないから」(4，男性，20代，30)

「報道する側がいくらでも手を加えられるから」(3，男性，50代，191)

「統計の取り方はいくらでも操作できるという事実を知っているから」(3，

女性，70代，916）
・操作
「恣意的に操作できるし，そもそも媒体によって違うので，当てにならないことが証明されている。」(1，男性，20代，201)
「数字を操作しているうえに，その数字を都合よく見せようとするところが信用ならない。」(1，女性，20代，954)
「テレビは忖度が入るし，大事なことほど報道しないから。全部裏で操作されている。」(1，女性，30代，37)
・日々の情報操作
「日々の情報がマスコミによって操作されており，その日々の情報あっての世論調査だから」(3，女性，50代，660)
・媒体による
「テレビ局など勝手に操作してるんじゃないかと思う。新聞はどっちかというと信用している。」(3，女性，70代，425)
・改ざん問題
「統計データー改ざん問題があったから」(1，男性，30代，229)
「かつて総務省などで統計操作があったから。集計結果の操作以外でも，調査対象や設問の設定如何でいくらでも結果は変わってくると思うから。」(4，女性，50代，536)

(4-2信頼) **メディアによる操作なし**
「国民に聞いているのであれば，その通りだと思うし，まさかマスコミが捏造してるとは思わないから。」(5，女性，20代，209)
「報道機関として作為的なことはそこまでしていないだろうと思っている」(5，女性，30代，941)
「さすがに情報操作はしていないと思うから」(6，男性，50代，883)

(まとめ)　メディアそれ自体に対する信不信と，メディアによる操作可能性についての言及とを一応区別してみたが，両者は密接な関係にある。
　メディア不信側からは，メディアの立場性・偏向報道などの指摘があり，メ

ディア信頼側は，責任性・報道姿勢などからの判断がみられた。世論調査不信理由としては，メディアによる操作可能性についても多くの言及があった。

5-5 「5 回答者不信」(24) vs 「15 回答者信頼」(2)

次に取り上げるのは，回答者についての信不信である。不信については，それなりの回答数があった。

(5 不信) 回答者不信

・適当に回答

「調査にきちんと答えている人もいると思うが，そうでない人も多いと思うので，調査結果に信頼性がない」(2, 女性, 40代, 239)

「深く理解せず回答している人がいるから」(4, 女性, 60代, 325)

「テレビ等の街頭インタビューを見ていても，あまりにも見当違いの回答，中にはふざけて居る回答。それだけではないのですが多方面での支持率の公表の中身も本人たちが本当に考えて答えているのか判りません。」(4, 女性, 70代, 1154)

・本音でない，嘘

「本音で語っているのはどのぐらいの人かは分からない。」(3, 女性, 50代, 77)

「世論調査の電話がかかってきたときに，本当の自分の考えを伝えたことがないから。」(3, 女性, 70代, 664)

「知らない人に自分の本心を語るとは思えないから。」(4, 女性, 50代, 775)

(5 信頼) 回答者信頼

「サクラはいないと思うから」(5, 女性, 30代, 871)

「世論調査だから。そんなに多くの人々が嘘やでまかせを回答しているとは思えないから。」(5, 女性, 40代, 1118)

(まとめ) 調査不信の1つの理由として，回答者への疑念がある。適当に回答している，正直に答えていない，などへの懸念である。

第5章 「世論調査の信頼性」をめぐる自由回答の分析　137

5-6　その他の理由

以上はケース数の多い主要な不信・信頼理由だった。このほかに言及数は少ないながら興味深い意見があった[13]。

(6-1)　民意把握困難性

「調査方法によらず，民意の把握は難しいので，当てにならない。」(3, 男性, 50代, 778)

(6-2)　数字への信不信

「数字は調整できるし，すべてを表すことはできない。」(4, 女性, 70代, 731)

「数字は調査や分析の仕方によってかわってくるものだと思うから。全く信用できないわけではないが，その数字が全てではなく，一面的なものだと思う」(3, 女性, 50代, 708)

「人一人一人の意見が，例えば「ほかの内閣よりよさそうだから」などという単純な数問に振り分けられて，把握できるわけがないと思っているから」(2, 男性, 60代, 1013)

(6-3)　回答者の構成の情報

「年齢層を分けて発表してほしい」(4, 女性, 70代, 1001)

「どのような年齢層か性別かという情報が少ない」(3, 女性, 60代, 181)

「聞き取り対象者がどんな構成になっているわかりにくいから。」(4, 女性, 50代, 687)

(6-4)　確認方法

「確かめる術がない」(4, 男性, 40代, 223)

「結果が家庭にまで届いていないので」(3, 女性, 60代, 781)

(6-5)　他にないから信頼

「コレが，ウソだったら，何も信じられんと思うから。ただ，偏りはあるんだろぉなぁ〜位の気持ちで見ている」(5, 女性, 50代, 171)

「信用しないとやっていけないと思う。他に情報を得る手段がないからまず

は信用したうえで事の成り行きを見ている。」(6，女性，70代，371)
(まとめ)　少数ケースでも，観点（たとえば信頼される世論調査をめざすなど）によっては興味深い言明は存在する。それらを内容分析で探して拾うことも重要だろう。

6．おわりに

　世論調査の信頼・不信の理由についての自由回答を分析した。(1)〜(3)で簡単にまとめ，(4)・(5)で考察を加える。
　(1)　「世論調査」の範囲について
　「世論調査」として考えられている範囲が，「多様で，広い」ことがわかった。
　宮野（2019：2021）では，代表的なメディアとして，「朝日新聞，NHK，日経新聞，毎日新聞，読売新聞」の5つのみを検討した。しかし，回答者の想定するメディアは，ずっと範囲が広いようだ。
　これら5社以外の社名を挙げる人，新聞各社を比べて考えるという人，テレビ各局を比べて考えるという人，新聞・テレビだけでなくネットの「世論調査」まで含めている人，など様々であった。とりわけ，ネットとの比較である。ネット関連への明示的な言及が10ケースほどあったが，非明示的なケースも少なくないと思われる。
　どの範囲まで「世論調査」として捉えているかという点は，「世論調査の信頼性」について考える際に留意すべき重要な視点となる。
　(2)　世論調査に関する信不信の分類として，「1 結果」・「2 調査」・「3 サンプリング」・「4 メディア」・「5 回答者」（・「6 その他」）のそれぞれに対する信不信を取り上げた。
　世論調査に対する「不信」理由について，まとめる。
　「1 結果」については，「メディア間の相違」，「実態との不一致」「感覚との不一致」が多く挙げられた。「2 調査」に対する不信として，「調査方法」，「質

問文と質問の仕方」,「被調査経験のなさ」,などが問題になった。「3 サンプリング」については,「サンプルの選び方」,「全数調査でない」,「標本数(または回答数)が少ない」,「回答者に偏りがある」,などへの疑念が多かった。「4 メディアそれ自体」への不信は,「メディアによる操作可能性」が多く指摘された。これらは,実際に操作・誘導しているのではないかという意見と,そもそも操作・誘導が可能な仕組みになっていると指摘する場合とがあった。「5 回答者」についても,「真剣に回答していないのではないか」「正直に回答していないのではないか」との懸念が示された。このほかに,「民意の把握の困難さ」,「数字で表すことの難しさ」などの指摘もあった。

(3) 世論調査に対する「信頼」理由について,まとめる。

「1 結果」に対する信頼理由としては,不信理由としたものと真逆な点が指摘された。「メディア間の差の小ささ」,「実態との一致」「感覚との一致」が挙げられた。「2 調査」「3 サンプリング」については,「統計的調査である点」,「無作為抽出である点」,が多く挙げられた。「4 メディア自体」への信頼としては,「責任がある点」,「嘘を伝えるメリットがない点」などが指摘された。このほかに,「他にない」とか「信じたい」との回答もあった。

(4) 怪しげな「アンケート調査」なるものを,しばしば見かける。「世論調査」に対する信頼は,どの「世論調査」を対象にして語るかに依存するし,個人としても信頼に足る世論調査と信頼すべきでない世論調査とを見分ける必要がある。

調査方法が明示されていない調査は,原則として信頼すべきではないし,調査方法が示されている場合には,信不信の前に,調査主体が信頼できるか,調査方法が適切か否かなどを判定する必要がある。その際には,一般に,標本調査(全数調査によらない推定と必要なサンプル数)についての理解,標本のバイアスと回答のバイアスとが異なること(非標本バイアスの存在と特質など)についての理解,誘導質問の有無やキャリーオーヴァーによる順番効果についての理解などが必要になる。それに関しては,データリテラシーや調査方法についての学習と理解が鍵になる。

信頼に足る情報は信頼し，信頼に足らない情報には不信を抱く，ということが，情報リテラシーとして，ますます重要になっている。信頼に足る情報を信頼しないことや，信頼に足らない情報を信じることは，個人レベルでも社会レベルでも，大きなマイナスとなるだろう。世論調査についての信頼・不信も，その1つである。

(5) 民主主義社会において，世論調査は重要な位置を占めていると思われる。社会的に信頼を受けるべき世論調査は，どのような点に疑念が持たれやすいのかを検討することで，いかにすれば信頼に値する世論調査が信頼されるのかについて対応を考え工夫することを推奨したい。

そのことは，適切に企画された世論調査の回答率を上げることにもつながるし，結果に対する信頼を得ることにもなり，回答率上昇と信頼度上昇の好循環につながるのではなかろうか。

　謝辞　使用したデータは，2020〜2022年度の中央大学特定課題研究費『自由回答のソフトウェア分析と伝統的分析の比較』により，筆者が調査会社に依頼して収集したものである。

1) 中央調査社調査の問いには，世論調査のみでなく市場調査も含まれており，また中間回答を認めない4値という回答選択肢であることも影響していると考えられる。
2) 中央調査社調査の設問の形態は明らかではないが，今回の我々の自由回答調査と照らし合わせ，選択肢からの回答（複数選択可）ではないかと推測している。
3) 調査は日経リサーチに依頼した。対象は，性別・年齢・地域について，人口構成比に近くなるように日経リサーチパネルから抽出された全国の18〜79歳の男女である。インターネット調査であり，2022年2月17日〜22日に実施された。
4) 将来的にはソフトウェアによる内容分析への移行を考えており，そのために何が必要かを検討した。回答の解釈・意味の読み取り，分類カテゴリーの作成，分類カテゴリーへの分類，などで，解決すべき困難があると思われる。
5) 性別は，第3のカテゴリーとして「その他」という選択肢を設けた。3名が選択したため，表5-2における男女の合計は全体より3ケース少ない。
6) 複数理由を独立にカウントすると，各分類の度数は若干増加する。各回答の理由の数を何点と数えるか，複数点ある場合にどの理由を選ぶかは，主観的なものになり，コーダーによって分かれる場合も生じるだろう。

7) 表5-3で，「16 他にない」は，「他に情報を得る手段がないからまず信用」などで，「80 信不信」は，「まあ信じられる」や「信頼性に欠ける」など，理由よりも信不信それ自体を述べているケースである．
8) 自由回答は，回答中の一文だけを紹介する場合がある．
9) 「結果不信」には，「偏り」の存在を指摘しただけのものが12点あり，ここでの紹介は略した．
10) 菅原（2011）は，当時のRDD世論調査に触れ，「世論調査結果は決してデタラメではなく，安定的に選挙結果と関連している」（17頁）としている．宮野（1999＝2016）は，事前の世論調査が選挙結果と大きく外れたとされた1998年参院選について，「比例選では選挙結果とそれほど大きな相違はない」（2016年，173頁）としている．
11) 周知のように，世論調査は原則として標本調査であり，まず母集団を設定し，次に標本（＝サンプル）を抽出する．そしてその標本を調査するときに，結果として，回答者と非回答者とに分かれる．回答中で，「調査対象者」などの言葉が使われるが，抽出された標本となる対象者と，質問に答えた回答者と，どちらを指しての言明か不明な場合が見受けられ，分類に際しての難しさの1つとなった．
12) 宮野（1986）では，投票行動についての非回答バイアスの割合を推定している．
13) ここでは，「16 他にない」「30 その他理由」の他に，大分類に含めたケース内の意見からも抽出している．

参 考 文 献

穴澤大敬（2018）「アンケート調査に関する意識について」『中央調査報』No. 701. http://www.crs.or.jp/backno/No701/7011.htm（2018年10月16日閲覧）

菅原琢（2011）「世論調査は機能しているのか？—「民意」解釈競争と現代日本政治の迷走」日本世論調査協会会報『よろん』107巻，25-33頁．DOI https://doi.org/10.18969/yoron.107.0_25

原美和子・中野佐知子（2016）「世論調査で探る「世論」と「世論調査」」『放送研究と調査』，48-65頁．

宮野勝（1986）「誤答効果と非回答バイアス—投票率を例として」 数理社会学会誌『理論と方法』Vol. 1, No. 1, 101-114頁．

宮野勝（2016）「98年参院選の分析—選挙結果データを中心に—」（1999年選挙学会発表論文）宮野勝編著『有権者・選挙・政治の基礎的研究』補章，中央大学出版部，145-176頁．

宮野勝（2009）「『相対』政党支持率と『相対』内閣支持率の安定性についての試論：マスコミの世論調査の信頼性」『中央大学社会科学研究所年報』13号，97-114頁（微修正版を，次に掲載．安野智子編（2016）『民意と社会』第1章，中央大学出版部，1-23頁）．

宮野勝（2019）「「相対」内閣支持率とマスメディア世論調査の信頼性—2回の政権党交代を挟む2009-2013年の分析—」『中央大学文学部紀要 社会学・社会情報学』

29号，41-59頁。

宮野勝（2021）「内閣支持・不支持率とメディア世論調査の信頼性―2009年〜2019年における「その他」率と「1回聞き」・「2回聞き」の影響―」宮野勝編著『有権者と政治』第1章，中央大学出版部，1-28頁。

第 6 章
日本におけるギャラップ伝説の終焉
──1936年の奇跡の軌跡──

鈴 木 督 久

1. はじめに

　標本調査法や統計学の教科書で紹介されている有名な歴史的事件がある。1936年の米国大統領選挙における予測調査である。ルーズヴェルトが再選され，ランドンが落選した選挙であるが，新聞を中心に多くのメディアで事前予測が報道された。このうち，大統領選挙の予測で実績のある雑誌「リテラリー・ダイジェスト」（以下，ダイジェストと記す）が200万人以上の調査結果から「ランドンが当選」と予測して失敗したのに対し，前年にジョージ・ギャラップが設立したばかりの「米国世論研究所：American Institute of Public Opinion」（以下，人名と社名を区別せず，ギャラップと記す）は，わずか3,000人の調査から「ルーズヴェルトの勝利」を的中させた。これは偏りのある大規模データ（200万人）よりも，3,000人程度でも代表性のある標本調査データのほうが，母集団の特性を的確に推定できるという，統計学にとって教訓的な実例として日本において語り継がれてきた。

　しかし，そこには標本規模（以下，sample size の訳語として統一する）に関する本質的な誤り，それがなければ教訓が成立しない重要な間違いがあった。ところが日本で誤解されたまま発祥し流布され「伝説」といえる程までに話が普及してしまった。いくつかの資料を示しながら，伝説が日本で構築された背

景，現在も流布され続けている問題を考察する。

2. 日本における状況

典型的な日本の教科書の記述として，佐藤彰他（1976）を示そう。

「アメリカでは 1824 年以来，数多くの新聞社，雑誌社，調査機関などが，大統領選挙の予想投票（poll）を行なっていた。中でも雑誌リテラリー・ダイジェストは 1916 以来，選挙のたびごとに予想を的中させ，予想投票の王座の地位を占めていた。ところが 1936 年の選挙において，約 200 万人から得た調査結果により，57％の得票率でランドンの当選を予測したが，選挙の結果は 43％の得票率で落選を予測したルーズヴェルトが当選するという惨めな結果となった。これをきっかけに同社の社運は次第に傾き，ついに廃刊の憂き目を招いたといわれる。

これに対し，ギャラップ（George Gallup）は，わずか 3,000 人について調査を行なったにもかかわらず，投票結果の予想をみごとに的中させた（表-3）。この結果，ギャラップは，その後リテラリー・ダイジェストに代わって調査界に君臨することとなった。

ところで，このようにダイジェストが失敗し，ギャラップが成功した原因はどこにあったのであろうか。」（佐藤彰・鈴木栄・船津好明（1976）『世論調査―設計と技法―』技興社，10-14 頁）

本書は 1976 年の出版であるが，1936 年の米国大統領選挙を紹介した最初の日本語書籍は，おそらく小山（1946）である。太平洋戦争前にも世論調査に関する成書は出版されているが，日本人による書き下ろしではなく，Gallup and Rae（1940）の翻訳であった。

小山栄三は 1945 年に GHQ による日本占領が始まると間もなく，総司令部に呼ばれた。日本政府内に輿論調査課を設置して，科学的方法による世論調査

を始めるように指示された。**GHQ** も支援する。そこで世論調査に関する戦後初の解説書を出版した。

　小山（1946）は，1936 年米国大統領選挙から 10 年後の出版ということになる。その中には 1936 年の米国における主要 7 機関の予測結果の一覧が解説されている。当時はまだ各種の原資料も入手しやすかったと思われる。そこではギャラップの標本規模は「30 万以下」と書かれている。ギャラップ伝説を成立させている根幹の数値「わずか 3,000 人」の調査で予測したという記述はない。

　書籍の他には東京朝日新聞の選挙報道記事があり，ギャラップの標本規模は 27 万 5,000 人であることが明記されている。これは小山（1946）の「30 万以下」とほぼ対応している。東京朝日新聞は 1936 年の大統領選挙を，投票直前の時期に少なくとも 3 回（10 月 23 日，10 月 26 日，11 月 3 日）は報道している。米国の特派員による原稿だが，現地のプレスリリース資料も入手できたであろう。ダイジェストとギャラップの調査データの違いに関しても，現在の教科書と同様の解説が書かれている。縦書を横書に変更したが漢字仮名遣はそのままにして以下に引用する。

「米大統領選擧戰迫る，來月三日，いよ〳〵執行，勝者は何れに？
選擧資金，ル氏は三百萬弗，ラ氏は五百萬弗，投票者は四千萬

　旬日を殘すのみとなった大統領選擧を前にして米國で最も權威ありとされるリテラリ・ダイヂェスト及び米國輿論調査局選擧豫想を掲ぐれば左の如くである。
　　ダイヂェスト　　ルーズヴェルト　　四二・六％
　　　　　　　　　　ランドン　　　　　五七・四％
　　調査局　　　　　ルーズヴェルト　　五四％
　　　　　　　　　　ランドン　　　　　四六％
即ち，ダイヂェストではランドン氏優勢で州別に見て三十二州を取り全米

大統領選擧票五三一票中三七〇票を以て當選を豫想せるに對し，米國輿論調査局は三九〇票を以てルースヴエルト氏の再選を示してゐる。これは調査の方法から起こってくることでダイヂエストは自動車電話所持者の簿を種に約一千萬の問合せを發し，これによつて得た約百萬の回答を集計したものであるが輿論調査局側は個人よりもグループを中心にし二十七萬五千を問合せその中三分の一は直接面會の上得たものである。これによつて見てもダイヂエストの豫想は割合に有産階級の回答に待ち，無産大衆を逸してゐる觀念なしとしない。」(東京朝日新聞，[ニューヨーク特電二十四日發], 1936年10月26日)

表6-1　1936年米国大統領選挙におけるダイジェストの調査結果（発行日別）

発行日	Landon	Roosevelt	Lemke	Others	Total
9/5 (%)	16,056 (65.0)	7,645 (31.0)	754 (3.1)	234 (0.9)	24,689
9/12 (%)	61,190 (61.4)	33,423 (33.5)	4,169 (4.2)	952 (1.0)	99,734
9/19 (%)	153,360 (60.2)	88,815 (34.9)	10,374 (4.1)	2,169 (0.9)	254,718
9/26 (%)	293,972 (58.4)	185,495 (36.8)	19,632 (3.9)	4,410 (0.9)	503,509
10/3 (%)	438,601 (58.0)	282,524 (37.3)	29,083 (3.8)	6,599 (0.9)	756,807
10/10 (%)	713,451 (56.9)	485,392 (38.7)	44,825 (3.6)	11,048 (0.9)	1,254,716
10/17 (%)	1,004,036 (55.4)	728,088 (40.2)	61,981 (3.4)	17,384 (1.0)	1,811,489
10/24 (%)	1,182,307 (54.8)	878,526 (40.7)	75,119 (3.5)	22,787 (1.1)	2,158,739
10/31 (%)	1,293,669 (54.4)	972,897 (40.9)	83,610 (3.5)	26,347 (1.1)	2,376,523
得票数 得票率	16,684,231 (36.5)	27,757,333 (60.8)	892,267 (2.0)	320,932 (0.7)	45,654,763

(出所) The Literary Digest誌の1936年発行各号の調査結果掲載ページより作成。
(得票数の出典) *Congressional Quarterly's guide to U.S. elections, 3rd ed.*, 1994.

第 6 章　日本におけるギャラップ伝説の終焉　*147*

　この記事で引用しているダイジェストの調査結果は 10 月 24 日号に掲載された予測である。表 6-1 に雑誌各号を閲覧して作成した調査結果の一覧を示す。ダイジェストは選挙期間中に 9 回にわたり予測結果を発表したが，この記事は執筆時点で最新だった 8 回目の予測結果を加工（2 候補の合計を 100％に）して引用されている。なお，1936 年の選挙結果の得票数には，信じ難いことに，公式的な発表数値にさえ揺らぎがある。最新で信頼できると思われる Congressional Quarterly's guide to U.S. elections, 3rd ed. を表 6-1 には掲載した。

　一方，ギャラップも 9 回の予測結果を発表している。記事にある「米國輿論調査局」とは，ギャラップの創設当時の会社名，American Institute of Public Opinion の日本語訳である。Gallup (1972b) から作成した表 6-2 と新聞記事を照合すると，記事の数字は最終調査の結果とほぼ同じだが，配信日はギャラップの最終調査期間中であるため，この数字が最終結果であるとは断言できない。米国では民主・共和の 2 候補の合計を 100％にして再集計することも多い。四捨五入も不統一で表記に揺らぎがあるが，紙面のギャラップの数字は表記揺れの範囲外であり，最終結果だとしても微妙に一致しない。小山 (1946) で示されたダイジェストとギャラップの数字は東京朝日新聞と同じであり，小山が同紙を参照した可能性もある。

表 6-2　1936 年米国大統領選挙におけるギャラップの調査結果

発表日	調査	調査期間	Rosevelt	Landon	Lemke	Thomas	Others
8/ 9	#43	7/20–25	49.3	44.8	3.4	1.5	1.0
8/23	#46	8/10–15	49.2	44.5	4.6	1.3	0.4
8/30	#47–B	8/17–22	49.2	44.5	4.6	1.3	0.4
9/ 6	#48	8/24–29	49.3	44.3	5.0	1.1	0.3
9/27	#50	9/ 7–12	49.5	44.6	4.7	1.1	0.1
10/ 4	#52	9/21–26	50.3	44.2	4.3	1.0	0.2
10/18	#54	10/ 3– 8	51.4	43.8	3.6	1.0	0.2
10/25	#55	10/12–17	51.4	43.8	3.6	1.0	0.2
11/ 1	#55–B	10/23–28	53.8	42.8	2.2	0.9	0.3
11/ 3	選挙結果		60.8	36.5	2.0	0.4	0.3

（出所）*The Gallup Poll, Public Opinion 1935–1971.* より作成。
　　　　"PRESIDENTIAL TRIAL HEAT" から州単位等の特別調査は除く。

この後の出版として，水野他（1953）があるが，ギャラップの標本規模は示されていない。すでに1948年の米国大統領選挙の予測失敗を経験しており，その比較が中心に解説されている。

　次に出版された吉田・西平（1956）ではギャラップの標本規模を，ダイジェストの「1％未満」と記述している。曖昧であるため，私から西平重喜に対して直接対面で質問をした。西平によれば「占領期間中に日比谷にあったGHQの図書館で入手できた資料を使って執筆した」ということであった。結論としては正確な標本規模は出版時点でも不明であった。なお，その後に出版された福武（1958）も「1％未満」と記述している。吉田・西平（1956）からの引用の可能性が高いが，参考文献リストには吉田・西平（1956）の記載はない。

　1960年代に入ると社会調査の書籍だけでなく，市場調査の成書の出版も増えた。世論調査の成書は出版されていないようで，1960年代に出版された書籍からはギャラップの標本規模に関する記述は確認できない。もちろん見落としている可能性があるので，1960年代に関する認識は暫定的である。

　ところが，少なくとも1970年代以降に刊行された書籍から，「3,000人」という調査規模が突如として明記され始める。現在までに「3,000人」と解説した書籍は2桁に達する。統計学の書籍の一節で，短い紹介をしている事例も含めるとさらに多数となるだろう。

　1950年代までの出版物には「3,000人」と書かれている書籍は見当たらない。1960年代の刊行物に関する探索は不完全であるが，1970年代には「伝説」が発祥して瞬く間に完成したと判断できるだろう。

　1950年代までの著者たちは，占領期間中にGHQと一緒に世論調査の仕事をしていた人々であり，同時代人として1次資料も容易に入手でき，米国の事情についても直接に意見交換できる環境にあった。ライス統計使節団とも議論し，米国の世論調査専門家も来日して勉強会も開催した。当時，1936年の大統領選挙は「ついこの間」の同時代体験であった。また，米国から指導を受けるだけの関係ではなかった。水野坦はGHQの世論調査関連部署と統計数理研究所を兼務しており，GHQから標本設計を依頼されていたし，米国に赴いて

標本設計を講義したこともあったようである。にもかかわらず，その水野坦がギャラップの標本規模を明記していない。ギャラップ自身が正確な回答者数を示していないのである。後年に編集された Gallup (1972b) のような公式の報告書にさえ標本規模の記載がない。

1970 年代以降の著者たちは，その次の世代である。誰かが誤解をして「3,000人」と書いたと思われる。その最初の本は確定できていないが，「3,000 人が 200 万人に勝った！」というエピソードは衝撃的で感動的ですらあり，多くの人々に統計学の威力が深く刻まれた。統計教育者にとっても，迫力のある歴史的事実だと感じられるだろう。初学者への導入部分で統計の凄さを示すエピソードとして使いたくなる話であろう。選挙調査の実務家なら疑念を抱くのだが，統計教育者には歓迎すべき実例にみえたであろう。それほど実に「よくできた話」なのである。

その後の教科書の著者たちが，ギャラップなどの原典を確認しないまま，先行して出版されている日本の本からの孫引を続けた。その結果として「伝説」が構築されたと考えられる。特定の一冊を起点として確定することは難しいが，その確定よりも日本全体に浸透した流れが確実に生じたこと，概ね 1970 年代以降の書籍の中で，1936 年の大統領選挙予測調査の記述が一斉に変わったことを確認できればよい。

1970 年代以降に出版された書籍で，ギャラップの標本規模を「3,000 人」と書いた文献のうち，主なものを出版年順に列挙すると，以下の通りである。

(1) 佐藤彰・鈴木栄・船津好明『世論調査―設計と技法―』技興社，1976 年
(2) 西平重喜『世論反映の方法』誠信書房，1978 年
(3) 岡本宏・中西尚道・西平重喜・原田勝弘・柳井道夫『ケース・データにみる社会・世論調査』芦書房，1985 年
(4) 世論調査研究会編『世論調査ハンドブック』原書房，1990 年
(5) 盛山和夫・近藤博之・岩永雅也『社会調査法』放送大学教育振興協会，1992 年

(6) 石川淳志・佐藤健二・山田一成『見えないものを見る力—社会調査という認識』八千代出版，1998 年
(7) 渡辺久哲『調査データにだまされない法』創元社，1998 年
(8) 平松貞美『世論調査で社会が読めるか—事例による社会調査入門—』新曜社，1998 年
(9) 大谷信介・木下栄二・後藤範章・小松洋・永野武『社会調査へのアプローチ』ミネルヴァ書房，1999 年
(10) 原純輔・浅川達人『社会調査』放送大学教育振興協会，2005 年
(11) 松本渉『社会調査の方法論』丸善出版，2021 年
(12) 鄭躍軍『統計調査法』共立出版，2022 年

以上のうち，(8) は 2,000 人，(10) は 1,500 人と書かれており，3,000 人ではないのだが，その根拠は不明である。鈴木 (2021) はギャラップの 3,000 人という標本規模は間違っているとの指摘をしているが，その後に出版された教科書である (11)(12) でも修正されずに，いったん広範に広まった「伝説」は強力に伝搬を続けている。

3．米国における状況

米国の文献を完全に調べたわけではないが，標準的なテキストをみる限り，日本のような伝説は流布されていない。調査の歴史を詳細にまとめた Converse (1987) でも 1936 年の大統領選挙と予測調査に言及しているが，「3,000 人調査が 200 万人もの大規模調査に勝った」という事件は書かれていない。

もっとも，米国でも 1936 年の大統領選挙は調査史における画期的な転換点であったという認識が共有されている。しかし，それは "straw-vote" から "scientific approach" への転換であった。意訳をすると「模擬投票」から「標本調査」への転換点として歴史的なのであって，日本における伝説のような衝

撃的事件としてではない。

"straw-vote"は翻訳が難しいのだが，文化的・歴史的背景を踏まえながら麦藁の比喩を考えて模擬投票とした。母集団と標本という関係が意識されておらず，大規模に回答を集めるほど正確だと考えた時代だと解釈できる。ギャラップは割当標本を「科学的」と強調しており，確率論さえ持ち出すのだが，現代からみると違和感がある。標本調査とはいえるが，現在の常識では，割当標本は科学的ではなく，確率標本こそが科学的との認識である。ただ，木村（2001）が紹介しているように，1920年代から有意抽出法（割当標本）と無作為抽出法（確率標本）と，どちらが母集団をよく代表しているかという論争が続いていた。それはネイマンが1934年の論文で理論的に決着させるまで続いていた。まさに1936年の米国大統領選挙の同時代であり，割当標本も母集団を代表する方法としての位置を占めていた。

ちなみに，1948年の米国大統領選挙の予測失敗も「トルーマンの奇跡」と呼ばれる有名な歴史的事件で，ネイマンの理論が実践場面で証明されたような位置づけになっているのだが，本章では1936年の「奇跡」が日米間でどのような「軌跡」をたどったのかの確認に焦点を当てるので，1948年の詳細には立ち入らない。水野他（1953）には1948年の検証が紹介されている。

ギャラップの標本規模に関しては，当事者と関係者によって同時代から報告されている。まとまった論文として，おそらく最古の文献は，Robinson（1937）であろう。以下の引用部分には，1回の調査で2万5,000人から4万人の回答者数であったとの記述がある。

> On the matter of adequacy, Gallup found that his returns showed a high degree of stabilization with a national send-out of 100,000 ballots. Talking the return from both mail and personal interview canvases, each complete sample would therefore be based on from 25,000 to 40,000 replies. During the 1936 Presidential campaign, the send-out was materially increased in states in which the political race was thought

to be close, the final reports of the American Institute of Public Opinion being based on approximately 125,000 replies.

Gallup and Rae（1940）にも，ほぼ同じ内容が以下のように書かれている．

The Institute's successive samples in 1936 averaged from 25,000 to 40,000 replies, and in states where the campaign promised to be close, the proportion of ballots was increased. Most of the Institute's ballots were collected by mail in 1936, augmented by direct interviews from groups which failed to respond to mailed ballots.

現在の一般的な調査概要の報告内容からみると，不十分な記述であるが，少なくとも選挙期間中に複数回の調査を実施していること，10万人に郵送調査をすると回収率は25％から40％程度であったことがわかる．Gallup（1972b）によれば，選挙期間中に9回の調査結果が発表されているが，正確に9回にわたって10万人に調査票が発送されたのかは，上記の記述だけではわからない．全米調査では10万人に発送するが，激戦州を特別調査として実施することも考えられるので，9回の全米調査をやったのかも疑わしい．

仮に，10回程度の調査をして平均的に3万人の有効回答を得たのであれば，全体として約30万人となる．これは東京朝日新聞の27万5,000人に対応している．しかし，常に全米10万人規模の調査ということではなく，選挙期間中の総発送数が約30万ということも考えられる．東京朝日新聞の記事における「問合せ」とは，"send-out"の翻訳だったと考えることもできる．そうすると1936年の最終報告（the final reports）の回答者の総数が，Robinson（1937）が書いているように，約12万5,000人の回答者（replies）を積み上げたデータの分析だという説明と矛盾しない．30万人から40％の回収率だとすれば12万人ということになる．郵送調査だけでなく面接調査でも回答を補っていたので，総合的な回収率が40％程度になることも可能であろう．

回答者数が全米で 12 万 5,000 人であれば，当時 48 の各州（選挙区）の標本規模は単純平均で 2,600 人強となる。これが 10 回程度に単純に分割されると考えると小さいが，ギャラップの調査は割当法を適用していたので，標本を継続的に追加しながら属性の組み合わせを変えて再集計していたことも想定できる。予測結果の発表としては 9 回に分けて分析・集計しているが，これは独立に実施した 9 回の調査結果ではないかもしれない。発表間隔も短いので，全米調査を独立に，郵送調査と面接調査を組み合わせて，9 回も実施するのは困難であろう。大量に調査票を発送しておき，随時返送される回答票を，ある時点で区切りながら標本の割当を確認し，未回収の層があれば面接調査に出かけ，集計対象とする回答票を集めるという運営になるのではないだろうか。ギャラップは割当の仕方を重視し強調しているのに，割当に使う属性項目の具体的な配分方法は，国勢調査を参考にするという程度にしか公開していない。ギャラップの標本規模については不十分な情報と，現実的な調査可能性からの想像をするしかない。ダイジェストのデータが 1 票単位まで正確に集計されて公表されているのに，ギャラップは「ちょうど」3,000 と書くなど回答数の扱いが大雑把で，両者は対照的である。

　小山（1946）ではギャラップの標本規模を「30 万以下」と書いていた。小山は東京朝日新聞を読んでいたであろうが，Robinson（1937）も読んでいたし，Gallup and Rae（1940）も読んでいた。小山としてもそれらの情報を総合して「30 万以下」と記述したのであろうが，配慮された結果だとみることもできる。12 万 5,000 よりは大きいことは確実だが，30 万を超えることもない，という範囲よりは確実な数字は得られないからである。いずれにせよ，ギャラップの標本規模は 3,000 人ではなく，曖昧ではあるが数十万人であった，ということに落ち着く。

　ギャラップの調査方法は割当法によるもので，確率標本ではないために，計画標本や回収率という概念がない。ギャラップは「科学的」な調査を強調していたのだから，予測分析に使った回答者数は正確に報告すべきだと思われるが，学術的な研究調査ではない。割当の具体的な手法については企業秘密の部

分もある。有名な歴史的事件でありながら，ギャラップの標本規模を確定することは難しい。

このほか，米国における統計学の標準的な教科書の1つであるFreedman et al. (1978) に，1936年の大統領選挙の予測調査が紹介されている。詳しい紹介ではないものの，ギャラップの標本規模を5万人と記述している。その典拠については不明であるが，少なくとも以下の引用部分で，3,000人という誤解はしていない。

> In fact, George Gallup was just setting up his survey organization. Using his own methods, he drew a sample of 3000 people and predicted what the Digest predictions were going to be — well in advance of their publication — with an error of only one percentage point. Using another sample of about 50,000 people, he correctly the Roosevelt victory, although his prediction of Roosevelt's share of the vote was off by quite a bit.

4．日本における誤解の原因

1936年当時のダイジェストは大統領選挙予測の権威であり，実績のある巨匠的存在であった。一方，ギャラップは前年に会社を設立したばかりであった。大統領選挙はギャラップにとって名前を売り出す最高の舞台であった。そこで，ギャラップは当時の最大メディアであった新聞を使い，最も有名なダイジェストとの新旧対決の構図を舞台装置として考えた。

大統領選挙は11月の投票までに数カ月の選挙期間がある。予測報道が本格化するのは8月からであった。ギャラップは選挙報道が本格化する直前の7月に全米各紙に調査関連のコラムを送った。米国には多数の地方紙が全米各地に存在していた。ギャラップは調査結果を各社に販売するビジネスモデルを確立した。

各紙はギャラップのコラムをそのまま掲載したわけではなく，独自取材を加味した上で見出しも独自につけた。ギャラップのコラムは7月の各紙に掲載された。少し長いが，以下はニューヨーク・タイムスの7月19日の記事である。

DR. GALLUP CHIDED BY DIGEST EDITOR

Funk Objects to Statement Concerning Poll 'Before It Was Even Started.' Dr. George Gallup, director of the American Institute of Public Opinion, which recently has discovered indications of a voter's trend away from President Roosevelt, was taken to task yesterday by Wilfred J. Funk, editor of The Literary Digest.

In an open letter Mr. Funk, writing as editor of a publication which has conducted a number of polls on Presidential campaigns, objected to what he considered "a gratuitous statement" by Dr. Gallup. The statement said that, "if The Literary Digest were conducting a poll at the present time * * * the actual figures would be in the neighborhood of 44 per cent for Roosevelt and 56 per cent for Landon."

"I am beginning to wish," Mr. Funk wrote, "that the esteemed Dr. Gallup would confine his political crystal-gazing to the offices of the American Institute of Public Opinion and leave our Literary Digest and its figures politely and completely alone."

"We've been through many poll battles," Mr. Funk added. "We've been buffeted by the gales of claims and counter-claims. But never before has any one foretold what our poll was going to show before it was even started."

Dr. Gallup's article, Mr. Funk said, declared that an "accurate" and "scientific" poll should divide the voters into three classes, the rich, two-tenths. The Literary Digest, Mr. Funk said, has never "rich men, poor men, G-men, racketeers and candlestick makers" voted in a given election. Income tax returns have indicated, however, he declared, that less than 10 per cent of the 39,000,000 voters in the 1932 election made $1,000 a year. [The New York Times 1936-7-19]

　ギャラップのコラムの核心は「ダイジェストの調査による選挙予測はルーズヴェルト44％，ランドン56％程度になるだろう」という〈預言〉だった。ダイジェストの編集者は「まだ調査さえ始まっていないのに」とコメントした。調査の準備は始めていたかもしれないが，郵送調査の開始は8月頃からであり，最初に返送された2万強の調査票を集計して連載を始めたのは9月5日号からであった。
　ダイジェストは10月31日号まで9回に分けて調査結果を掲載した。最終的な回答総数は237万6,523票。ルーズヴェルト43％，ランドン57％であった。ギャラップはわずか1％ポイントの誤差で，ダイジェストの未来を3カ月以上前に的中させた。キリスト教の文化圏では〈預言の実現〉あるいは〈奇跡〉のように受け止められそうな演出となったであろう。
　大統領選挙の予測が的中したことに人々が驚いたわけではない。小山（1946）で紹介されているように，ルーズヴェルト当選を予測していた機関は何社もあったし，標本規模3,000人で的中させた機関もあった。それはギャラップではなく，フォーチュン誌に掲載されたローパーの調査であった。しかも3,000の標本規模では，米国の各種社会層を含めた分析はできないとの理由から，ローパー調査による予測の的中は「偶然だろう」といわれているとの紹介もしている。ギャラップはダイジェストに次ぐ大規模調査を実施しており，過半の機関がルーズヴェルト当選を予測している中に含まれていたに過ぎない。
　新興のギャラップが注目されていたのは，調査前からダイジェストの未来の調査結果の予測数字を予測した宣伝パフォーマンスに加え，その〈預言〉が奇跡のように実現したことであり，そこに全米が驚いたのである。米国ではその記憶が強く，先に引用したFreedman et al. (1978)のような統計学の教科書に引かれた短い説明でも，ダイジェストの予測を的中させた事件が記述されてい

る。日本ではダイジェストの予測の話はほとんど無視された。3,000人調査でルーズヴェルト当選を的中させたという誤解だけが強調された。

ここで改めて強調しておかなければなければならないのは，ギャラップは大統領を予測したのではなく，ダイジェストの予測値を予測した，ということである。7月の時点では，ギャラップ自身の大統領選予測は「接戦」であった。小野（2021）が調べた結果によれば，ロサンゼルス・タイムス（7月12日）にギャラップのコラム原稿が比較的多く使われていた。それによると，7月時点のギャラップは「支持率ではルーズヴェルトが上回るが，獲得選挙人はランドンが上回る（つまり当選）」と予測していた。どちらが勝っても後で言い訳の立つ「安全な予測」をしていたともいえる。

再び，強調すべき点がある。ギャラップは7月時点では「ダイジェストが予測に失敗する」ことを予測したのではなく，ダイジェストの予測数字を預言しただけであった，ということである。Gallup（1972a）では，ダイジェストの失敗まで見通していたと述べているが，いわゆる結果論である。コラムでは「もし今，ダイジェストが調査を実施したなら」（at the present time）この数字になる，と仮定（if）を置いて慎重に逃げ道を用意している。3カ月の選挙戦で状況が変化したのだ，と後から言い訳ができるように考えてある。選挙結果はよく知られているように，接戦どころか，ルーズヴェルトの歴史的圧勝であった。

ギャラップによるダイジェストの予測値の予測方法は，7月のコラムにも書かれているが，下記に引用したように，30年以上も経てから出版したGallup（1972a）にも，誇らしげに書かれている。ダイジェストと同じ名簿から3,000人を選んで，同じ調査票を送ったという。確率の理論によって，200万人の回答結果は3,000人の調査で得られるとも述べている。しかし，ここでもギャラップの記述は曖昧である。

> When the election had taken place, our early assessment of what the Literary Digest Poll would find proved to be almost a perfect prediction

of the Digest's final results - actually within 1 percentage point. While this may seem to have been a foolhardy stunt, actually there was little risk. A sample of only 3,000 post card ballots had been mailed by my office to the same lists of persons who received the Literary Digest ballot. Because of the workings of the laws of probability, that 3,000 sample should have provided virtually the same result as the Literary Digest's 2,376,523 which, in fact, it did.

　当時は名簿の入手が容易だったので，同じ名簿を利用できるとしても，回答集団の200万人を枠母集団とすることは7月段階では不可能である。"who received the Literary Digest ballot"と過去形で書いているが，発送前の7月の段階では誰もダイジェストからの調査票を受け取ってはいない。ダイジェストの発送予定の1千万人からの抽出なら可能だが，"the same lists"とは断言できないだろう。ダイジェストは2千万人以上の名簿を保有していた。4年前の大統領選挙では2千万人に発送していたが，経営状況の悪化が進行しており調査予算の確保も難しいため，1936年は1千万人に半減させたのである。さらに，回答集団となる20%の返送予定者を事前に見分けることは難しい。

　最大限に好意的解釈をすれば，事実上の「同質の集団」である名簿をギャラップも保有しているという意味で「同じ名簿」と述べており，同じ調査票を送れば「同じ回収率で同質の回答者」から返送を期待できる，と仮定したのである。3,000人に送れば回収率は20%なので，データは600人程度になる。回収率を見込んで1万5,000人に調査票を送付したのだろうとの忖度も必要である。ギャラップはこれらの基本的な調査仕様を説明していない。

　大統領選挙の予測調査の標本規模も曖昧であったが，ダイジェストの予測数値を予測するための調査仕様も曖昧である。しかし，ここで初めて「3,000人」という数字が出てくる。ギャラップは他の場面でもしばしば「3,000人」という標本規模で十分だと述べているので，3,000という数字とギャラップは結びつきやすい側面がある。

実際に選挙予測の責任者となり報道する立場になってみればわかるが，どれほど調査と分析に労力を注いでも，3カ月も前に「神様のように」大統領選当選者を断言することは「無責任な人物」か「山師」でなければできない。ギャラップは多くの市場調査を実施していたので，ダイジェストの名簿の構成や分布を理解していた。それは Gallup and Rae（1940）の解説からもうかがえる。投票行動に影響する属性も調査結果から把握していた。ダイジェストの名簿を使った調査結果であれば予想がついたのである。それ以上の言明は，もはや「賭け」ということになるだろう。実際，Gallup（1972a）においても，ダイジェストの 200 万人の回答結果を予測するのには 3,000 人調査で十分だとは述べているが，大統領選挙の結果を的中させるのに 3,000 人調査で十分だとは書いてない。

1970 年代以降に日本で構築された伝説は，大統領選挙の予測調査（標本規模は数十万人）と，ダイジェストの予測値を予測する 3,000 人調査とを混同したことによる誤解ではないか。この誤解によって，200 万人の大規模調査よりも，わずか 3,000 人でも代表性のある標本調査が優れており，母集団を正確に把握できる——という日本製の伝説が完成した。米国では「預言の実現」に対して驚愕の注目が集まったのだが，この話が日本に輸出されると，3,000 人が 200 万人に勝った「量より質」の驚愕へと，驚くポイントがすり替わってしまった。

米国においても，Freedman et al.（1978）が 5 万人と書いているように，ギャラップの大統領選挙予測調査の標本規模は曖昧である。しかし，ダイジェストの予測値を予測する 3,000 人調査とは混同することなく解説されている。さすがに米国では誤解はされていないが，最近出版された英国のジャーナリストによる統計解説本では，根拠を示すことなく日本と同様に「3,000 人」という誤解をしている。Harford（2021）がその本であるが，調査方法も 3,000 人に面接（Interview）したと書いている。もちろん郵送である。ただし，Interview を広義の「調査」や「実査」で使う場合もあると思われる。表 6-2 の「調査期間」の列の原語は "Interviewing date" なのだが，ギャラップは面接調査よりも郵

送調査を主体としていた．また，番号を示した「調査」の列の原典の英語はSurveyである．Interviewという英語は調査の文脈では歴史的背景もあって「調査」の意味で使われているように思われる．

　英語圏でも誤解をする事例をみると，ギャラップの大言壮語の文章傾向と，調査仕様の曖昧さが誤解を誘引している可能性もある．Freedman et al. (1978) の引用箇所の1行目に，"Using his own methods," によって3,000人の標本を抽出して，ダイジェストの予測がどうなるかを調べたと書いている．細かい点を指摘すると，"Using his own methods," は間違っている．ギャラップ自身の抽出方法は割当法なので，ギャラップの方法で割当標本を作るという意味になってしまう．その結果はダイジェストの結果を予測することにならない．単純無作為抽出をするほうがダイジェストの結果を予測するのに適切である．

　実は，この引用は第4版から引いた文章で，初版には "Using his own methods," はなかった．初版の著者の文章は正しい．ギャラップはどうやったか不明確だが，とにかく3,000人を抽出したことしかわからない状況を伝えている．ところが第4版になると，細部まで文章をチェックするようになったのであろう．後半に，"Using another sample of about 50,000 people," という，ギャラップの大統領予測調査の標本抽出の説明があるのだが，この表現と平仄 (Using) を合わせて修文した．5万人という数字は根拠不明であるが，こちらは "his own methods" による標本である．文章の形式を整えたことによって，内容が誤ってしまった．もっとも，もしも著者にそれを「誤りではないか」と指摘すれば，「3,000人の抽出方法が曖昧だから "own methods" と加筆したのだ，抽出法は不明だがギャラップのやり方で，という意味だ」と強弁することもできるかもしれない．文脈から考えると無理があるが，実際にそう反論される余地もある．冷静に考えれば，3,000人はダイジェストの方法で選ばれて，ダイジェストの結果が予測されるべきである．目的に照らせば，ここでギャラップ自身による抽出方法を適用してはいけない．第4版で加筆するなら，"Using the same methods of the Digest," などが適切であろうが，ギャラップが公表している情報が不十分であるとの指摘をしたうえで抽出方法を考えさ

せるのも，統計学の教科書として教育的な材料になるだろう。調査概要として何を書くべきかは，調査データを証拠として実証的研究をする場合に求められる重要な要素である。

5．日本の誤解に関する問題

　1936年の大統領選挙は，模擬投票から標本調査への転換点を象徴する歴史的事件であった。1948年の大統領選挙は，割当標本から確率標本への転換点を象徴する歴史的事件であった。この大きな流れは米国でも日本でも共有されている認識である。

　しかし1936年の転換点には，標本規模に関する日本の誤解が加わった。誤解は修正されるべきである。標本調査への転換点であるというだけなら，日本で大きな衝撃にならなかったかもしれない。実際に米国ではそうだった。米国で衝撃的だったのは〈預言の実現〉という演出だった。日本は「200万の大規模データで失敗し，3,000の標本で的中した」ことが衝撃だった。それが数十万であったなら伝説になったか疑わしい。

　次に，教育上の悪影響が考えられる。選挙予測調査を実際にやっている実務家であれば，3,000人という調査設計に違和感を持つ。当時の米国大統領選挙と日本の参院選は，投票数（数千万人）と選挙区数（州と都道府県）が同程度であった。選挙制度は異なるものの，参院選の予測調査において，ギャラップの3,000人調査のような設計はしないだろう，と直感的にも判断できる。いったい，ギャラップは何をやっていたのかと疑うだろう。そのような疑問を持って標本設計を学ぶべきである。

　全国世論調査ならよいが，選挙予測調査である。3,000人調査ということは，選挙区あたり60人程度の調査ということになる。各州の選挙人を総取りする上，事実上の一騎打ちを60人の標本で予測するのである。日本でさえ各選挙区で少なくとも数百人は調査するので，参院選調査は数万人以上の標本規模になる。3,000人調査とは，全米の大統領選挙予測調査としては貧弱な設計であ

り「おかしいのではないか？」との疑問を持たせることが教育的である。自分自身で原典を確認する大切さも学べる。すでに半世紀にわたって伝説が影響を与え続けている。印象的な感動が代々語り継がれている。この残念な事態は断ち切るべきである。

6．おわりに

　大学で非常勤講師を始めた1996年頃から「1936年米国大統領選挙」の予測調査のエピソードを学生に語るようになった。報道機関の選挙予測調査の実務家として，日本の選挙予測についても話すことがあったので，ついでに米国の有名なエピソードも語るという程度であった。しかし，専門家という立場でもあり，60年前の話を少し調べた。すぐに疑念が生じた。「学生にウソを教えたかもしれない」と自分の素朴と未熟を責めた。

　当時は会社員として多忙であり研究時間もなかったので，いつか調べるつもりで早稲田大学の図書館で資料をコピーしておいた。1936年のリテラリー・ダイジェスト誌は新品状態でそろっていた。米国の主要新聞のマイクロフィルムもあった。誰かに研究して欲しいと思って，2002年に学生向けブログに，ギャラップ伝説に関する問題意識だけ書いたことがあるが，反応があったのは，盛山（2004）と杉野（2005）だけであった。杉野（2005）からは多くの示唆を得た。

　調査業界の先輩にもギャラップ伝説の疑念について聞いたことがあった。外資系調査会社の社長だった小林和夫氏は「それはダイジェストの予測だよ。調査前に予測して当てたんで，皆びっくりしたんだ。この本にはちゃんと書いてある」とConverse（1987）を教えて下さった。別の調査会社の社長だった二木宏二氏は1976年にGallup（1972a）を翻訳出版している。実務家として研究は本業ではないとはいえ，また教科書の誤解を重視していなかったとはいえ，誤解を知っていたのならアカデミアに対して誤りを注意すべきではないかと思った。1936年の伝説はその程度には重要な事件であり，教育上も是正され，

教科書も書き換えるべきだと考えてきたので，今や90年近い昔の話となった1936年の米国大統領選挙予測調査の話を持ち出すことにした。ここで日本のギャラップ伝説の終焉とさせたい。

参 考 文 献

小野裕亮（2021）私信。https://suzuki-tokuhisa.com/poll

木村和範（2001）『標本調査法の生成と展開』北海道大学図書刊行会。

小山栄三（1946）『輿論調査概要』時事通信社。

小山栄三（1972）「世論調査・日本でのことはじめ（NHKでの講演に加筆したもの）」『よろん』20巻。

佐藤彰・鈴木栄・船津好明（1976）『世論調査—設計と技法—』技興社。

杉野勇（2005）「1936年大統領選の実際—Literary DigestとGallup再訪—」『相関社会科学』第15号。

鈴木督久（2021）『世論調査の真実』日本経済新聞出版。

鈴木督久（2023）「1936年米国大統領選挙予測—日本における標本規模の誤解」『よろん』131巻，日本世論調査協会。

鈴木督久（2024）「誤解の連鎖を断ち切ろう，歴史的物語は善意の混同だった？」『統計』9月号，日本統計協会。

盛山和夫（2004）『社会調査法入門』有斐閣。

西平重喜（2009）『世論をさがし求めて—陶片追放から選挙予測まで—』ミネルヴァ書房。

福武直（1958）『社会調査』岩波書店。

水野坦・林知己夫・青山博次郎（1953）『数量化と予測—選挙予想調査を主材として』丸善。

吉田洋一・西平重喜（1956）『世論調査』岩波新書。

Converse, J. M.（1987）*Survey Research in the United States: Roots and Emergence 1890–1960*, The University of California Press.

Freedman, D., Pisani, R. and Purves, R.（1978）*Statistics*, New York, Norton.

Freedman, D., Pisani, R. and Purves, R.（2009）*Statistics*, Fourth Edition, Viva Books.

Gallup, G. H. and Rae, S. F.（1940）*The pulses of Democracy. the public-opinion poll and how it works*, Simon and Schuster.

Gallup, G. H.（1972a）*Sophisticated Poll Watcher's Guide*, Princeton Opinion Press.

Gallup, G. H.（1972b）*The Gallup Poll, Public Opinion 1935–1971*, New York, Random House.

Harford, T.（2021）The Data Detective: Ten Easy Rules to Make Sense of

Statistics, Riverhead Books.

Neyman, J. (1934) "On the Two Different Aspects of the Representative Method: The Method of Stratified Sampling and the Method of Purposive Selection," *Journal of the Royal Statistical Society* 97: 558–606.

Robinson, C. E. (1932) *Straw Votes: A Study of Political Prediction*, New York: Columbia University Press.

Robinson, C. E. (1937) "Recent Developments in the Straw-Poll Field," *The Public Opinion Quarterly*, Vol. 1, No. 3.

The Los Angeles Times (1936) July Poll of Nation Shows Landon Has Electoral Vote Lead, 1936, 7, 12.

The New York Times (1936) DR. GALLUP CHIDED BY DIGEST EDITOR, 1936, 7, 19.

第 7 章
棄権の生成過程
――有権者の棄権と政党間競争――

三 船 　 毅

1. はじめに

　有権者は自身の政策選好などに基づいて支持する政党や候補者がいる場合には，選挙のときにはあまり悩まずにその政党や候補者に投票することができるであろう。だが，支持する政党や候補者を持たない有権者などの無党派層は，投票するか棄権するかを悩むであろう。しかし，有権者が棄権するのは無党派層という理由からだけではない。実証的な投票行動研究，数理的な選挙の空間理論では，これまでに有権者の棄権に関する研究が行われてきた。実証的な投票行動研究では，政党支持，政治関心などの要因が投票参加に強い効果を有していることが検証されてきた。フォーマルモデルを用いる選挙の空間理論では，有権者の投票コストが政党間期待効用差を上回るときに棄権する「無差別による棄権」と，有権者が自身を政治社会とは無関係として疎外感を持つときに棄権する「疎外による棄権」，そしてそれらを併せた棄権が理論として構築されてきた[1]。これらの研究は互いに無関係ではなく，同じことを論じている。つまり，有権者が政党の政策からの期待効用を無差別としたり疎外感を持つ場合に，無党派層になったり政治関心を喪失するのである。
　では，有権者の棄権の増減は，選挙における政党間競争にいかなる影響を及ぼすのであろうか。どのような選挙でも棄権者は一定数存在するであろう。し

かし，棄権者の増減は何らかの形で政党間競争や選挙結果を含めた選挙過程に影響を及ぼすと考えられる。この影響の問題は，理論的関心にとどまらない。現実の選挙をみれば，衆議院選挙では1993年以降投票率が低下して低水準で推移していく中で，自民党は投票率が低い選挙ほど勢力を維持して強めてきたように考えられる。さらに，極端な主張をする小政党が衆議院選挙でも議席を獲得するようになってきた。投票率が低水準で推移してきた30年の間に日本の議会では，選挙制度改革直後の一時期は二大政党化を示したが，徐々に多党化が進んできたといえる。

　本章は選挙のフォーマルモデルにおける決定論的，確率論的な政党間競争モデルとは異なるモデルを援用して棄権と政党間競争の関係を分析する。従来のモデルは選挙を有権者の投票と政党・候補者の政策の交換による市場に準えてきたが，交換過程はブラックボックスのままであり，選挙過程を精緻に描くことができていない。よって，本章では社会的交換を基礎としてミクロレベルの変化からマクロレベルの変化の表現を可能とするコールマン（Coleman 1996）の「行為の線型モデル」[2]を援用し，政党の政策と有権者の1票の不均等な交換が棄権をもたらすことを示す。本章は以下の手順で議論を展開する。まず，第2節2項で「行為の線型モデル」を紹介する。第3節以降で，4つのモデルを作成して選挙過程を表現する。第1に8人の有権者と3つの政党からなるモデル，第2に有権者を集団として表現したモデルであり，基本的な選挙過程を示すことが可能であることを示す。第3に棄権を有権者の投票先である政党とみなして，2つの政党，棄権，有権者集団からなるモデルで，棄権の生起を考察する。第4節では，第4のモデルとして棄権の生起を説明するための1人の有権者が棄権に至る過程を説明するモデルを示す。第5節で，これらの4つのモデルを基礎として，有権者を集団としたモデルから棄権の増加が政党間競争に及ぼす影響を解明する。

2. 政党間競争と棄権

2-1 選挙研究における棄権

ここでは選挙研究を大別して,実証研究とフォーマルモデルなどを用いた理論研究として,これら2つの研究領域で棄権がどのように捉えられてきたのかを概観する。

政治過程や投票行動研究などの選挙の実証研究では社会学,社会心理学や政治心理学的な要因を踏まえて,有権者の社会的属性の観点から棄権の要因が考察されてきた。数多の実証研究からは,年齢の高さ,教育水準の高さ,収入の高さ,政治関心の高さ,支持政党の保有などが投票する確率を高くするとされ,これらの要因が逆の場合には投票する確率を低くするとされた(Wolfinger and Rosenstorn 1980; Niemi and Weisberg 2001)[3]。これらを総合的に勘案すると,いわゆる社会経済的地位が高い人ほど投票するのであり,低い人ほど棄権するのである(Verba, Nie and Kim 1978)[4]。

社会心理学では,有権者が自分を政治社会の外側にいるという疎外感を持つことにより,有権者の政治関心の低下,支持政党の喪失をもたらすとされてきた。初期の実証研究で重要なのはラザースフェルドら(Lazarsfeld et al. 1944)[5]による"People's Choice"である。また,これには現代の選挙研究においても重要な研究課題が設定されている。特に,有権者に対する動員の問題である。普通に考えれば,諸種の組織から投票を依頼されることにより,有権者は投票に赴く可能性は高くなるであろう。しかし,選挙において対抗する別々の組織から投票依頼をされた有権者は,2つの別の方向に引っ張られることになり,有権者は投票するよりも棄権するという交差圧力の仮説である。交差圧力はベレルソンら(Berelson, Lazaarsfeld and McPhee 1954)[6]やミルブレイス(Milbrath 1965)[7]も言及しており,有権者を棄権に導く重要な要因の1つであると考えられる。本章においてもモデルの分析の中で交差圧力に言及する。

次に公共選択論や選挙の空間理論といわれるフォーマルモデルを用いた理論的研究における棄権の扱いを概観する。ダウンズ（Downs 1957）[8]は，政党間期待効用差が小さく投票コストが大きい場合には，投票コストが政党間期待効用差を上回ることから有権者は棄権するとした。いわゆる無差別による棄権である。選挙の空間理論の基礎を完成させたエネロウとヒニック（Enelow and Hinich 1984）[9]は理論的研究における棄権の要因を3つにまとめている。1つはダウンズにより論じられた「無差別による棄権」である。2つ目は，実証研究で論じられてきた疎外感を政策空間に存在する有権者に当てはめた「疎外による棄権」である。3つ目は，これら2つを併せた「無差別と疎外による棄権」である。これら3つの棄権が，政策空間内で有権者がどこに位置するのかを示したのが図7-1である。図7-1では，2つの争点からなる政策空間に2つの政党θとϕが存在し，それぞれ争点1と争点2において有権者が認知する位置

図7-1　棄権の概念図

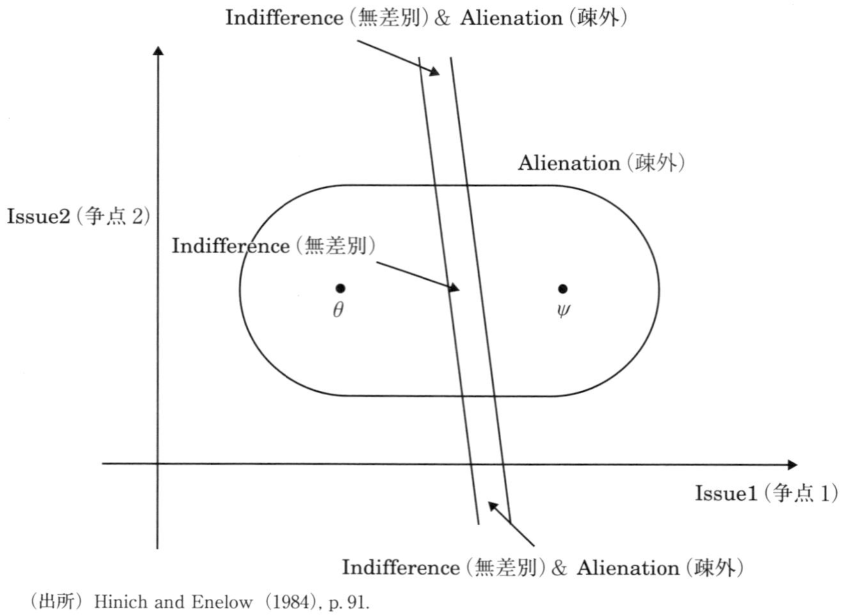

（出所）Hinich and Enelow（1984），p. 91.

が定まっている。有権者の政策選好の位置が θ と ϕ を取り囲む長方形と半円が結合したフィールド内に存在していれば，有権者は政策選好に基づいて，θ と ϕ のどちらか距離が近い方に投票する。しかし，フィールド内でも平行四辺形で示した部分に有権者の政策選好の位置が存在すれば，θ と ϕ からの距離はほとんど等距離になり有権者は棄権する。平行四辺形で示された部分の縦線の間隔が有権者の認知する政党間期待効用差である。よって，政党間期待効用差が小さければ，投票コストは容易に政党間期待効用差を上回ることになり，有権者は棄権することになる。

有権者の政策選好がこのフィールドの外側に存在すれば，政党 θ と ϕ の政策位置から自分の政策位置が遠く離れていることから，有権者は自分自身が政治社会の外側に置かれていると認知して，疎外感を持つことにより棄権することになる。有権者の政策選好と θ と ϕ の政策位置の距離から，これら2つの棄権を定義することにより「無差別と疎外による棄権」はフィールドの外側かつ平行四辺形の内側に存在する有権者が行うことになる。

選挙の空間理論で定義された棄権は，有権者の社会的属性要因を組み込むことはできていないが，それ以外の政治関心，政策選好，支持，疎外感などの要因は含まれている。また，選挙の空間理論で定義された棄権は，有権者の状況により政党間期待効用差が可変であることを示すことにより，交差圧力などの効果を検証することも可能であり，先行研究の業績に新たな知見をも加えることもできる。よって，本章では選挙の空間理論で提示された「無差別による棄権」「疎外による棄権」「無差別と疎外による棄権」を分析の対象とする。その理由は2つある。第1に，本章の分析はフォーマルモデルを用いて投票と政策の期待効用の交換から棄権の生起する過程を描くからである。選挙の空間理論やフォーマルモデルにおける選挙は潜在的に有権者の投票と政党・候補者の提示する政策の期待効用との交換であり，交換の舞台である競争的市場を背景として，3つの棄権が生起するメカニズムは有権者の置かれた状況や新党参入などの政党間競争を柔軟に取り込むことができるからである。第2に，これら3つの棄権は，有権者の属性以外の重要な要因を内包しているからであり，実証

研究の知見も取り込んで考察できる可能性がある。

本章では,市場の交換に準えた選挙過程を描くことを可能とするモデルとして,コールマンの「行為の線型モデル」を援用する。次項では「行為の線型モデル」の基本的な構造を説明する。

2-2 行為の線型モデル

コールマンの行為の線形モデルの基本は,1973年に刊行された *"Mathematics of Collective Action"*[10] で紹介され,最終的には1996年刊行の *"The Foundation of Social Theory"*[11] で社会システムを公共選択論の枠組みで再構築したものであり,交換ネットワークモデルと呼ばれることもある。コールマン自身は交換ネットワークモデルという表現は用いていないが,彼の公共選択論を枠組みとした演繹モデルは,それまでの社会的勢力や権力の発生を交換理論やネットワーク理論を用いたモデルを基礎としている。その意味でコールマンの1973年のモデルを三隅は「交換ネットワークモデル」という名称で紹介している(三隅 1990)[12]。

彼の理論的関心は,個々人のミクロレベルの行動が合わさることにより,マクロとしての社会システムがいかに作動するのかということにある。彼は多くの事例を通して理論を構築している。コールマンの行為の線形モデルは,複数のアクターが事象や財に対して保有する利害関心の割合と制御能力にしたがって交換を行い,最終的な均衡として各アクターの勢力が定まるモデルである。

コールマンのモデルは n 人のアクターと m 個の財または事象から構成され,アクターの財・事象を巡る競争的交換の結果として,アクターの最終的勢力が求められる。コールマンはこれを競争的均衡としてモデルを構成する。モデルの初期設定における要件は,アクター,財・事象,アクターの財・事象に対する制御能力,アクターの財・事象に対する利害関心の4つである。まず,アクターの財または事象に対する利害関心を定義する。

$c_{ij} \equiv$ アクター i の財 j に対する制御能力 $(i=1,...,n,\ j=1,...,m)$

とする．制約として

$$\sum_{i=1}^{n} c_{ij} = 1 \tag{1}$$

とする．

$x_{ji} \equiv$ アクター i の財 j に対する利害関心 $(j=1,...,m,\ \ i=1,...n)$

とする．制約として

$$\sum_{j=1}^{m} x_{ji} = 1 \tag{2}$$

とする．

　c_{ij} と x_{ji} は行列で表記される．複数のアクターと財・事象から構成されるモデルであるから，行列表記のほうが直感的に理解しやすいであろう．これら c_{ij} と x_{ji} から，いくつかの新しい概念を経て，競争的均衡，つまりアクターの勢力が求まる．

　c_{ij} と x_{ji} の行列表記は式(3)，式(4) である．

$$\mathbf{C} = \|c_{ij}\| = \begin{pmatrix} c_{11} & \cdots & c_{1m} \\ \vdots & \ddots & \vdots \\ c_{n1} & \cdots & c_{nm} \end{pmatrix} \tag{3}$$

　式(3) は n 行 m 列である．各列は財・事象に対する各アクターが保有する制御能力である．

$$\mathbf{X} = \|x_{ji}\| = \begin{pmatrix} x_{11} & \cdots & x_{1n} \\ \vdots & \ddots & \vdots \\ x_{m1} & \cdots & x_{mn} \end{pmatrix} \tag{4}$$

　式(4) は m 行 n 列である．各列はアクターの財・事象に対する利害関心で

ある。

　競争的均衡において，各財・事象は1つだけの価格を持つことになる。その価格は財・事象がすべての取引において交換されるときのレート（交換比率）である。よって，社会システム内に新しいマクロレベルの概念が登場することになる．コールマンはそれ（＝価格）を財・事象の「価値」と呼び，v_jで表記する．

$$v_j \equiv システムにおける財jの価値,$$
$$または財jが交換されるときのレート \quad (j=1,...,m)$$

v_jを行列で表記すると

$$\mathbf{V} \equiv \|v_j\| = \begin{pmatrix} v_1 \\ \vdots \\ v_m \end{pmatrix} \quad (5)$$

式(5)はm行1列のベクトルである。

　アクターiが保有している各財・事象の価値の合計をiのリソースの総価値とする。r_iをアクターiのリソースの総価値とすると，

$$r_i = \sum_{j=1}^{m} c_{ij} v_j \quad (6)$$

である．

　このr_iがリソースの総価値であるから，競争的均衡としての勢力になる．式(6)を行列表記すると，

$$\mathbf{r} = \mathbf{CXr} \quad (7)$$

であり，式(7)の両辺から$\mathbf{r}$を減じると

$$\mathbf{r} - \mathbf{r} = \mathbf{CXr} - \mathbf{r}$$

よって，

$$0 = \mathbf{CXr} - \mathbf{r}$$

となる。さらに両辺に－1を乗じて，

$$0 = \mathbf{r} - \mathbf{CXr}$$
$$0 = (\mathbf{I} - \mathbf{CX})\ \mathbf{r} \tag{8}$$

となる。

ここで $\mathbf{0}$ はゼロベクトルであり，$\mathbf{I}$ は単位行列である。$\mathbf{E}_n$ を $\frac{1}{n}$ の要素を持つ $n \times n$ の行列とする。$\mathbf{e}_{n1}$ を n 行のベクトルとする。そのとき $\mathbf{e}_{n1} = \mathbf{E}_n \mathbf{r}$ である。なぜならば $\mathbf{r}$ の要素の合計は 1 だからである。$\mathbf{e}_{n1} = \mathbf{E}_n \mathbf{r}$ の右辺と左辺に式(8)を加えると，

$$\mathbf{e}_{n1} = (\mathbf{I} - \mathbf{CX})\ \mathbf{r} + \mathbf{E}_n \mathbf{r}$$
$$\mathbf{e}_{n1} = (\mathbf{I} - \mathbf{CX} + \mathbf{E}_n)\ \mathbf{r}$$

よって，

$$(\mathbf{I} - \mathbf{CX} + \mathbf{E}_n)^{-1} \mathbf{e}_{n1} = \mathbf{r} \tag{9}$$

となり，各アクターの勢力が求まる。

もし，$(\mathbf{I} - \mathbf{CX} + \mathbf{E}_n)^{-1}$ が存在しない場合には，式(8) を展開して，$\mathbf{r}$ についての連立方程式を求め，$\sum_{i=1}^{n} r_i = 1$ の制約を加えて解けばよい。この r_i が各アクターによる交換の結果としての競争的均衡における勢力もしくは財となる。

3．自由競争市場としての選挙と棄権

本節では，3-1項で有権者を個人としたモデル，3-2項で有権者を集団としたモデル，3-3項で有権者を集団とした一般化モデル，3-4項で有権者を集団として棄権を組み込んだモデルを提示する。

3-1 有権者と政党による票と政策の交換

コールマンの行為の線型モデルを援用して，選挙過程を再現する。コールマンは政治社会における交換として，アクターを政党，有権者，企業として，財を政策，投票，お金とした交換モデルの事例を紹介している (Coleman 1996, 127)[13]。しかし，この交換に関するフォーマルモデルは提示されておらず，政党や有権者をどのように行列に組み込むのかが問題となる。コールマンの "The Foundation of Social Theory" は個人のミクロレベルの活動がマクロレベルの水準にある社会でいかにして発現するのかを説明するものであり，方法論的個人主義の立場を堅持している。よって，前節のモデルで有権者をどのように扱うかが問題となる。大選挙区，小選挙区，比例代表制にしても有権者は多く存在するから，多数の有権者を行列の計算に組み込むには限界がある。人口の少ない小選挙区を想定しても数万人の有権者が存在する。たとえば 10,000 × 10,000 の行列は計算不可能ではないが，それを紙面または PC のディスプレイで表示するのは困難である。したがって，方法論的個人主義の枠組みを堅持しつつ，有権者を集団として表現してモデルに組み込むことが可能なのかを確認する必要がある。

では，アクターとして3つの政党と8人の有権者からなる選挙を考えてみる。両者の数をさらに増やすことも考えられるが，行列などの数式が冗長となるので，これら合計 11 のアクターから構成される選挙とする。ただし，この選挙では，有権者は棄権しないと仮定する。政党は政党 A，政党 B，政党 C（以下，式では A, B, C）とする。有権者は有権者1から有権者8（以下，式では E_1 から E_8）とする。アクターが関心を持ち，制御する事象として政党 A の政策を P_A，政党 B の政策を P_B，政党 C の政策を P_C とする。有権者 E_1 の投票を V_1 として以下同様に有権者 E_8 の投票を V_8 とする。

アクターの各事象に対する利害関心の行列 $\mathbf{X}_1^T$ を式 (10) とする[14]。表側の A, B, C は政党 A，政党 B，政党 C である。E_1 から E_8 が有権者である。まず，有権者の利害関心の割り当て方を確認する。有権者 E_1 から E_8 は，自分

が最も利害関心を保有する，つまり政策を選好する政党に対しては 0.7 の利害関心を保有し，次善の政党には 0.3 の関心を保有し，それ以外の政党への関心は 0 とする。これらの値は，各政党に対する支持の程度を表すことになる。この式(10)では E_1 から E_1 はいずれかの政党を支持しているので，自身の投票 V_1 から V_8 への利害関心はゼロとする[15]。

$$\mathbf{X}_1^\mathrm{T} = \begin{array}{c} A \\ B \\ C \\ E_1 \\ E_2 \\ E_3 \\ E_4 \\ E_5 \\ E_6 \\ E_7 \\ E_8 \end{array} \begin{pmatrix} 0.8 & 0. & 0. & \frac{0.2\times 7}{30} & \frac{0.2\times 7}{30} & \frac{0.2\times 3}{30} & \frac{0.2\times 3}{30} & 0. & 0. & \frac{0.2\times 7}{30} & \frac{0.2\times 3}{30} \\ 0. & 0.8 & 0. & \frac{0.2\times 3}{30} & \frac{0.2\times 3}{30} & \frac{0.2\times 7}{30} & \frac{0.2\times 7}{30} & \frac{0.2\times 3}{30} & \frac{0.2\times 7}{30} & 0. & 0. \\ 0. & 0. & 0.8 & 0. & 0. & 0. & 0. & \frac{0.2\times 7}{20} & \frac{0.2\times 3}{20} & \frac{0.2\times 3}{20} & \frac{0.2\times 7}{20} \\ 0.7 & 0.3 & 0 & 0 & 0 & 0 & 0 & 0 & 0 & 0 & 0 \\ 0.7 & 0.3 & 0 & 0 & 0 & 0 & 0 & 0 & 0 & 0 & 0 \\ 0.3 & 0.7 & 0 & 0 & 0 & 0 & 0 & 0 & 0 & 0 & 0 \\ 0.3 & 0.7 & 0 & 0 & 0 & 0 & 0 & 0 & 0 & 0 & 0 \\ 0 & 0.3 & 0.7 & 0 & 0 & 0 & 0 & 0 & 0 & 0 & 0 \\ 0 & 0.7 & 0.3 & 0 & 0 & 0 & 0 & 0 & 0 & 0 & 0 \\ 0.7 & 0 & 0.3 & 0 & 0 & 0 & 0 & 0 & 0 & 0 & 0 \\ 0.3 & 0 & 0.7 & 0 & 0 & 0 & 0 & 0 & 0 & 0 & 0 \end{pmatrix} \quad (10)$$

$ P_A P_B P_C V_1 V_2 V_3 V_4 V_5 V_6 V_7 V_8$

次に，各政党の有権者に対する利害関心の割り当て方を確認する。$\mathbf{X}_1^\mathrm{T}$ で政党 A の V_1 に対する利害関心は $\frac{0.2\times 7}{30}$ となっている。政党 A の利害関心の合計は 1 であり，A 党は自身の政策 P_A に 0.8 を割り当てているから，残りの 0.2 を有権者間に配分することになる。問題は残りの 0.2 を有権者 E_1 から E_8 にどのように配分するかである。E_1 から E_8 は政党 A の政策 P_A に対する利害関心が 0.7 か 0.3 または 0 と異なる。つまり支持の程度が異なっている。したがって，政党 A は 0.7 の利害関心を保有する有権者 E_1 の投票 V_1 に対しては，E_1 から E_8 までの P_A に対する利害関心の合計 3.0 のうちの 0.7，つまり $\frac{0.7}{3.0}=\frac{7}{30}$ を割り当てるが，$\sum_{j=1}^m x_{ji}=1$ の制約から，$0.2\times\frac{7}{30}=\frac{0.2\times 7}{30}$ となる。この計算により各政党の利害関心の配分は次のようになる。

政党 A は相対的に強く支持してくれる有権者の投票 V_1, V_2, V_7 に対して $\frac{0.2\times 7}{30}$ の利害関心を有し，V_3, V_4, V_8 に対して $\frac{0.2\times 3}{21}$，自身の政策 P_A に対して

0.8 の利害関心を有している．同様に，B 党は支持者の投票である V_3, V_4, V_6 に対して $\frac{0.2 \times 7}{30}$ の利害関心を有し，V_1, V_2, V_5 に対しては $\frac{0.2 \times 3}{30}$ の利害関心を有し，自身の政策 P_B に対しては 0.8 の利害関心を有している．C 党は支持者の投票である V_5, V_8 に対して $\frac{0.2 \times 7}{20}$ の利害関心を有し，V_6, V_7 に対しては $\frac{0.2 \times 3}{20}$ の利害関心を有し，自身の政策 P_C に対しては 0.8 の利害関心を有している．つまり，各政党は自身の政策に関して 0.8 の利害関心を持ち，残りの 0.2 を支持者の数と彼らの利害関心の度合いに応じて配分している状況を仮定する．

有権者は自身のリソースを利害関心に沿って交換するのであるから，$\mathbf{X}_1^T$ の利害関心は交換するリソースの量である．各有権者は利害関心の最も大きい政党の政策に 0.7 の値を割り当て，次善の政策に 0.3 を割り当てている．有権者のリソースは 1 票，および各政党に対する応援や支持などである．有権者はこれらのリソースを利害関心の大きさに沿って各政党の政策に割り当て，最も利害関心の高い政策の政党に投票すると仮定する．有権者のリソースで最も大きいのは 1 票である．したがって，この 0.7 が 1 票であると仮定する[16]．各有権者の 1 票を 0.7 とする理由は 2 つある．第 1 に各有権者の 1 票を平等と仮定するからであり，第 2 に有権者の 1 票は非分割財であると仮定するからである[17]．但し，第 5 節の「棄権の発生メカズム」では，有権者の 1 票は分割財とみなして扱う．なぜならば，有権者は投票か棄権かを選択する状況であり，自身の票を利害関心に沿って各政党の政策，棄権に割り当てて，期待効用を計算する過程に有権者は置かれているからである．有権者は自身の投票に 0 の利害関心を割り当てているが，何らかの値を付与することも考えられる．有権者にとって政党の政策による効用は期待効用であるから，有権者は投票しなくてもよいという気持ちを併せ持つからである．有権者が自身の投票を 0 としない場合では，次の 3-2 項で説明する有権者を集約した行列ではその値は無党派層の割合を意味する．有権者が自身の投票を 0 としない場合は，3-3 項で説明する．

有権者は 8 人いて，3 つの政党が存在するから，各政党に対する関心の順列は 6 パターン存在する．有権者の各政党に対する関心の全パターン，ここでは

6パターンを行列に入れておかないと，後で有権者をまとめて1つの集団とするときに計算にわずかな誤差が生じる。各政党が自身の政策に0.8の関心を割り当てて，有権者に対しては合計0.2の関心を割り当てるのは，最終的な自身の勢力を大きくするためである。もし，有権者の投票へ関心を多く割り当てると，結果的に政党は勢力を弱めてしまうのである（三船 2021）[18]。

次にアクターの各事象に対する制御能力の行列 $\mathbf{C}_1^T$ を式(11)とする。$\mathbf{C}_1^T$ は $\mathbf{X}_1^T$ と比較すると行と列が入れ替わっている。また，式(4)とは異なり転置して $\mathbf{C}_1^T$ としてある。では，$\mathbf{C}_1^T$ の意味を確認する。

$$\mathbf{C}_1^T = \begin{array}{c} P_A \\ P_B \\ P_C \\ V_1 \\ V_2 \\ V_3 \\ V_4 \\ V_5 \\ V_6 \\ V_7 \\ V_8 \end{array} \begin{pmatrix} 0.9 & 0 & 0 & \frac{0.1\times 3}{12} & \frac{0.1\times 3}{12} & \frac{0.1\times 1}{12} & \frac{0.1\times 1}{12} & 0 & 0 & \frac{0.1\times 3}{12} & \frac{0.1\times 1}{12} \\ 0 & 0.9 & 0 & \frac{0.1\times 1}{12} & \frac{0.1\times 1}{12} & \frac{0.1\times 3}{12} & \frac{0.1\times 3}{12} & \frac{0.1\times 1}{12} & \frac{0.1\times 1}{12} & 0 & 0 \\ 0 & 0 & 0.9 & 0 & 0 & 0 & 0 & \frac{0.1\times 3}{8} & \frac{0.1\times 1}{8} & \frac{0.1\times 1}{8} & \frac{0.1\times 3}{8} \\ 0.3 & 0.1 & 0 & 0.6 & 0 & 0 & 0 & 0 & 0 & 0 & 0 \\ 0.3 & 0.1 & 0 & 0 & 0.6 & 0 & 0 & 0 & 0 & 0 & 0 \\ 0.1 & 0.3 & 0 & 0 & 0 & 0.6 & 0 & 0 & 0 & 0 & 0 \\ 0.1 & 0.3 & 0 & 0 & 0 & 0 & 0.6 & 0 & 0 & 0 & 0 \\ 0 & 0.1 & 0.3 & 0 & 0 & 0 & 0 & 0.6 & 0 & 0 & 0 \\ 0 & 0.3 & 0.1 & 0 & 0 & 0 & 0 & 0 & 0.6 & 0 & 0 \\ 0.3 & 0 & 0.1 & 0 & 0 & 0 & 0 & 0 & 0 & 0.6 & 0 \\ 0.1 & 0 & 0.3 & 0 & 0 & 0 & 0 & 0 & 0 & 0 & 0.6 \end{pmatrix} \quad (11)$$

$$\quad A \quad B \quad C \quad E_1 \quad E_2 \quad E_3 \quad E_4 \quad E_5 \quad E_6 \quad E_7 \quad E_8$$

各有権者の投票（$V_1 \sim V_8$）に対する制御能力は，最も支持している政党が0.3，次に支持している政党が0.1，各有権者が0.6を保有しているとする。各有権者の投票（$V_1 \sim V_8$）に対する制御能力で，各政党に割り当てられている0.3と0.1は $\mathbf{X}_1^T$ に準じていることになる[19]。

各政党の政策 P_A, P_B, P_C が，各アクターによりどのように制御されているのかを確認する。P_A は政党 A の政策であるから，自身が最も制御できるので0.9とする。E_1 は P_A に対して $\frac{0.1\times 3}{12}$ の制御能力を保有する。P_A に対する制御能力の合計は1であり，P_A に対する制御能力は P_A を作った政党 A が0.9保有しているから，残りの0.1を有権者間で分け合うことになる。各政党は一定の割

合，ここでは各政党ともに有権者の政策選好を汲み取るために，有権者間に合計 0.1 の制御能力を譲渡していると仮定する。現実の状況を鑑みても，この仮定は適当であると考えられる。問題は残りの 0.1 をどのように配分するかである。たとえば，$\mathbf{X}_1^\mathrm{T}$ において有権者 E_1, E_2, E_7 は P_A を最も選好しており，$\mathbf{C}_1^\mathrm{T}$ において V_1 に対して政党 A が 0.3 の制御能力を有している状況がある。したがって，P_A に対して E_1 には，政党 A の V_1 に対する制御能力に比例して制御能力の値が割り当てられるべきである。よって，P_A に対して E_1 が保有する制御能力は政党 A が保有する V_1 から V_8 までの制御能力の合計 1.2 で 0.3 を除して，0.1 を乗じた $\frac{0.1 \times 0.3}{1.2} = \frac{0.1 \times 3}{12}$ となる。この計算により各政党の制御能力は次のようになる。

政党 A の政策 P_A に対する制御能力は，政党 A が 0.9 保有し，強く支持している有権者 E_1, E_2, E_7 が $\frac{0.1 \times 3}{12}$ 保有し，弱く支持している有権者 E_3, E_4, E_8 が $\frac{0.1 \times 1}{12}$ 保有する。政党 A を支持していない E_5 と E_6 は 0 とする。政党 A の政策は政党 A が作成するのであるから，自身の制御能力が最も高いのは当然である。政党 A を支持している有権者が制御能力を保有するのは，政党 A が支持者の政策選好を汲み取り政策に反映させているのである。政党 B の政策 P_B に対する制御能力も同様に政党 B が 0.9 保有し，強い支持者である有権者 E_3, E_4, E_6 が $\frac{0.1 \times 3}{12}$ 保有し，弱い支持者である有権者 E_1, E_2, E_5 が $\frac{0.1 \times 1}{12}$ 保有する。政党 C の政策 P_C に対する制御能力も同様に政党 C が 0.9 保有し，強い支持者である有権者 E_5, E_8 が $\frac{0.1 \times 3}{12}$ 保有し，弱い支持者である有権者 E_6, E_7 が $\frac{0.1 \times 1}{12}$ 保有する。有権者の投票 V_1 から V_8 に対しては，有権者が最も選好する政策の政党に 0.3，次善の政党の政策に 0.1 保有し，有権者自身は 0.6 保有するとする。

では，この $\mathbf{X}_1^\mathrm{T}$ と $\mathbf{C}_1^\mathrm{T}$ から選挙過程を経て，各政党と各有権者が政策と投票の交換から効用を得て最終的にいかなる勢力を保有することになるのかを計算してみる。式 (9) を用いて計算した結果が表 7-1 である。

政党 A と政党 B は支持者が 3 人ずついて，利害関心と制御能力の配分が同じであるから 0.306818 と等しい。C 党は支持者が 2 人で，利害関心と制御能

第7章 棄権の生成過程　179

表 7-1　政党・有権者の勢力

アクター	A	B	C	E_1	E_2	E_3	E_4	E_5	E_6	E_7	E_8
勢力	0.306818	0.306818	0.204545	0.0227273	0.0227273	0.0227273	0.0227273	0.0227273	0.0227273	0.0227273	0.0227273

力の配分は政党 A と政党 B の $\frac{2}{3}$ であるから，0.204545 であり，この値は政党 A，政党 B の勢力の $\frac{2}{3}$ である．有権者 E_1 から E_8 はそれぞれ 0.0227273 となる．選挙で勝利する政党は勢力の順であるが，この場合政党 A と政党 B は同じ得票を得たことになる．

3-2　有権者を集団としたモデル

$\mathbf{X}_1^T$, $\mathbf{C}_1^T$ のように複数の政党と何人かの有権者で表した行列でも冗長になる．実際の選挙では政党の数も多く，有権者に至っては行列の中に1人ずつ示すことは不可能である．よって，この有権者の数を圧縮して1つの集団として表すことができるのかを確認する必要がある．式(12) の $\mathbf{X}_{C1}^T$ と式(13) の $\mathbf{C}_{C1}^T$ が有権者を1つの集団として表した行列である．式(12) の表側はアクターを示し，A が政党 A，B が政党 B，C が政党 C，E が有権者集団である．式(12) の下側に示す表頭は事象を示し，P_A が政党 A の政策，P_B が政党 B の政策，P_C が政党 C の政策，V が有権者集団の投票である．式(13) は式(12) の行と列が入れ替っている．では，$\mathbf{X}_1^T$ と $\mathbf{C}_1^T$ をどのように操作して $\mathbf{X}_{C1}^T$ と $\mathbf{C}_{C1}^T$ に変換するのかを確認する．まず，利害関心を表す $\mathbf{X}_{C1}^T$ を確認する．個々の有権者を1つの集団として表すためには，$\mathbf{X}_1^T$ の各行において V_1 から V_8 までの和をとり，0.2 もしくはゼロとする．さらに，各列において E_1 から E_8 までの和をとり 8 で除する．たとえば，有権者 E_1 から E_8 の P_A に対する利害関心の合計は 3.0 であり，3.0 を有権者数の 8 で除して $\frac{3.0}{8}$ とする．この $\frac{3.0}{8}$ が，有権者集団においては，政党 A の政策を選好する割合となる．有権者 E_1 から E_8 の P_B と P_C に対する利害関心も同様の手順で算出する．有権者 E_1 から E_8 の V_1 から V_8 に対する利害関心の合計は 0 であり，0 を有権者数の 8 で除して $\frac{0}{8}$ とする．この $\frac{0}{8}$ は，有権者集団においては P_A，P_B，P_C に関心がなく，各党の政策

を選好しない無党派層有権者の割合となる。式(10) では E_1 から E_8 はいずれかの政策を選好しているから，$\mathbf{X}_1^T$ では0である。これらの操作から $\mathbf{X}_{C1}^T$ となり，有権者を集団として組み込むことができる。

式(12) では，式(2) $\sum_{j=1}^{m} x_{ji} = 1$ の制約から，有権者集団の各事象に対する利害関心の数値は，各政党に対しては支持を意味をすることになる。$\mathbf{X}_{C1}^T$ において各政党が保有する自身の政策への利害関心は0.8であり，$\mathbf{X}_1^T$ と同じである。$\mathbf{X}_{C1}^T$ における各政党の有権者集団の投票 V への利害関心は0.2であるが，これは $\mathbf{X}_1^T$ における各党の各有権者の投票に対する利害関心を合計して0.2としてある。

次に制御能力を表す $\mathbf{C}_{C1}^T$ を確認する。$\mathbf{C}_1^T$ の政党 A の政策 P_A に対する E_1 から E_8 の制御能力を集約するには，P_A の行の E_1 から E_8 までの値の和をとり0.1とする。P_B，P_C も同様に算出する。有権者集団の投票に対して政党 A が保有する制御能力は，$\mathbf{C}_1^T$ において A の列で V_1 から V_8 までの値の合計1.2を8で除して $\frac{1.2}{8}$ とする。有権者集団が政党 B，政党 C に対して有する制御能力も同様に算出して，$\frac{1.2}{8}$ と $\frac{0.8}{8}$ とする。

$$\mathbf{X}_{C1}^T = \begin{array}{c} A \\ B \\ C \\ E \end{array} \begin{pmatrix} 0.8 & 0 & 0 & 0.2 \\ 0 & 0.8 & 0 & 0.2 \\ 0 & 0 & 0.8 & 0.2 \\ \frac{3.0}{8} & \frac{3.0}{8} & \frac{2.0}{8} & \frac{0}{8} \end{pmatrix} \quad (12)$$
$$\phantom{\mathbf{X}_{C1}^T = } \; P_A \quad P_B \quad P_C \quad V$$

$$\mathbf{C}_{C1}^T = \begin{array}{c} P_A \\ P_B \\ P_C \\ V \end{array} \begin{pmatrix} 0.9 & 0 & 0 & 0.1 \\ 0 & 0.9 & 0 & 0.1 \\ 0 & 0 & 0.9 & 0.1 \\ \frac{1.2}{8} & \frac{1.2}{8} & \frac{0.8}{8} & \frac{4.8}{8} \end{pmatrix} \quad (13)$$
$$\phantom{\mathbf{C}_{C1}^T = } \; A \quad B \quad C \quad E$$

アクター　A：政党 A　B：政党 B　C：政党 C　E：有権者集団
事象　P_A：政党 A の政策　P_B：政党 B の政策　P_C：政党 C の政策　V：有権者集団の投票

表 7-2　政党・棄権・有権者集団の勢力

アクター	A	B	C	E
勢力	0.306818	0.306818	0.204545	0.181818

有権者集団が自身の投票に対して保有する制御能力は，$\mathbf{C}_1^{\mathrm{T}}$ における V_1 に対する E_1 の制御能力 0.6 から対角線上にある V_8 に対する E_8 の制御能力 0.6 までを合計して，有権者の人数 8 で除して $\frac{4.8}{8}$ とする。これらの操作と式 (1) $\sum_{i=1}^{n} c_{ij} = 1$ の制約により，有権者を集団とした場合では有権者の投票に対する各政党の制御能力の値は，各政党による動員影響下にある有権者の割合となる。有権者集団の投票に対する有権者集団自身の制御能力の値は，動員の影響下にない有権者の割合である。$\mathbf{X}_{\mathrm{C1}}^{\mathrm{T}}$ と $\mathbf{C}_{\mathrm{C1}}^{\mathrm{T}}$ から各アクターの勢力を計算した結果が表 7-2 である。政党 A, B, C の勢力は表 7-1 と同じ値であり，有権者集団 E の勢力は V_1 から V_8 を合計した値となっている。

3-3　基本モデル：有権者を集団としたモデル（より一般的な場合）

では，コールマンのモデルをより一般的な選挙過程に適応させた場合のモデルを考察する。有権者が自分の投票に利害関心を持つ場合である。政党 A (A)，政党 B (B)，政党 C (C) と，8 人の有権者 ($E_1 \sim E_8$) の 11 のアクターと，政党 A の政策 (P_A)，政党 B の政策 (P_B)，政党 C の政策 (P_C)，および有権者の投票 ($V_1 \sim V_8$) の 11 の事象から構成される選挙を考えてみる。

政党 A, 政党 B, 政党 C は政策を有権者に訴える。有権者は各政党の政策からもたらされる期待効用を比較して，自身の政策選好に基づいて，期待効用の最も高い政党に投票すると仮定する。ただし，有権者 ($E_1 \sim E_8$) は最も政策を選好する政党に 0.5，次善の政党に 0.3，自分の投票に 0.3 の利害関心を持つとする。有権者の「有権者の投票」に対する利害関心は，有権者が投票するか棄権するかを悩んでいる状況を想定する。有権者は誰もが明確に投票に対する選好の順序を持つわけではなく，このような悩む性質を併せ持つ存在であるから，このような仮定は現実的である。このような仮定に基づいて仮想のデータ

表7-3 政党・有権者の勢力

アクター	A	B	C	E_1	E_2	E_3	E_4	E_5	E_6	E_7	E_8
勢力	0.296053	0.296053	0.197368	0.0263158	0.0263158	0.0263158	0.0263158	0.0263158	0.0263158	0.0263158	0.0263158

を用いて$\mathbf{X}_2^T$と$\mathbf{C}_2^T$を定義する。$\mathbf{X}_2^T$と$\mathbf{C}_2^T$から求めた各アクターの勢力は表7-3に示す。

$$\mathbf{X}_2^T = \begin{array}{c} A \\ B \\ C \\ E_1 \\ E_2 \\ E_3 \\ E_4 \\ E_5 \\ E_6 \\ E_7 \\ E_8 \end{array} \begin{pmatrix} 0.8 & 0. & 0. & \frac{0.2\times5}{21} & \frac{0.2\times5}{21} & \frac{0.2\times2}{21} & \frac{0.2\times2}{21} & 0. & 0. & \frac{0.2\times5}{21} & \frac{0.2\times2}{21} \\ 0. & 0.8 & 0. & \frac{0.2\times2}{21} & \frac{0.2\times2}{21} & \frac{0.2\times5}{21} & \frac{0.2\times5}{21} & \frac{0.2\times2}{21} & \frac{0.2\times5}{21} & 0. & 0. \\ 0. & 0. & 0.8 & 0. & 0. & 0. & 0. & \frac{0.2\times5}{14} & \frac{0.2\times2}{14} & \frac{0.2\times2}{14} & \frac{0.2\times5}{14} \\ 0.5 & 0.2 & 0 & 0.3 & 0 & 0 & 0 & 0 & 0 & 0 & 0 \\ 0.5 & 0.2 & 0 & 0 & 0.3 & 0 & 0 & 0 & 0 & 0 & 0 \\ 0.2 & 0.5 & 0 & 0 & 0 & 0.3 & 0 & 0 & 0 & 0 & 0 \\ 0.2 & 0.5 & 0 & 0 & 0 & 0 & 0.3 & 0 & 0 & 0 & 0 \\ 0 & 0.2 & 0.5 & 0 & 0 & 0 & 0 & 0.3 & 0 & 0 & 0 \\ 0 & 0.5 & 0.2 & 0 & 0 & 0 & 0 & 0 & 0.3 & 0 & 0 \\ 0.5 & 0 & 0.2 & 0 & 0 & 0 & 0 & 0 & 0 & 0.3 & 0 \\ 0.2 & 0 & 0.5 & 0 & 0 & 0 & 0 & 0 & 0. & 0. & 0.3 \end{pmatrix} \quad (14)$$

$$\begin{array}{ccccccccccc} P_A & P_B & P_C & V_1 & V_2 & V_3 & V_4 & V_5 & V_6 & V_7 & V_8 \end{array}$$

$$\mathbf{C}_2^T = \begin{array}{c} P_A \\ P_B \\ P_C \\ V_1 \\ V_2 \\ V_3 \\ V_4 \\ V_5 \\ V_6 \\ V_7 \\ V_8 \end{array} \begin{pmatrix} 0.9 & 0. & 0. & \frac{0.1\times3}{12} & \frac{0.1\times3}{12} & \frac{0.1\times1}{12} & \frac{0.1\times1}{12} & 0. & 0. & \frac{0.1\times3}{12} & \frac{0.1\times1}{12} \\ 0. & 0.9 & 0. & \frac{0.1\times1}{12} & \frac{0.1\times1}{12} & \frac{0.1\times3}{12} & \frac{0.1\times3}{12} & \frac{0.1\times1}{12} & \frac{0.1\times3}{12} & 0. & 0. \\ 0. & 0. & 0.9 & 0. & 0. & 0. & 0. & \frac{0.1\times3}{8} & \frac{0.1\times1}{8} & \frac{0.1\times1}{8} & \frac{0.1\times3}{8} \\ 0.3 & 0.1 & 0. & 0.6 & 0. & 0. & 0. & 0. & 0. & 0. & 0. \\ 0.3 & 0.1 & 0. & 0. & 0.6 & 0. & 0. & 0. & 0. & 0. & 0. \\ 0.1 & 0.3 & 0. & 0. & 0. & 0.6 & 0. & 0. & 0. & 0. & 0. \\ 0.1 & 0.3 & 0. & 0. & 0. & 0. & 0.6 & 0. & 0. & 0. & 0. \\ 0. & 0.1 & 0.3 & 0. & 0. & 0. & 0. & 0.6 & 0. & 0. & 0. \\ 0. & 0.3 & 0.1 & 0. & 0. & 0. & 0. & 0. & 0.6 & 0. & 0. \\ 0.3 & 0. & 0.1 & 0. & 0. & 0. & 0. & 0. & 0. & 0.6 & 0. \\ 0.1 & 0. & 0.3 & 0. & 0. & 0. & 0. & 0. & 0. & 0. & 0.6 \end{pmatrix} \quad (15)$$

$$\begin{array}{ccccccccccc} A & B & C & E_1 & E_2 & E_3 & E_4 & E_5 & E_6 & E_7 & E_8 \end{array}$$

次の式(16),式(17)が有権者を1つの集団とした行列であり,$\mathbf{X}_{C2}^T$と$\mathbf{C}_{C2}^T$とする。行列の表頭と表側に示すアルファベットの記号は式(12),式(13)と

同じである。

$$\mathbf{X}_{C2}^{T} = \begin{matrix} A \\ B \\ C \\ E \end{matrix} \begin{pmatrix} 0.8 & 0 & 0 & 0.2 \\ 0 & 0.8 & 0 & 0.2 \\ 0 & 0 & 0.8 & 0.2 \\ \frac{2.1}{8} & \frac{2.1}{8} & \frac{1.4}{8} & \frac{2.4}{8} \end{pmatrix} \\ \quad P_A \quad P_B \quad P_C \quad V \tag{16}$$

$$\mathbf{C}_{C2}^{T} = \begin{matrix} P_A \\ P_B \\ P_C \\ V \end{matrix} \begin{pmatrix} 0.9 & 0 & 0 & 0.1 \\ 0 & 0.9 & 0 & 0.1 \\ 0 & 0 & 0.9 & 0.1 \\ \frac{1.2}{8} & \frac{1.2}{8} & \frac{0.8}{8} & \frac{4.8}{8} \end{pmatrix} \\ \quad A \quad B \quad C \quad E \tag{17}$$

アクター　A：政党A　B：政党B　C：政党C　E：有権者集団
事象　P_A：政党Aの政策　P_B：政党Bの政策　P_C：政党Cの政策　V：有権者集団の投票

$\mathbf{X}_2^T$と$\mathbf{C}_2^T$を集約して，有権者を集団とした行列として式(16) $\mathbf{X}_{C2}^T$と式(17) $\mathbf{C}_{C2}^T$の作成手順を示す。まず，利害関心を表す行列$\mathbf{X}_{C2}^T$を説明する。$\mathbf{X}_2^T$で各政党が保有する自身への利害関心は0.8であり，$\mathbf{X}_{C2}^T$も同じにする。$\mathbf{X}_2^T$の各政党の有権者に対する利害関心を合計して$\mathbf{X}_{C2}^T$では0.2とする。

有権者の利害関心で政党Aへの利害関心は，$\mathbf{X}_2^T$における各有権者の利害関心を合計して人数の8で除して$\mathbf{X}_{C2}^T$では$\frac{2.1}{8}$とする。政党Bも同様に操作して，$\frac{2.1}{8}$，政党Cも同様に操作して$\frac{1.4}{8}$とする。有権者の利害関心で自身の投票への利害関心は$\mathbf{X}_2^T$におけるE_1のV_1に対する0.3から対角線上にあるE_8のV_8に対する関心0.3までを合計して，有権者の人数8で除して$\frac{2.4}{8}$とする。この$\frac{2.4}{8}$はいわば無党派層である。これらの操作により，集団としての有権者の利害関心は各政党に対して支持を意味するものに置き換えることができる。つまり，$\mathbf{X}_2^T$において，1人1人の有権者は政党に対して選好順序を持っており，その選好順序を集計して集団の選好と仮定するのである。有権者E_1, E_2, E_3, E_4,

E_5, E_6, E_7, E_8 の P_A に対する合計は，P_A を支持する割合とみなすことができる。P_B, P_C も同様である。これらは各政党の政策に対する支持であり，各政党の支持者の割合である。とすると，残余の部分は各政党の政策を支持しない部分，つまり無党派層とみなすことができる。もし，より厳密なモデルとするならば，たとえば $\mathbf{X}_2^T$ の E_1 の行で政党の政策に対する利害関心を1とするか，または自分自身の投票に対する利害関心を1とした行列にすればよい。

制御能力を表す $\mathbf{C}_{C2}^T$ を説明する。まず，$\mathbf{C}_{C2}^T$ で各政党の制御能力の値は，$\mathbf{C}_2^T$ では自身の政策に対して0.9であるから，同じである。政党 A が保有する各有権者に対する制御能力は $\mathbf{C}_2^T$ に示されている各有権者8人に対する制御能力の合計0.1となる。政党 B と政党 C も同様に操作する。次に，有権者集団の投票に対して各アクターが保有する制御能力をみる。有権者集団の投票に対して政党 A が保有する制御能力は $\mathbf{C}_2^T$ において各有権者 E_1 から E_8 が保有する制御能力の合計1.2を有権者の人数8で除した値 $\frac{1.2}{8}$ とする。政党 B, 政党 C も同様に $\frac{1.2}{8}$, $\frac{0.8}{8}$ とする。有権者集団が自身の投票に対して保有する制御能力は $\mathbf{C}_2^T$ における V_1 に対する E_1 の制御能力0.6から対角線上にある V_8 に対する E_8 の0.6までを合計して，有権者の人数8で除した値 $\frac{4.8}{8}$ とする。

これらの操作により，集団としての有権者の投票に対する各政党，有権者自身の投票の制御能力の分布は，$\mathbf{X}_{C2}^T$ と併せて考えることにより，各政党に対しては支持（＝動員対象）を意味するものに置き換えることができる。$\mathbf{X}_{C2}^T$ と $\mathbf{C}_{C2}^T$ から求めた各アクターの勢力は表7-4に示す。表7-4の各政党の勢力は表7-3と同じであり，表7-4の有権者の勢力は表7-3の各有権者の勢力を合計した値となっている。

では，これまでみた各アクターの勢力の結果をどのようにして選挙結果として解釈すべきであろうか。有権者は自身のリソース（1票）を利害関心に沿っ

表7-4 政党・棄権・有権者集団の勢力

アクター	A	B	C	E
勢力	0.296053	0.296053	0.197368	0.2105264

て交換する．いわば，利害関心の値は交換するリソースの量である．モデルでは，最終的に算出される各アクターの勢力とは，式(6)からアクターが保有している各リソースの価値の合計，つまりリソースの総価値である．よって，各政党も有権者も最初に自身が保有するリソース，政党ならば政策，有権者ならば1票が交換によって他のアクターに渡るのである．だが，各アクターは自身が保有するリソースをすべて交換するわけでなく，一部は自身の手元に残っている．しかし，この例で用いた $\mathbf{X}_{C2}^T$, $\mathbf{C}_{C2}^T$ では，各政党の利害関心と制御能力はほぼ同じであるから，勢力で差がつくとするならば，その要因は有権者の利害関心の差でしかない．よって，各政党の勢力の差異は，有権者の投票をどれだけ交換して獲得したかである．したがって，勢力の最も大きい政党が有権者の票を最も多く獲得した勝者ということができる．当然，小選挙区ならば勝者は1人，大選挙区ならば定数の範囲内で勢力順に勝者となる．

3-4 基本モデル——有権者の利害関心の変化からみた棄権（2政党）

本章の課題は，棄権が政党間競争に及ぼす影響を検証することである．よって，いかにして前項のモデルに有権者の棄権を組み込むかが問題となる．棄権とは有権者が投票する権利を行使しない，つまり投票しないことである．しかし，有権者の政党や候補者に投票しないという行為は，視点を変えれば「棄権」という政党や候補者に1票を投じる行為とみなすこともできる．よって，本章では有権者の棄権を1つの投票先とみなしてモデルに組み込む．

政党 A と政党 B，棄権，有権者集団の4つのアクターから行列を構成し，式(18)を $\mathbf{X}_{C3}^T$ としてアクターの利害関心，式(19)を $\mathbf{C}_{C3}^T$ としてアクターの制御能力を表す行列とする．ただし，ここでは各アクターの利害関心と制御能力の配分を式(16)，式(17)とは少し変えてある．

$\mathbf{X}_{C3}^T$ の右側にある表側は各アクターであり，A が政党 A，B が政党 B，N_V が棄権，E が有権者集団である．行列の下に示す表頭は各事象であり，P_A は政党 A の政策，P_B は政党 B の政策，P_{NV} は棄権の誘惑，V は有権者集団の投票である．

$$\mathbf{X}_{C3}^{T} = \begin{matrix} A \\ B \\ N_V \\ E \end{matrix} \begin{pmatrix} 0.8 & 0 & 0 & 0.2 \\ 0 & 0.8 & 0 & 0.2 \\ 0 & 0 & 0.99 & 0.01 \\ 0.4 & 0.3 & 0.3 & 0 \end{pmatrix} \qquad (18)$$
$$\phantom{\mathbf{X}_{C3}^{T} = A} P_A \quad P_B \quad P_{NV} \quad V$$

$$\mathbf{C}_{C3}^{T} = \begin{matrix} P_A \\ P_B \\ P_{NV} \\ V \end{matrix} \begin{pmatrix} 0.9 & 0 & 0 & 0.1 \\ 0 & 0.9 & 0 & 0.1 \\ 0 & 0 & 0.9 & 0.1 \\ 0.2 & 0.1 & 0.1 & 0.6 \end{pmatrix} \qquad (19)$$
$$\phantom{\mathbf{C}_{C3}^{T} = P_A} A \quad B \quad N_V \quad E$$

アクター　A：政党A　B：政党B　N_V：棄権　E：有権者
事象　P_A：政党Aの政策　P_B：政党Bの政策　P_{NV}：棄権の誘惑　V：有権者の投票

各政党は政策をアピールして有権者に訴える。よって，棄権という政党は，有権者に棄権するように誘惑するのであり，「棄権の誘惑」という事象を用いる。$\mathbf{X}_{C3}^{T}$の1行目，2行目は政党Aと政党Bの利害関心を表す数値であり，自身の政策P_A，P_Bに0.8，有権者集団の投票に0.2を割り当ててある。3行目は棄権の利害関心を表す数値である。しかし，棄権を有権者の投票先とみなすとはいえ，人が組織する政党とは異なり意思は持たないのでP_{NV}は0.99とした。Vに0.01とした理由は，コールマンの比例配分の原則にしたがったためである[20]。$\mathbf{X}_{C3}^{T}$の4行目は有権者集団の利害関心を表す数値であり，有権者集団EはP_Aに0.4を割り当て，P_Bに0.3を割り当て，P_{NV}に0.6を割り当てている。有権者自身の投票Vに対しては0である。これら利害関心の合計は仮定から1である。この状態は，有権者集団の40％が政党Aを支持，30％が政党Bを支持しており，60％が棄権N_Vを志向している状況である。有権者の自身の投票は0％，つまり無党派層は0％としてある。

$\mathbf{C}_{C3}^{T}$の行列の左側にある表側は各事象であり，行列の下の表頭が各アクター

である。$\mathbf{C}_{C3}^T$ の 1 行目と 2 行目は各政党の政策 P_A と P_B に対する制御能力であり，政党 A と政党 B が 0.9，有権者集団が 0.1 保有するとする。棄権の誘惑 P_{NV} に対しては政党としての棄権 N_V が 0.9 として，有権者集団が 0.1 保有する。棄権の誘惑 P_{NV} に対して有権者集団 E が 0.1 となっているのは，棄権の誘惑に対して有権者も 10％程度は制御できる自律性を有していることを仮定している。有権者の投票 V に対しては政党 A が 0.2，政党 B が 0.1 の制御能力を保有している。つまり有権者集団の 20％は政党 A から動員，10％は B から動員の影響を受けるのである。棄権 N_V が 0.1 となっているのは，10％から棄権の動員（誘惑）の影響を受けることを仮定している。E が 0.6 となっているのは，政党 A，政党 B と棄権から動員の影響を受けない投票が 60％であることを仮定している。

$\mathbf{X}_{C3}^T$ における有権者と各政党の利害関心の分布と，$\mathbf{C}_{C3}^T$ における各政党の有権者の投票に対する制御能力の割合，つまり有権者の投票が各政党，棄権にどの程度制御されているかにより，各政党の政策と有権者の投票が交換されて各アクターの勢力が決まるのである。ただし，政党 A，政党 B で条件が異なるのは有権者の支持率と有権者に対する動員能力であり，両方とも A 党が優位であることに留意する必要がある。有権者は自身のリソースを利害関心に沿って交換する。いわば利害関心の値は交換するリソースの量である。モデルで最終的に算出される勢力とは，交換後に各アクターが保有する各リソースの合成値に他ならない。この場合，選挙過程であるから各アクターの勢力は，有権者ならば自身の 1 票の一部と各党からの期待効用の合成値である。政党の勢力は自身のリソースである政策の一部と有権者の 1 票の一部である。よって，勢力とは選挙過程における交換の最終的なシステム内での力関係を示す。各アクターが保有するリソースは式 (6) の c_i から別途求めることが可能である。棄権の勢力の大きさは，有権者の票をそれだけ交換して棄権という政党が得たということである。よって，もし有権者が 1 人で 2 つの政党，棄権からなる政治的交換のシステムならば，棄権の勢力が最も大きければ，有権者は棄権したとみなすことができる。これは第 4 節の棄権の発生メカニズムを観る上で重要な

表7-5 政党・棄権・有権者集団の勢力

アクター	A	B	N_V	E
勢力	0.248079	0.170335	0.437557	0.144029

仮定となる．

これらの $\mathbf{X}_{C1}^T$ と $\mathbf{C}_{C1}^T$ を式(9) を用いて各アクターの勢力を計算した結果が表7-5である．A は 0.248079, B は 0.170335, N_V は 0.437557, E は 0.144029 となる．これらの値で棄権 N_V が大きくなる理由は，$\mathbf{X}_{C1}^T$ で有権者 E の P_{NV} に対する利害関心の配分を 0.3, $\mathbf{C}_{C1}^T$ で有権者 E の投票 V に対する制御能力の配分を 0.6 と大きい値に設定しているためである．しかし，これらの勢力の値は 1990 年代以降の日本の政党間競争に近似しているであろう．

4．棄権の発生メカニズム

選挙過程をコールマンの「行為の線型モデル」で表現すると，有権者が1票を政党・候補者の政策と交換することである．よって，棄権は政党・候補者の政策と1票の交換が成立しないことであり，有権者の利害関心が政党・候補者の政策よりも棄権に向かうことである．従来，政党間競争のフォーマルモデルでは，棄権は「無差別による棄権」と「疎外による棄権」，もしくはこれら両方が合わさった「無差別と疎外による棄権」として生起すると理論化されてきた．本節では，この3つのタイプの棄権が生起する交換過程のメカニズムを解明する．フォーマルモデルの典型的な例では棄権のメカニズムは図7-1のように示されている．

図7-1では2つの争点（Issue1 と Issue2）があり2つの政党の位置が示されている．この図7-1の中のどこかに有権者は位置するのであるが，有権者が投票するのは両端が半円の長方形の内部で，かつ縦長の平行四辺形を除いた部分の位置となる．

「無差別による棄権」は有権者が比較対象とする2つの政党間の期待効用差

が比較的小さく，わずかな投票コストでも政党間期待効用差を上回ってしまうから有権者は棄権するのである。「疎外による棄権」は有権者の政策選好の位置がどのような政党からも遠く離れており，常に投票コストが期待効用差を上回ってしまうから有権者は棄権するのである。「無差別と疎外による棄権」は2つの政党間の期待効用差が比較的小さく，有権者の政策選好の位置がどのような政党からも遠く離れており，常に投票コストが期待効用差を上回ってしまうから有権者は棄権するのである。本節では，空間理論で想定された棄権の3つの類型を，「行為の線型モデル」で再現し，そのメカニズムを明らかにする。

4-1　1人の有権者の投票・棄権のモデル

　有権者の棄権がどのようにして生起するのかを表すモデルのためには，1人の有権者の選択過程を表すモデルが必要である。ここでは1人の有権者が2つの政党，政党A，政党Bと棄権の3つの対象から得られる期待効用を比較して自身の1票と交換するモデルを考える。選挙制度は小選挙区制を想定する。基本的に1票は非分割財である。しかし，これは実際に投票する場合である。モデルにおいて，政党A，政党Bから得る期待効用と投票コスト（＝棄権の期待効用）を比較考量する過程に有権者は存在しており，モデルは投票＝交換が行われる状況を描くことになる。よって，モデルは有権者が自身の1票を政党Aの政策，政党Bの政策，棄権の誘惑がもたらす期待効用に沿って利害関心を割り当てて計算する過程となる。したがって，このような過程であるから，ここでは有権者の1票をあたかも分割財のようにみなしてモデルを構築する。

　［重要な仮定］

　ここで重要な仮定を提示しておく。計算の結果として算出される政党A，政党Bなどの政党，および棄権の勢力は，有権者にとっては期待効用に相当するものと仮定する。つまり，有権者は政党の政策に対する利害関心を初期の期待効用として，その後にリソースの交換を経て最終的な期待効用を形成すると仮定する。なぜならば，有権者の各政党に対する期待効用は利害関心が中心的要素であるが，他の要素も加わって期待効用を形成している。たとえば，有権

者は選挙過程において政党の動員や棄権に惹かれることもあり，それらの要因により交換されるリソースの量は変化する。よって，有権者が認知する政党の期待効用はモデル内では，リソースの交換により形成される勢力として反映される。したがって，有権者は各政党，棄権の勢力を期待効用として認知すると仮定する。有権者の勢力は，有権者にとっては自分の投票に関する期待効用となる。

4-2 無差別による棄権

では，2つの政党A，政党Bと棄権，1人の有権者の4つのアクターからなるモデルで，「無差別による棄権」の生成過程を検証する。

各アクターの利害関心の行列を$\mathbf{X}_{C4}^{T}$として式(20)，制御能力の行列を$\mathbf{C}_{C4}^{T}$として式(21)とする。式(20)の表側はアクターを示し，Aが政党A，Bが政党B，Cが政党C，Eが有権者である。式(20)の下側に示す表頭は事象を示し，P_Aが政党Aの政策，P_Bが政党Bの政策，P_Cが政党Cの政策，Vが有権者の投票である。

$$\mathbf{X}_{C4}^{T} = \begin{array}{c} A \\ B \\ N_V \\ E \end{array} \begin{pmatrix} 0.8 & 0 & 0 & 0.2 \\ 0 & 0.8 & 0 & 0.2 \\ 0 & 0 & 0.8 & 0.2 \\ \frac{1.1}{2}-t & \frac{0.9}{2}-t & 2t & 0 \end{pmatrix} \quad (20)$$
$$\phantom{\mathbf{X}_{C4}^{T} = }\quad\;\; P_A \quad\;\; P_B \quad\;\; P_{NV} \quad V$$

$$\mathbf{C}_{C4}^{T} = \begin{array}{c} P_A \\ P_B \\ P_{NV} \\ V \end{array} \begin{pmatrix} 0.9 & 0 & 0 & 0.1 \\ 0 & 0.9 & 0 & 0.1 \\ 0 & 0 & 0.9 & 0.1 \\ 0 & 0 & 0 & 1 \end{pmatrix} \quad (21)$$
$$\phantom{\mathbf{C}_{C4}^{T} = }\quad\;\;\; A \quad\;\; B \quad\;\; N_V \quad E$$

アクター　A：政党A　B：政党B　N_V：棄権　E：有権者
事象　　P_A：政党Aの政策　P_B：政党Bの政策　P_{NV}：棄権の誘惑　V：有権者の投票

各アクターの利害関心を表す $\mathbf{X}_{\mathrm{C4}}^{\mathrm{T}}$ を説明する．政党 A は自身の政策に 0.8,有権者の投票に 0.2 の利害関心を割り当てている．政党 B も同様である．棄権は政党 A，政党 B とは異なり，人が組織する政党とは異なり意思を持たないから，棄権が有権者に対して関心を持つことはない．しかし，有権者はコストの存在から棄権に惹かれる．有権者は棄権に対して，政党の政策への関心との対比から棄権に関心を持つのとは別に，本質的に棄権に惹かれる部分があると仮定する．つまり，有権者はコストの存在から自然に棄権に惹かれる部分もあり，それは逆に観れば棄権が有権者に感心を持つことにより表現することができると考えられる．よって，棄権は自身に 0.8 の利害関心を割り当てるとして，政党 A，政党 B と同様に有権者に 0.2 の関心を割り当てると仮定する[21]．最後に有権者の利害関心であるが，これは有権者が各政党から利害関心を減少させ，棄権にその分の利害関心を増加させる可変パラメータ t を加えてある．t を 0 とした初期値では，有権者は政党 A に $\frac{1.1}{2}$，政党 B に $\frac{0.9}{2}$，棄権に 0 を割り当てている．政党 A が $\frac{1.1}{2}$，政党 B が $\frac{0.9}{2}$ であるから有権者は政党から受け取る初期の期待効用をかなり等しく見積もっている．無差別による棄権は政党間期待効用差が投票コストを下回るときに生起するのであるから，モデルとして政党間期待効用差をある程度小さくしておくためである．そして有権者は棄権に対して $2t$ の利害関心を持つとする．t の初期値は 0 であるから，有権者は政党 A，政党 B から，それぞれ利害関心を t 減少させて，その分の $2t$ が棄権への利害関心に加わるとする．ここでは，無差別による棄権であるから，政党 A，政党 B ともに等しく t 減少させることにする．

次に，各アクターの制御能力を表す $\mathbf{C}_{\mathrm{C4}}^{\mathrm{T}}$ を説明する．政党 A の政策に対して，政党 A は 0.9，有権者が 0.1 の制御能力を保有しているとする．政党 B も同様とする．棄権は，棄権の誘惑に対して 0.9，有権者が 0.1 の制御能力を保有しているとする．ここで有権者が 0.1 の制御能力を保有していることは，社会における選挙の雰囲気の認知であり，有権者は棄権の誘惑に対して自律性が低いことを仮定する．有権者の投票に対しては，各政党，棄権とも制御能力は 0 であり，有権者が 1 の制御能力を持つとする．

では，このような仮定の下で各アクターの勢力を算出して，t の値を変化させて t の値がどの時点で，棄権が他のアクターの勢力を上回るのかを確認する。図7-2がシミュレーションの結果である。$\mathbf{X}_{C4}^{T}$ の仮定から，t は $0 < t < 0.45$ の範囲をとることになるが，みやすくするために図中では $0 < t < 0.5$ としてある。$g(t)$ が政党 A の勢力（=期待効用）の変化である。$h(t)$ が政党 B の勢力（=期待効用）の変化である。$k(t)$ が有権者の勢力（=期待効用）の変化である。$f(t)$ が棄権の勢力（=期待効用）の変化である。$g(t)$ と $h(t)$ は平行になっている。平行であるのは，$\mathbf{X}_{C4}^{T}$ において政党 A と政党 B および棄権の利害関心が同じ値だからである。この $g(t)$ と $h(t)$ の間隔が政党 A と政党 B の政党間期待効用差を示している。よって，$f(t)$ の勢力が $g(t)$ と $h(t)$ を上回るときに，有権者は棄権することになる。$\mathbf{X}_{C4}^{T}$ において，有権者の政党 A と政党 B に対する利害関心の差は，$\frac{1.1}{2} - \frac{0.9}{2} = 0.1$ であり，図7-2における $g(t)$ と $h(t)$ との間隔も 0.1 である。これは偶然に一致しているだけであり，本来は有権者の政党 A と政党 B に対する利害関心が等しい場合には，利害関心の差と勢力の差（期待効用差）は比例関係にあると考えられる。これに関しては次項で検討する。

では，有権者が棄権する状況を検証する。無差別による棄権は，従来の理論

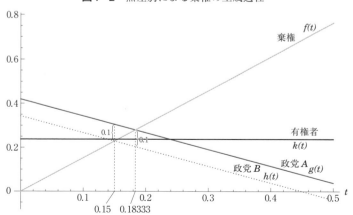

図7-2　無差別による棄権の生成過程

では投票コストが政党間期待効用差を上回ったときに有権者が棄権するということである。有権者は利害関心に沿って1票と政党の政策を交換することにより，リソースの分配を得て最終的に選挙結果における自身の勢力が確定する。各アクターの最終的な勢力は，それぞれの利害関心を反映している。有権者にとって，棄権の勢力（＝期待効用）が政党Bの勢力（＝期待効用）を上回るtの値は$f(t) = h(t)$より$t = 0.15$であり，そのとき政党Aと政党Bの勢力差（＝期待効用差）は$g(0.15) - h(0.15) = 0.1$である。また，$t = 0.15$のときに$\mathbf{X}_{C4}^{T}$における有権者の利害関心は$\frac{1.1}{2} - 0.15 = 0.4$である。同様に，政党$B$への利害関心は$\frac{0.9}{2} - 0.15 = 0.3$である。よって，利害関心の差は$0.4 - 0.3 = 0.1$である[22]。

次に，棄権の勢力（＝期待効用）が政党Aの勢力（＝期待効用）を上回るtの値は，$f(t) = g(t)$より$t = 0.18333$であり，そのとき政党Aと政党Bの勢力差（＝期待効用差）は$g(0.18333) - h(0.18333) = 0.1$である。また，$t = 0.18333$のときに$\mathbf{X}_{C4}^{T}$における有権者の政党$A$への利害関心は，$\frac{1.1}{2} - 0.18333 = 0.36667$である。同様に，政党$B$への利害関心は$\frac{0.9}{2} - 0.18333 = 0.26667$である。よって，利害関心の差は$0.1$である[23]。$g(t)$と$h(t)$の関係をみると$t$が変化しても平行である。これは$\mathbf{X}_{C4}^{T}$において政党$A$，政党$B$，棄権の利害関心の値を同じにしているためである。もし，この3つのうち1つ以上で利害関心の割り当て方が変わると，グラフは曲線になる。もし$g(t)$と$h(t)$が曲線でも平行ならば，tにかかわらず政党間期待効用差（＝勢力差）は変化しないことになる。しかし，平行でなくなるのであれば，tにかかわらず政党間期待効用差（＝勢力差）は変化することになる。これに関しては，5-2，5-3項で論じる。

これらの状況を踏まえると，tが0.15以上になると，棄権の勢力（＝期待効用）は政党Bの勢力（＝期待効用）を上回り，tが0.18333以上になると棄権の勢力（＝期待効用）は政党Aの勢力（＝期待効用）を上回る。よって，tが0.18333以上になると政党間期待効用差を棄権の期待効用が上回ることになり，有権者は棄権することを図7-2は示している。tの範囲を考えると，このモデルでは有権者は当初の利害関心の約$\frac{1}{3}$を喪失すると棄権するのである。

4-3 無差別による棄権——政党間期待効用差が微少の場合

では，政党間期待効用差が微少の場合でも同様の結論を得ることができるのかを検証する．各アクターの利害関心の行列 $\mathbf{X}_{C5}^T$ として式(22) とする．$\mathbf{X}_{C5}^T$ は，4行目で有権者の政党 A に対する利害関心を $\frac{1.01}{2} - t$，政党 B に $\frac{0.99}{2} - t$ として，有権者が各政党から受け取る初期の期待効用差を $\mathbf{X}_{C4}^T$ よりもさらに小さくしてある．

$$\mathbf{X}_{C5}^T = \begin{array}{c} A \\ B \\ N_V \\ E \end{array} \begin{pmatrix} 0.8 & 0 & 0 & 0.2 \\ 0 & 0.8 & 0 & 0.2 \\ 0 & 0 & 0.8 & 0.2 \\ \frac{1.01}{2} - t & \frac{0.99}{2} - t & 2t & 0 \end{pmatrix} \quad (22)$$
$$ P_A P_B P_{NV} V$$

アクター　A：政党 A　B：政党 B　N_V：棄権　E：有権者
事象　P_A：政党 A の政策　P_B：政党 B の政策　P_{NV}：棄権の誘惑　V：有権者の投票

各アクターの制御能力は式(21) の $\mathbf{C}_{C4}^T$ のままとする．前項と同用にシミュレーションを行った結果が図 7-3 である．有権者にとって棄権の勢力（＝期待効用）が政党 B の勢力（＝期待効用）を上回る t の値は $f(t) = h(t)$ より $t = 0.165$ である．そのとき政党 A と政党 B の勢力差（＝期待効用差）は $f(0.165) - h(0.165) = 0.007627$ である．また，$t = 0.165$ のときに $\mathbf{X}_{C5}^T$ における有権者の政党 A への利害関心は $\frac{1.01}{2} - 0.165 = 0.34$ であり，同様に有権者の政党 B への利害関心は $\frac{0.99}{2} - 0.165 = 0.33$ であり，利害関心の差は 0.1 である[24]．

次に，棄権の勢力（＝期待効用）が政党 A の勢力（＝期待効用）を上回る t の値は，$f(t) = g(t)$ より $t = 0.168333$ である．そのときの効用差は $f(0.168333) - h(0.168333) = 0.007627$ である．また，$t = 0.168333$ のときに $\mathbf{X}_2^T$ における有権者の政党 A への利害関心は，$\frac{1.01}{2} - 0.168333 = 0.336670$ であり，政党 B への利害関心は $\frac{0.99}{2} - 0.168333 = 0.32667$ であり，利害関心の差は 0.01 である[25]．

図7-3 無差別による棄権の生成過程（政党間期待効用差が小さい場合）

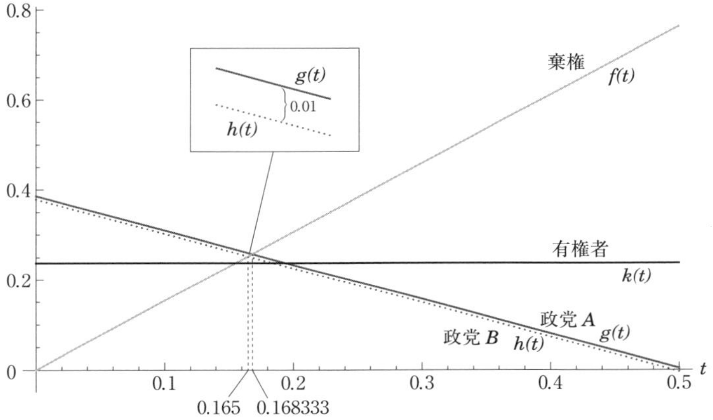

よって，ここでも $g(t)$ と $h(t)$ の関係は t の値の変化にかかわらず平行である。つまり，政党間期待効用差は t の値にかかわらず一定である。

これらの状況を踏まえると t が 0.165 以上になると棄権の勢力（＝期待効用）は政党 B の勢力（＝期待効用）を上回り，t が 0.18333 以上になると棄権の勢力（＝期待効用）は政党 A の勢力（＝期待効用）を上回ることになり，有権者は棄権することを図7-3 は示している。

よって，有権者の利害関心の差が，勢力差（＝政党間期待効用差）を作りだしていることがわかる。したがって，政党間期待効用差が大きくても小さくても政党 A，政党 B が同じ利害関心を持つ状況では，政党間期待効用差を棄権の効用（コスト）が上回るときに有権者は棄権するが，政党間期待効用差が小さいと t のわずかな増加でも有権者は棄権に導かれるのである。

4-4 疎外による棄権

「疎外による棄権」を同様のアクターからモデル化して，棄権の生成過程を検証する。疎外による棄権では，有権者は自身の政策位置が各政党の政策位置から遠く離れており，どの政党からも期待効用を得ることがほとんどできない

状況である．つまり，有権者は政党間期待効用差を持つかもしれないが，最初から棄権に対する利害関心を大きく持っているのが疎外による棄権の状況である．

このような状況における有権者の利害関心は，行列 $\mathbf{X}_{C6}^{T}$ の式(23) により表される．各アクターの制御能力は式(21) の $\mathbf{C}_{C4}^{T}$ のままとする．

$$\mathbf{X}_{C6}^{T} = \begin{array}{c} A \\ B \\ N_V \\ E \end{array} \begin{pmatrix} 0.8 & 0 & 0 & 0.2 \\ 0 & 0.8 & 0 & 0.2 \\ 0 & 0 & 0.8 & 0.2 \\ \frac{0.5}{3}-t & \frac{0.2}{3}-t & \frac{2.3}{3}+2t & 0 \end{pmatrix} \quad (23)$$
$$\phantom{\mathbf{X}_{C6}^{T} = }\;\; P_A \qquad P_B \qquad P_{NV} \qquad V$$

アクター　A：政党 A　B：政党 B　N_V：棄権　E：有権者
事象　P_A：政党 A の政策　P_B：政党 B の政策　P_{NV}：棄権の誘惑　V：有権者の投票

$\mathbf{X}_{C6}^{T}$ の有権者の利害関心の分布は，政党 A に対して $\frac{0.5}{3}-t$，政党 B に対して $\frac{0.2}{3}-t$ であり，小さいが政党間期待効用差は存在すると仮定している．有権者の棄権に対する利害関心は $\frac{2.3}{3}-t$ と大きくしてある．$t=0$ ならば，$\mathbf{X}_{C6}^{T}$ の 4 行目は $(\frac{0.5}{3} \ \ \frac{0.2}{3} \ \ \frac{2.3}{3} \ \ 0)$ である．つまり，有権者は最初から棄権への利害関心が最も高いのである．

初期値 $t=0$ から t の値を増加させると，各アクターの勢力変化は図 7-4 になる．t の値は政党 B の利害関心 $\frac{0.2}{3}-t=0$ となる点 $t=0.066667$ が t が取りうる限度であるが，ここではみやすくするために $0<t<0.5$ としておく．図 7-4 をみれば，$t=0$ においても各アクターの中で棄権の勢力（＝期待効用）が最も大きく，有権者が t を増加させて棄権への利害関心を大きくすると棄権の勢力（＝期待効用）はさらに増加し，政党 A，政党 B の勢力（＝期待効用）はさらに減少する[26]．

$\mathbf{X}_{C6}^{T}$ の政党 A，政党 B，棄権の利害関心の分布は同じであり，$\mathbf{C}_{C4}^{T}$ の政党 A の政策，政党 B の政策，棄権の誘惑の分布は同じである．よって，最終的な

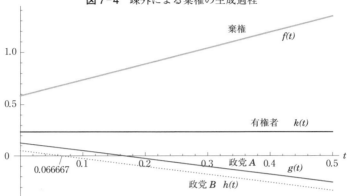

図7-4 疎外による棄権の生成過程

結果としての各アクターの勢力は，$\mathbf{X}_{C6}^{T}$の有権者の利害関心の分布により決定されるから，有権者の利害関心の最も高い事象に関わるアクターである棄権の勢力が最大になっている。

4-5 無差別と疎外による棄権

空間理論における棄権は，無差別と疎外の両方を要因とした棄権も定義されている。では，この「無差別と疎外による棄権」をモデル化して，棄権の生成過程を検証する。疎外だけを要因とする場合は，政党間期待効用差はあってもなくてもよかったが，この「無差別と疎外による棄権」では，有権者の各政党に対する利害関心もある程度大きく，かつ政党間期待効用差が存在する必要がある。さらに，モデルは疎外を要因とする棄権の特徴として，有権者は最初から各政党に対する利害関心よりも棄権に対する利害関心を最も高くしており，交換過程においては各政党の勢力（＝期待効用）よりも棄権の勢力（＝期待効用）が最大になっていなくてはならない。

各アクターの利害関心の行列を$\mathbf{X}_{C7}^{T}$として，式(24)とする。各アクターの制御能力は式(21)の$\mathbf{C}_{C4}^{T}$とする。

$$\mathbf{X}_{C7}^{T} = \begin{matrix} A \\ B \\ N_V \\ E \end{matrix} \begin{pmatrix} 0.8 & 0 & 0 & 0.2 \\ 0 & 0.8 & 0 & 0.2 \\ 0 & 0 & 0.8 & 0.2 \\ \frac{1.05}{3}-t & \frac{0.9}{3}-t & \frac{1.05}{3}+2t & 0 \end{pmatrix} \quad (24)$$
$$\phantom{\mathbf{X}_{C7}^{T} = } \quad P_A \quad\ P_B \quad\ P_{NV} \quad V$$

アクター　A：政党A　B：政党B　N_V：棄権　E：有権者
事象　P_A：政党Aの政策　P_B：政党Bの政策　P_{NV}：棄権の誘惑　V：有権者の投票

$\mathbf{X}_{C7}^{T}$において，有権者の利害関心を表す行ベクトルは，政党Aを$\frac{1.05}{3}-t$，政党Bを$\frac{0.9}{3}-t$，棄権を$\frac{1.05}{3}-t$，投票を0としてある。

ここで注意すべきことは，政党Aと棄権に対する利害関心の初期値を等しく$\frac{1.05}{3}-t$として，政党Bの利害関心をそれらよりも小さく$\frac{0.9}{3}-t$としており，わずかでも$t>0$となれば棄権の勢力（＝期待効用）がアクター間で最大になるようにしていることである。$\mathbf{X}_{C7}^{T}$よりtは0.3以下の値を採ることになるが，0＜t＜0.5としてある。tを増加させたときのシミュレーションの結果が図7-5である。図7-5では政党Aと棄権の勢力（＝期待効用）が$t=0$で一致しており，棄権の勢力が政党Aと政党Bの勢力差（＝政党間期待効用差）よりも上に

図7-5　無差別と疎外による棄権の生成過程

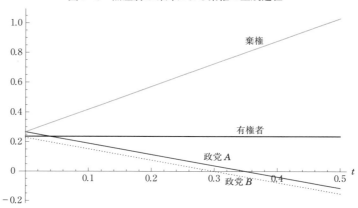

ある。

5．パラメータの変化による棄権の変化

　前節では空間理論における棄権の類型として「無差別による棄権」「疎外による棄権」「無差別と疎外による棄権」をコールマンの「行為の線型モデル」で再現した。この3つの棄権の中で現実の政党間競争との関係で重要なのは「無差別による棄権」である。なぜならば，「疎外による棄権」と「無差別と疎外による棄権」は政党間期待効用差の大きさにかかわらず，最初から棄権への利害関心（コスト）が政党 A，政党 B への利害関心（政党間期待効用差）を上回っており，有権者の棄権は最初から決定している。無差別による棄権は，有権者が認知する政党間期待効用差，選挙に対する社会の雰囲気，政党による動員など複数の要因により棄権の発生過程が異なり，政党間競争のあり方が有権者の態度に影響を及ぼすのである[27]。よって，本節では有権者，政党，棄権にかかわる利害関心と制御能力のパラメーターを変化させて，有権者の棄権がどのように発現するのかを検証する。本節では，有権者を1人の個人としたモデルから，これらの問題を検証する。

5-1　有権者の勢力の位置

　これまで3つのモデルを紹介してきた。第1のモデルは有権者を個人として8人，政党が3つのモデルである。第2のモデルは有権者を集団としたモデルであり，この派生として棄権を政党とみなしたモデルを示した。第3のモデルとして，1人の有権者が棄権に至る過程のモデルである。しかし，これらのモデルを用いた分析では，有権者の勢力にはほとんど関心を払ってこなかった。コールマンのモデルに基づく政党間競争では，勢力の順序に従って政党の得票が決定されると仮定しているおり，有権者の勢力は1票と政党の政策との交換により得られる効用に基づくものであり，とても小さい。現実の選挙で我々が1票を投じても，そのときに得られる効用は人により差はあるかもしれないが，

微々たるものである．選挙で勝利した政党が公約に掲げた政策が実行されれば効用は大きくなるであろう．しかし，政策が実行されなければ選挙後の効用は無いに等しいのである[28]．有権者が1票を投じることで得られる効用は，小さいよりは大きいほうがよいであろう．なぜならば，各政党の掲げた政策はあくまで公約であり，たとえ選挙で勝利した政党の政策でも実行されるかにはついては不確実性が伴うからである．よって，投票する直前においてでさえ期待効用が高いほうが，有権者が棄権に赴く可能性は低くなるであろう．

では，有権者の勢力＝期待効用を決定する要因は何であろうか．民主主義体制における理想的な選挙は，有権者が自分の意思で投票することを大前提としている．よって，有権者が投票しようとする意思に対して妨げになるものが有権者の期待効用＝勢力を弱める要因と考えられる．モデルにおいて，このような要因を探すと1つある．それは制御能力の行列における「有権者の投票」の制御能力の分布である．なぜならば，有権者自身が投票を決定する能力を減少させることは，有権者が自己決定能力を喪失することになるからである．第3節のモデルでは「有権者の投票」の制御能力の分布では，(0, 0, 0, 1) として，有権者の投票に対する制御能力は有権者自身がすべてを保有していた．しかし，政党が有権者を動員しようとしたり，棄権してもかまわないという雰囲気が社会に蔓延したら，有権者の投票に対する制御能力の分布は変化することになる．

有権者の投票に対する制御能力の分布を変化させて，有権者の期待効用＝勢力の変化を示したのが図7-6-1から図7-6-4である．$\mathbf{X}_{C8}^T$ を式(25) のように定義し，$\mathbf{C}_{C8}^T$ を式(26) のように定義する．これらは無差別による棄権の式(20)，式(21) と同じである．

$$\mathbf{X}_{\mathrm{C8}}^{\mathrm{T}} = \begin{array}{c} A \\ B \\ N_V \\ E \end{array} \begin{pmatrix} 0.8 & 0 & 0 & 0.2 \\ 0 & 0.8 & 0 & 0.2 \\ 0 & 0 & 0.8 & 0.2 \\ \frac{1.1}{2}-t & \frac{0.9}{2}-t & 2t & 0 \end{pmatrix} \qquad (25)$$
$$\phantom{\mathbf{X}_{\mathrm{C8}}^{\mathrm{T}} = } \quad\;\, P_A \quad\;\;\, P_B \quad\;\;\, P_{NV} \quad V$$

$$\mathbf{C}_{\mathrm{C8}}^{\mathrm{T}} = \begin{array}{c} P_A \\ P_B \\ P_{NV} \\ V \end{array} \begin{pmatrix} 0.9 & 0 & 0 & 0.1 \\ 0 & 0.9 & 0 & 0.1 \\ 0 & 0 & 0.9 & 0.1 \\ 0 & 0 & 0 & 1 \end{pmatrix} \qquad (26)$$
$$\phantom{\mathbf{C}_{\mathrm{C8}}^{\mathrm{T}} = } \quad\;\;\, A \quad\;\; B \quad\;\; N_V \quad\; E$$

アクター　A：政党 A　B：政党 B　N_V：棄権　E：有権者
事象　P_A：政党 A の政策　P_B：政党 B の政策　P_{NV}：棄権の誘惑　V：有権者の投票

$\mathbf{C}_{\mathrm{C8}}^{\mathrm{T}}$ の4行目の「有権者の投票」の行ベクトルを $(0,0,0,1)$，$(\frac{0.2}{4},\frac{0.2}{4},\frac{0.5}{4},\frac{3.1}{4})$，$(\frac{0.7}{4},\frac{0.7}{4},\frac{0.6}{4},\frac{2}{4})$，$(\frac{1}{4},\frac{1}{4},\frac{1}{4},\frac{1}{4})$ と変化させてシミュレーションを行う。結果は図7-6-1から図7-6-4である。図7-6-1では $(0,0,0,1)$ であるから，有権者が自身の投票に対する制御能力をすべて保有しており，図7-6-2，図7-6-3，図7-6-4と比較すると，有権者の勢力は最も大きい。しかし，$(\frac{0.2}{4},\frac{0.2}{4},\frac{0.5}{4},\frac{3.1}{4})$，$(\frac{0.7}{4},\frac{0.7}{4},\frac{0.6}{4},\frac{2}{4})$，の状況のように，政党 A，政党 B，棄権が有権者の投票に対して制御能力を持つ。つまり，有権者が政党から動員を受けたり，社会の中で棄権してもよい雰囲気が蔓延すると，有権者の勢力は低下する。さらに $(\frac{1}{4},\frac{1}{4},\frac{1}{4},\frac{1}{4})$ として，有権者の投票に対する制御能力をさらに小さくすると，有権者の勢力はさらに小さくなっていく。

$\mathbf{X}_{\mathrm{C8}}^{\mathrm{T}}$ の4行目を $(\frac{1.1}{2},\frac{0.9}{2},0,0)$ と固定して，$\mathbf{C}_{\mathrm{C8}}^{\mathrm{T}}$ の4行目を先ほどの4つのパターンで変化させる状況を考えてみる。つまり，図7-6-1から図7-6-4において $t=0$ の位置固定して，$\mathbf{C}_{\mathrm{C8}}^{\mathrm{T}}$ の4行目を変化させてみる。$\mathbf{X}_{\mathrm{C8}}^{\mathrm{T}}$ の4行目の1列，2列は有権者が政党 A と政党 B を選好する順序であり，有権者は政党 A のほうをわずかに選好している。この状況で，$\mathbf{C}_{\mathrm{C8}}^{\mathrm{T}}$ の4行目の1列が0，

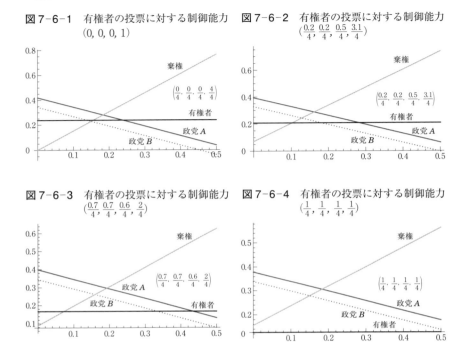

図7-6-1 有権者の投票に対する制御能力 $(0, 0, 0, 1)$

図7-6-2 有権者の投票に対する制御能力 $(\frac{0.2}{4}, \frac{0.2}{4}, \frac{0.5}{4}, \frac{3.1}{4})$

図7-6-3 有権者の投票に対する制御能力 $(\frac{0.7}{4}, \frac{0.7}{4}, \frac{0.6}{4}, \frac{2}{4})$

図7-6-4 有権者の投票に対する制御能力 $(\frac{1}{4}, \frac{1}{4}, \frac{1}{4}, \frac{1}{4})$

$\frac{0.2}{4}, \frac{0.7}{4}, \frac{1}{4}$ へと大きな値を採るにつれて有権者の勢力は低下している。つまり，有権者自身が支持する政党であっても動員，つまり投票を強要されることにより，有権者の勢力（＝期待効用）は低下するのである。

5-2　政党の利害関心の変化

有権者の投票に対する制御能力を有権者自身がすべてを保有している場合でも，有権者は動員と同じような状況に置かれる場合がある。それは利害関心の行列において，どちらかの政党の利害関心が有権者の投票 V に大きく割り当てられている場合である。このような状況を想定すると，利害関心の行列 $\mathbf{X}_{C9}^{T}$ と制御能力の行列 $\mathbf{C}_{C9}^{T}$ は次の式(27)，式(28)のようになる。

$$\mathbf{X}_{\mathrm{C9}}^{\mathrm{T}} = \begin{matrix} A \\ B \\ N_V \\ E \end{matrix} \begin{pmatrix} 0.8 & 0 & 0 & 0.2 \\ 0 & 0.5 & 0 & 0.5 \\ 0 & 0 & 0.8 & 0.2 \\ \frac{1.1}{2}-t & \frac{0.9}{2}-t & 2t & 0 \end{pmatrix} \quad (27)$$
$$ P_A P_B P_{NV} V$$

$$\mathbf{C}_{\mathrm{C9}}^{\mathrm{T}} = \begin{matrix} P_A \\ P_B \\ P_{NV} \\ V \end{matrix} \begin{pmatrix} 0.9 & 0 & 0 & 0.1 \\ 0 & 0.9 & 0 & 0.1 \\ 0 & 0 & 0.9 & 0.1 \\ 0 & 0 & 0 & 1 \end{pmatrix} \quad (28)$$
$$ A B N_V E$$

アクター　A：政党 A　B：政党 B　N_V：棄権　E：有権者
事象　P_A：政党 A の政策　P_B：政党 B の政策　P_{NV}：棄権の誘惑　V：有権者の投票

$\mathbf{X}_{\mathrm{C9}}^{\mathrm{T}}$ をみると，政党 A は自身の政策に 0.8，有権者の投票に 0.2 を割り当てている。政党 B は自身の政策に 0.5，有権者の投票に 0.5 を割り当てている。よって，政党 B は政党 A よりも有権者の投票に関心を持ち，政党 B は有権者を動員しようとする態度をとっている。このとき，有権者が政党 A，政党 B から利害関心を等しく喪失させ，その分の利害関心を棄権に移したときの勢力変化を示したのが図 7-7-1 である。式(27) より $0 < t < 0.45$ であるが，図 7-7-1 と図 7-7-2 では $0 < t < 0.5$ としてある。

図 7-7-1 をみると政党 A，政党 B は t の値が大きくなり，有権者が棄権に対して利害関心を高めていくと，政党 A と政党 B の勢力の差が縮小する。各政党の勢力は $\mathbf{X}_{\mathrm{C9}}^{\mathrm{T}}$ の 4 行目の有権者の利害関心の分布に依存している。つまり $\mathbf{X}_{\mathrm{C9}}^{\mathrm{T}}$ の 4 行目（$\frac{1.1}{2}-t, \frac{0.9}{2}-t$）は政党 A と政党 B の利害関心の差であるから，政党 A と政党 B の勢力差は政党間期待効用差を反映したものである。よって，有権者が棄権への利害関心を高めると，有権者の政党間期待効用差が縮小し，棄権の期待効用が政党 A，政党 B を上回る t のタイミングが早まるが，棄権の期待効用が政党 A を上回るタイミングは変化しない。

しかし，逆に X で政党 A が $(0.5, 0, 0, 0.5)$，政党 B が $(0, 0.8, 0, 0.2)$ として
シミュレーションした結果が図7-7-2である。図7-7-1と図7-7-2を比較
すると，明らかに図7-7-2では有権者が棄権する t の値が図7-7-1よりも小
さい。つまり，有権者は自分があまり支持しない政党からの動員では棄権のタ
イミングは変化させないが，自分が支持する政党からの動員が強いほど，それ
を交差圧力と受け止めて，棄権するタイミングを早めるのである[29]。

図7-7-1 政党の利害関心が異なるときの勢力変化

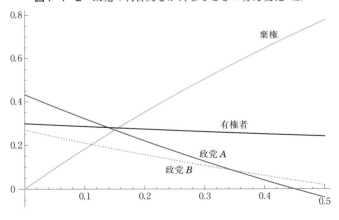

図7-7-2 政党の利害関心が異なるときの勢力変化（2）

5-3 棄権の誘惑に対する有権者の制御能力

有権者が棄権に導かれるのは2つの場合が考えられる。1つは政党・候補者に対する利害関心を小さくし，棄権に対する利害関心を大きくする場合であり，これまでに検証してきた。もう1つは，「棄権の誘惑」（つまり社会における棄権を許容する雰囲気）に対する有権者の制御能力が低い場合である。もし有権者が棄権の誘惑に対して制御能力が高い場合は有権者は自律性が高く，棄権に惹かれる程度は低いと考えられる。反対に，有権者が棄権の誘惑に対して制御能力が低い場合には，有権者は自律性が低く棄権に惹かれる程度が高いと考えられる。では，このような状況を想定して利害関心の行列を $\mathbf{X}_{C10}^{T}$，制御能力の行列を $\mathbf{C}_{C10}^{T}$ として，式(29)，式(30)。とする。

$$\mathbf{X}_{C10}^{T} = \begin{array}{c} A \\ B \\ N_V \\ E \end{array} \begin{pmatrix} 0.8 & 0 & 0 & 0.2 \\ 0 & 0.8 & 0 & 0.2 \\ 0 & 0 & 0.8 & 0.2 \\ \frac{1.1}{2}-t & \frac{0.9}{2}-t & 2t & 0 \end{pmatrix} \quad (29)$$
$$\begin{array}{cccc} P_A & P_B & P_{NV} & V \end{array}$$

$$\mathbf{C}_{C10}^{T} = \begin{array}{c} P_A \\ P_B \\ P_{NV} \\ V \end{array} \begin{pmatrix} 0.9 & 0 & 0 & 0.1 \\ 0 & 0.9 & 0 & 0.1 \\ 0 & 0 & 0.99 & 0.01 \\ 0 & 0 & 0 & 1 \end{pmatrix} \quad (30)$$
$$\begin{array}{cccc} A & B & N_V & E \end{array}$$

アクター　A：政党A　B：政党B　N_V：棄権　E：有権者
事象　P_A：政党Aの政策　P_B：政党Bの政策　P_{NV}：棄権の誘惑　V：有権者の投票

$\mathbf{C}_{C10}^{T}$ では，3行目の棄権の誘惑に対する制御能力は (0, 0, 0.99, 0.01) としてある。棄権が0.99，有権者が0.01の制御能力を保有している状況であり，有権者の制御能力は極めて小さく，tの値を変化させて各アクターの勢力がどの

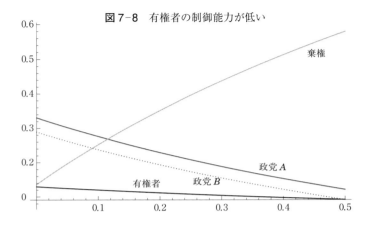

図7-8 有権者の制御能力が低い

ように変化するのかをシミュレーションで検証する。シミュレーションの結果は図7-8に示す。式(29)より $0 < t < 0.45$ であるが図7-8と図7-9では $0 < t < 0.5$ としてある。

図7-8では，有権者の政党A，政党Bに対する利害関心が減少して棄権に対する利害関心が増加すると，当然ながら棄権の勢力（＝期待効用）は大きくなり，同時に有権者の勢力（＝期待効用）は低下している。棄権の勢力（＝期待効用）がアクター間で最大になることは，有権者が棄権することである。政党A，政党Bの曲線は t が大きくなるにつれて，その幅が縮小している。つまり勢力の差＝期待効用差が小さくなり，加速度的に有権者が棄権する状況を作りだしている。

では，逆に有権者の棄権の誘惑に対する制御能力が大きい場合にはどのような状況になるのかを検証する。利害関心の行列を $\mathbf{X}^{\mathrm{T}}_{\mathrm{C}11}$，制御能力の行列を $\mathbf{C}^{\mathrm{T}}_{\mathrm{C}11}$ とする。

$$\mathbf{X}_{\mathrm{C}11}^{\mathrm{T}} = \begin{array}{c} A \\ B \\ N_V \\ E \end{array} \begin{pmatrix} 0.8 & 0 & 0 & 0.2 \\ 0 & 0.8 & 0 & 0.2 \\ 0 & 0 & 0.8 & 0.2 \\ \frac{1.1}{2}-t & \frac{0.9}{2}-t & 2t & 0 \end{pmatrix} \quad (31)$$
$$\phantom{\mathbf{X}_{\mathrm{C}11}^{\mathrm{T}} = } \; \; P_A \quad P_B \quad P_{NV} \quad V$$

$$\mathbf{C}_{\mathrm{C}11}^{\mathrm{T}} = \begin{array}{c} P_A \\ P_B \\ P_{NV} \\ V \end{array} \begin{pmatrix} 0.9 & 0 & 0 & 0.1 \\ 0 & 0.9 & 0 & 0.1 \\ 0 & 0 & 0.6 & 0.4 \\ 0 & 0 & 0 & 1 \end{pmatrix} \quad (32)$$
$$\phantom{\mathbf{C}_{\mathrm{C}11}^{\mathrm{T}} = } \; \; A \quad B \quad N_V \quad E$$

アクター　A：政党A　B：政党B　N_V：棄権　E：有権者
事象　P_A：政党Aの政策　P_B：政党Bの政策　P_{NV}：棄権の誘惑　V：有権者の投票

$\mathbf{C}_{\mathrm{C}11}^{\mathrm{T}}$における棄権の誘惑に対する各アクターの制御能力を（0, 0, 0.6, 0.4）として，有権者の制御能力を大きく0.4としてシミュレーションで検証する。結果は図7-9に示す。tの値が大きくなれば棄権の勢力（＝期待効用）は拡大す

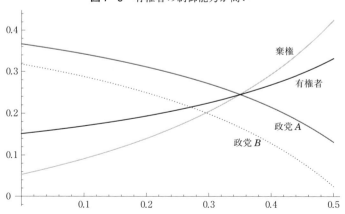

図7-9　有権者の制御能力が高い

るが，同時に有権者の勢力（＝期待効用）も大きくなっている。また，政党 A，政党 B の描く曲線の幅も大きくなっている。よって，有権者が棄権に向かう状況は緩やかになる。

　棄権の誘惑に対する制御能力で有権者の制御能力が大きくなることは，有権者が棄権に対するコントロールを増加させるのであるから，有権者の自律性が高まる。よって，有権者が選挙へ行こうという意思を強く持つ状況では，有権者は棄権に対する利害関心を高めていく状況においても，政党間期待効用に差を見いだそうとして，期待効用差を大きく捉えるのである。逆に，棄権の誘惑に対する制御能力で有権者の制御能力が小さいことは，有権者が棄権に対するコントロールを減少させるのであるから，有権者の自律性が低くなる。よって，有権者は選挙へ行こうという意思が弱くなるのであるから，政党間期待効用に差を見いだそうとしなくなり，期待効用差を小さく捉えるのである。

6．政党間競争への影響

　選挙において有権者が棄権しようとする過程で，ある状況においては，有権者の政党間期待効用差が縮小することを検証した。では，有権者のこのような状況を背景として，棄権者が増加すると政党間競争にいかなる影響を及ぼすのであろうか。近年，低水準の投票率が続く中で，極端な政策を主張する新しい政党が選挙に参入して議席を獲得している。本節ではこのような状況を踏まえて，棄権者の増加という状況の中で新しい政党がどのように選挙，政党間競争に参入することが可能であるのかを検証する。本節では有権者を集団としたモデルで検証する。

　有権者の棄権の増加が，選挙や政党間競争にいかなる影響を及ぼすのかについては，近年いくつかの研究がある。プルンパーとマーティン（Plumper and Martin 2008）[30]はダウンズの決定論的投票に棄権を含めたモデルを構築し，疎外による棄権の増加と多党化は政党の政策位置をその中心から移動させる，つまり棄権者の増加は政党のボラティリティを高めることをシミュレーションか

ら分析している。また，ザハロフ（Zakharov 2008）[31]は，有権者の効用が有権者の最適政策と政党の政策の距離に依存する一次元二政党のモデルでは，有権者の無差別に起因する棄権が増加すると，均衡が収束しなくなることを示している。

では，無差別による棄権と疎外による棄権，および無差別と疎外による棄権の3つに分けて検証する。なぜならば無差別による棄権と疎外による棄権では，棄権する有権者の政策位置が異なるからである。たとえば，政策を1次元として，有権者は政策軸の上に正規分布していると仮定する。正規分布の中心に政党A，その左隣でやや革新の位置に政党B，政党Aの右隣でさらに保守の位置に政党C，そして政党Cの右隣でさらに保守の位置に政党Dが位置するとする。図7-10を有権者と各政党の分布とする。

無差別による棄権では，理論的には政党Aと政党B，政党Bと政党D，政党Aと政党Cの間に位置する有権者が棄権すると考えられる。図7-10を参照すれば，このような位置にいる有権者が棄権すると仮定するのは適当であろう。ただし，棄権する割合は分布の確率密度に比例すると仮定する。分布の両端に位置する有権者は，政党の政策位置から離れており無党派層であり，無党

図7-10　無差別による棄権の増加と新党参入

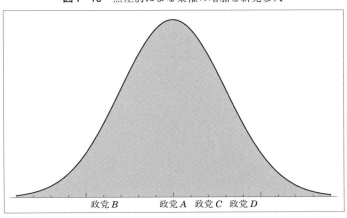

派層はすべての政党に関して無差別であるが，ここでは除外し，無党派層は疎外による棄権を行うとする。

疎外による棄権では，理論的には分布の中心から離れた両側に位置する政党よりも離れて位置する有権者が棄権すると考えられる。つまり棄権する有権者の政策位置はどの政党の政策位置からも離れており，支持政党がない無党派層から棄権者が発生すると仮定する。

無差別と疎外による棄権は，理論的には先の2つの棄権が同時に起こる場合であるから，政党Aと政党B，政党Bと政党D，政党Aと政党Cの間に位置する有権者が分布の確率密度に比例して棄権者が発生し，支持政党がない無党派層からも棄権者が発生すると仮定する。

シミュレーションはこれまでと同様に利害関心の行列と制御能力の行列により行うが，これから示す各行列における数値は，決して特殊な場合を想定して無理に結果を作りだすものではない。これらの数値は普通の選挙を想定している。これから示す利害関心の行列と制御能力の行列の数値は少し変化させても，最終的な結果（アクターの勢力＝期待効用）はほとんど変化しない。

6-1　無差別による棄権が政党間競争に及ぼす影響

では，無差別による棄権が政党間競争，新党参入に及ぼす影響を検証する。利害関心の行列を $\mathbf{X}_{C12}^T$ を式(33)，制御能力の行列を $\mathbf{C}_{C12}^T$ を式(34) として，次のように構成する。

$$\mathbf{X}_{C12}^T = \begin{array}{c} A \\ B \\ C \\ D \\ N_V \\ E \end{array} \begin{pmatrix} 0.8 & 0 & 0 & 0 & 0 & 0.2 \\ 0 & 0.8 & 0 & 0 & 0 & 0.2 \\ 0 & 0 & 0.8 & 0 & 0 & 0.2 \\ 0 & 0 & 0 & 0.8 & 0 & 0.2 \\ 0 & 0 & 0 & 0 & 0.8 & 0.2 \\ \frac{1.6-1.6t}{6} & \frac{1.3-1.3t}{6} & \frac{1.1-1.1t}{6} & \frac{0.5+0.2\times 4t}{6} & \frac{0.5+0.8\times 4t}{6} & \frac{1}{6} \end{pmatrix} \quad (33)$$

$$\begin{array}{cccccc} P_A & P_B & P_C & P_D & P_{NV} & V \end{array}$$

$$
\mathbf{C}_{\mathrm{C}12}^{\mathrm{T}} = \begin{array}{c} P_A \\ P_B \\ P_C \\ P_D \\ P_{NV} \\ V \end{array} \begin{pmatrix} 0.9 & 0 & 0 & 0 & 0 & 0.1 \\ 0 & 0.9 & 0 & 0 & 0 & 0.1 \\ 0 & 0 & 0.9 & 0 & 0 & 0.1 \\ 0 & 0 & 0 & 0.9 & 0 & 0.1 \\ 0 & 0 & 0 & 0 & 0.9 & 0.1 \\ \frac{1}{6} & \frac{0.9}{6} & \frac{0.6}{6} & \frac{0.45}{6} & \frac{0.55}{6} & \frac{2.5}{6} \end{pmatrix} \quad (34)
$$
$$
 A B C D N_V E
$$

アクター　A：政党A　B：政党B　C：政党C　D：政党D　N_V：棄権　E：有権者集団

事象　P_A：政党Aの政策　P_B：政党Bの政策　P_C：政党Cの政策　P_D：政党Dの政策　P_{NV}：棄権の誘惑　V：有権者集団の投票

政党A，政党B，政党Cは既存の政党であり，政党Dは新規に選挙に参入する政党であるとする。$\mathbf{X}_{\mathrm{C}12}^{\mathrm{T}}$の6行目が有権者集団の利害関心の分布である。$\mathbf{X}_{\mathrm{C}12}^{\mathrm{T}}$では，政党$A$，政党$B$，政党$C$，政党$D$は自身の政策に0.8，有権者集団の投票に0.2の利害関心を割り当てているとする。棄権も自身に0.8，有権者集団の投票に0.2の利害関心を割り当てているとする。有権者集団は初期値である$t=0$のときに，政党Aの政策に$\frac{1.6}{6}$，政党Bの政策に$\frac{1.3}{6}$，政党Cの政策に$\frac{1.1}{6}$，新規に参入する政党Dの政策に$\frac{0.5}{6}$，棄権の誘惑に$\frac{0.5}{6}$，有権者集団の投票に$\frac{1}{6}$の利害関心を割り当てているとする。有権者は集団であるから，これらの数値は政党に対しては支持率と同じ意味である。棄権の誘惑の数値$\frac{0.5}{6}$は棄権に惹かれている有権者集団の割合である。有権者集団の有権者の投票に対する数値$\frac{1}{6}$は無党派層の割合である。無差別による棄権であるから，政党A，政党B，政党Cは有権者の支持率に応じて利害関心＝支持を減少させると仮定する。政党Dは政党A，政党B，政党Cが失った利害関心＝支持の20%を得ると仮定する。棄権の誘惑に対する有権者集団の利害関心は，政党A，政党B，政党Cが失った支持の80%を得ると仮定する。

$\mathbf{C}_{\mathrm{C}12}^{\mathrm{T}}$は各事象に対するアクターの制御能力の分布である。各政党の政策と棄権の誘惑は，これまでの多くの制御能力の行列と同じように自身に0.9，有権者集団に0.1とした。有権者集団の投票はこれまでと異なり，各政党も支持

率に応じて制御能力を有し，棄権の誘惑も$\frac{0.55}{6}$の制御能力を有するとする。よって，有権者集団で自律性を有しているのは残余の$\frac{2.5}{6}$とする。

tの取りうる範囲は，$0 < t < 1$であるが，グラフをみやすくするために$0 < t < 1.3$としてある。このような有権者集団と各政党，棄権の誘惑に対する利害関心に沿ったリソースの交換により新党が参入する政党間競争がどのような状況になるのかをシミュレーションで検証する。結果は図7-11に示す。

tの値が0.45程度で，政党Dは政党Cよりも勢力が上回ることになる。このとき政党A，政党B，政党Cが失って棄権が得る得票は全体の約28.6%であり，政党Dが得る得票は全体の約14.9%である[32]。tの値が約0.75になると，政党Dの勢力は政党A，政党Bをも上回ることになる。このとき棄権は全体の36.3%の得票を得て，政党Dは全体の15.4%の得票を得ることになる。よって，投票率が60%台前半であるならば，政党Dは政党A，政党B，政党Cの勢力を凌ぐことになり，選挙に参入するときにいかなる政策位置でも勝利することが可能なのである[33]。

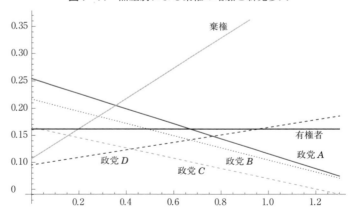

図7-11　無差別による棄権の増加と新党参入

6-2 疎外による棄権が政党間競争に及ぼす影響

では，次に疎外による棄権が政党間競争，新党参入に及ぼす影響を検証する。利害関心の行列を $\mathbf{X}_{C13}^{T}$，制御能力の行列を $\mathbf{C}_{C13}^{T}$ として次のように構成し，式(35)，式(36) とする。$\mathbf{X}_{C13}^{T}$ における有権者集団の利害関心の初期値は前項の $\mathbf{X}_{C12}^{T}$ と同じであるが，疎外による棄権の理論的前提から，無党派層の利害関心が減少し，その分政党 D が20％の利害関心＝支持を得て，棄権の誘惑が80％の利害関心＝支持を得るとする。

$$\mathbf{X}_{C13}^{T} = \begin{array}{c} A \\ B \\ C \\ D \\ N_V \\ E \end{array} \begin{pmatrix} 0.8 & 0 & 0 & 0 & 0 & 0.2 \\ 0 & 0.8 & 0 & 0 & 0 & 0.2 \\ 0 & 0 & 0.8 & 0 & 0 & 0.2 \\ 0 & 0 & 0 & 0.8 & 0 & 0.2 \\ 0 & 0 & 0 & 0 & 0.8 & 0.2 \\ \frac{1.6}{6} & \frac{1.3}{6} & \frac{1.1}{6} & \frac{0.5+0.2t}{6} & \frac{0.5+0.8t}{6} & \frac{1-t}{6} \end{pmatrix} \begin{array}{c} \\ \\ \\ \\ \\ \\ \end{array} \quad (35)$$
$$\phantom{\mathbf{X}_{C13}^{T} =} \;\; P_A \;\;\; P_B \;\;\; P_C \;\;\;\; P_D \;\;\;\; P_{NV} \;\;\; V$$

$$\mathbf{C}_{C13}^{T} = \begin{array}{c} P_A \\ P_B \\ P_C \\ P_D \\ P_{NV} \\ V \end{array} \begin{pmatrix} 0.9 & 0 & 0 & 0 & 0 & 0.1 \\ 0 & 0.9 & 0 & 0 & 0 & 0.1 \\ 0 & 0 & 0.9 & 0 & 0 & 0.1 \\ 0 & 0 & 0 & 0.9 & 0 & 0.1 \\ 0 & 0 & 0 & 0 & 0.9 & 0.1 \\ \frac{1}{6} & \frac{0.9}{6} & \frac{0.6}{6} & \frac{0.45}{6} & \frac{0.55}{6} & \frac{2.5}{6} \end{pmatrix} \quad (36)$$
$$\phantom{\mathbf{C}_{C13}^{T} =} \;\; A \;\;\;\;\; B \;\;\;\;\; C \;\;\;\;\; D \;\;\;\; N_V \;\;\;\; E$$

アクター　A：政党 A　B：政党 B　C：政党 C　D：政党 D　N_V：棄権　E：有権者集団

事象　P_A：政党 A の政策　P_B：政党 B の政策　P_C：政党 C の政策　P_D：政党 D の政策　P_{NV}：棄権の誘惑　V：有権者集団の投票

ここでも，政党 A，政党 B，政党 C は既存の政党であり，政党 D は新規に

選挙に参入する政党であるとする。$\mathbf{X}_{C13}^T$ の 6 行目が，有権者集団の利害関心の分布である。$\mathbf{X}_{C13}^T$ では，政党 A，政党 B，政党 C，政党 D は自身の政策に 0.8，有権者集団の投票に 0.2 の利害関心を割り当てているとする。棄権も自身に 0.8，有権者集団の投票に 0.2 の利害関心を割り当てているとする。有権者集団は $t=0$ の初期値として政党 A の政策に $\frac{1.6}{6}$，政党 B の政策に $\frac{1.3}{6}$，政党 C の政策に $\frac{1.1}{6}$，政党 D の政策に $\frac{0.5}{6}$，棄権の誘惑に $\frac{0.5}{6}$，有権者集団の投票に $\frac{1}{6}$ の利害関心を割り当てているとする。有権者は集団であるから，これらの数値は政党に対しては支持率と同じ意味である。棄権の誘惑の数値 $\frac{0.5}{6}$ は棄権に惹かれている有権者の割合である。有権者の投票の数値 $\frac{1}{6}$ は無党派層の割合である。疎外による棄権であるから，有権者集団の分布の両端に位置する有権者が棄権するが，分布の両端は限りなくゼロに近い。疎外による棄権は，理論的には有権者の政策位置が政党の政策位置から遠いことに起因する[34]。よって，各政党の政策位置から遠くに位置する無党派層（$\mathbf{X}_{C13}^T$ の $\frac{1-t}{6}$）からのみ利害関心が減少すると仮定する。無党派層は利害関心を t 減少させ，その分の 20%を政党 D が得て，80%を棄権の誘惑が得るとする。

t の取り得る範囲は $t=1$ が限界であるが，前項と同様に $0<t<1.3$ とする。このような有権者集団と各政党，棄権の誘惑の利害関心に沿ったリソースの交換により新党が参入する政党間競争がどのような状況になるのかをシミュレーションから検証する。結果は図 7-12-1 に示す。t の値にかかわらず，政党 D の勢力は政党 B をも上回ることはない。したがって，棄権者が増加しても新党である政党 D の勢力が政党 C を上回ることはない。

ただし，$\mathbf{X}_{C13}^T$ の 6 行目を $(\frac{1.6}{6}, \frac{1.3}{6}, \frac{1.1}{6}, \frac{0.5+0.8t}{6}, \frac{0.5+0.2t}{6}, \frac{1-t}{6})$ として政党 D が有権者集団の無党派層対する利害関心＝支持の 80%を得るならば，$t=1$ のときに政党 D は政党 C の勢力を上回る（図 7-12-2 参照）。つまり，無党派層の 80%の利害関心＝支持を得るならば，政党 D は政党 C の勢力を上回ることができる。このとき投票率は約 87%である。しかし，$t=1$ の値を採ることは現実には可能性は低い。

もし，$\mathbf{X}_{C13}^T$ の 6 行目を $(\frac{1}{6}, \frac{0.7}{6}, \frac{0.8}{6}, \frac{0.5+0.8t}{6}, \frac{0.5+0.2t}{6}, \frac{2.3-t}{6})$ として，無党派層の割

図7-12-1 疎外による棄権の増加と新党参入：政党 D が無党派層の20%を獲得

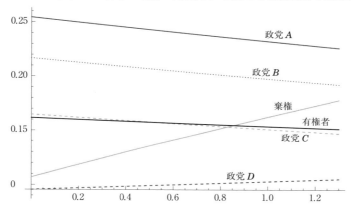

図7-12-2 疎外による棄権の増加と新党参入：政党 D が無党派層の80%を獲得

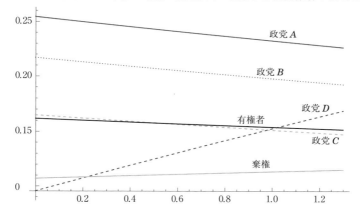

合を $\frac{2.3-t}{6}$ として相対的に最も大きくすると $t=0.65$ 程度で政党 D は政党 C の勢力を上回る（図7-12-3参照）が，この状況も現実的には起こる可能性は低い。なぜならば有権者の38%を占める無党派層の80%の得票を政党 D が獲得する可能性は低い。選挙時点で無党派層が有権者集団の $\frac{2.3}{6}=38\%$ を占めており，疎外による棄権が起こる場合では，理論的には政党 D は選挙に参入するときにいかなる政策位置での勝利の保障はないが，新党である政党 D は唯一

図7-12-3 疎外による棄権の増加と新党参入：無党派層が $\frac{2.3}{6}$ 政党 D が無党派層の80%を獲得

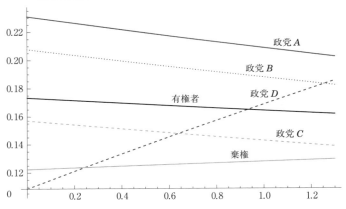

政党 C に近い政策位置を選択することになる。プルンパーとマーティン (Plumper and Martin 2008)[35] は，疎外による棄権の増加は，政党が選択する政策位置のボラティリティを高めると論じる。確かに棄権が最大限増加すれば，既存の政党および参入する新党が選択できる政策位置はかなり広くなる。しかし，棄権がそのように増加するのは現実的ではないであろうから，選挙に新たに参入する政党が選択できる政策位置は，既存の最下位の政党の政策位置と考えられる。

6-3 無差別と疎外による棄権が政党間競争に及ぼす影響

では，最後に無差別と疎外による棄権が政党間競争，新党参入に及ぼす影響を検証する。利害関心の行列を $\mathbf{X}_{\mathrm{C}14}^{\mathrm{T}}$ を式(37) として構成する。制御能力の行列は式(34) $\mathbf{C}_{\mathrm{C}12}^{\mathrm{T}}$ と同じとする。

$\mathbf{C}_{\mathrm{C}14}^{\mathrm{T}}$ の6行目の有権者集団の利害関心は，$(\frac{1.6-1.6t}{6}, \frac{1.3-1.3t}{6}, \frac{1.1-1.1t}{6}, \frac{0.5+0.2\times 5.5t}{6}, \frac{0.5-0.8\times 5.5t}{6}, \frac{1-1.5t}{6})$ としてある。政党 A，政党 B，政党 C は支持率に応じて利害関心を減少させると仮定する。これは無差別による棄権の場合と同じである。無党派層（有権者集団の有権者の投票に対する利害関心）は有権者

の利害関心の比率よりも大きく利害関心（＝支持）を減少させると仮定して$\frac{1-1.5t}{6}$とする。これは疎外による棄権と同じである。そして，減少した分の利害関心（＝支持）を政党 D が 20％と棄権が 80％得るとする。

$$\mathbf{X}_{C14}^T = \begin{array}{c} A \\ B \\ C \\ D \\ N_V \\ E \end{array} \begin{pmatrix} 0.8 & 0 & 0 & 0 & 0 & 0.2 \\ 0 & 0.8 & 0 & 0 & 0 & 0.2 \\ 0 & 0 & 0.8 & 0 & 0 & 0.2 \\ 0 & 0 & 0 & 0.8 & 0 & 0.2 \\ 0 & 0 & 0 & 0 & 0.8 & 0.2 \\ \frac{1.6-1.6t}{6} & \frac{1.3-1.3t}{6} & \frac{1.1-1.1t}{6} & \frac{0.5+0.2\times 5.5t}{6} & \frac{0.5-0.8\times 5.5t}{6} & \frac{1-1.5t}{6} \end{pmatrix} \quad (37)$$
$$\phantom{X_{C14}^T = }\; P_A \quad\; P_B \quad\; P_C \quad\quad P_D \quad\quad P_{NV} \quad\; V$$

アクター　A：政党 A　B：政党 B　C：政党 C　D：政党 D　N_V：棄権　E：有権者集団

事象　P_A：政党 A の政策　P_B：政党 B の政策　P_C：政党 C の政策　P_D：政党 D の政策　P_{NV}：棄権の誘惑　V：有権者集団の投票

t の取りうる値は $1-1.5t>0$ より 0.666667 程度が限度であるが，図をみやすくするために $0<t<1.3$ としてある。このような有権者による各政党の政策，棄権の誘惑に対する利害関心に沿ったリソースの交換により，新党が参入する政党間競争がどのような状況になるのかをシミュレーションする。結果は図 7-13 である。

t の値が約 0.36 で，政党 D は政党 C の勢力を上回る。このとき政党 A，政党 B，政党 C が失って棄権が獲得する得票は全体の 26.2％であり，政党 D が獲得する得票は全体の 16.7％である。t の値が約 0.67 で，政党 D は政党 A，政党 B，政党 C の勢力を上回る。$t=0.67$ だと，有権者の投票に対する利害関心が $\frac{1-1.5t}{6}=0$ となる。つまり，このとき無党派層の投票が政党 D に 20％，棄権に 80％流入することになる。

このとき政党 A，政党 B，政党 C が失って棄権が獲得する得票は全体の39.3％であり，政党 D が獲得する得票は全体の 17.9％である。よって，無党派層の 80％の棄権は起こりうるから，このような状況が現実にも起こりうることは否

図 7-13 無差別と疎外による棄権の増加と新党参入

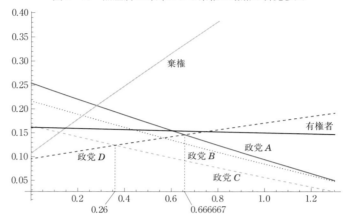

定できない。この結果をみると，理論的には無差別による棄権の場合よりも t の値が小さくても，政党 D は政党 C の勢力を上回り，また無党派層の 20% が政党 D の支持に回れば政党 A，政党 B，政党 C の勢力を上回り，政党 D は政策位置をどこにしても勝利できるのである。

7. おわりに

　本章はコールマンの「行為の線型モデル」を援用して，選挙過程を再現した。そこで棄権を組み込んだモデルを構築し，現実の選挙に近い状況が再現できることを示した。これらのモデルを基礎として，有権者の棄権の 3 つの類型「無差別による棄権」「疎外による棄権」「無差別と疎外による棄権」を有権者個人と政党，棄権との交換過程として，どのように有権者が棄権に導かれるのかを検証した。ここでは「無差別による棄権」は従来の理論的説明と同様に，棄権の効用が政党間期待効用差を上回ると有権者が棄権することを検証した。さらにモデルのパラメータを変化させて，有識者が支持する政党であっても政党が有権者に対する利害関心を大きくして動員しようとすると，政党間期待効

用差が縮小して交差圧力が発生し，有権者の棄権の誘発することを検証した。

本章の最大の関心は，有権者の棄権の増加が政党間競争にいかなる影響を及ぼすのかである。「行為の線型モデル」を援用した分析から明らかになった点は2つある。第1に，無差別による棄権の増加は，選挙に参入する新党にいかなる政策位置をも採らせることを可能にすることである。第2に，疎外による棄権の増加は，選挙に参入する新党が勝利するためには既存の最下位の政党の政策位置を採らせることを可能にすることである。これはあくまでフォーマルモデルを用いた理論的研究の結果であるが，この結果をみれば棄権の増加は政治社会に大きなリスクを伴う変革の機会を与えることになる。新党が多くの有権者の期待に添う政策を提示し民主主義を安定化させることも期待できる。しかし反対に，有権者の不満に乗じて有権者を煽動し政治社会を混乱させることも大いにありうるのである。

1) 疎外による棄権は，別の見方をすれば有権者の政策選好位置が，すべての政党の政策位置から遠く離れている場合である。
2) Coleman (1996)（久慈訳 (2006)）．
3) Wolfinger and Rosenstone (1980), Niemi and Weisberg, eds. (2001).
4) Verba, Nie and Kim (1978)（三宅・蒲島・小田訳 (1981)）．
5) Lazarsfeld, Berelson and Gaudet (1944).
6) Berelson, Lazarsfeld and MacPhee (1954).
7) Milbrath (1965)（内山訳 (1976)）．
8) Downs (1957)（古田訳 (1980)）．
9) Enelow and Hinich, eds. (1984).
10) Coleman (1973).
11) Coleman (1996)（久慈監訳 (2006)）．
12) コールマンによる基本的なモデルは社会的交換を描くことであり，ネットワークの要素は含まれていない。しかし，1976年の著作を基にして，何人かの研究者によりネットワーク理論の要素が加えられ応用されている（三隅 1990），33-51頁。
13) コールマンは，政党，政治家，有権者などから構成される選挙における社会的交換のモデルも提示している（Coleman 1996, p. 127）。
14) $\mathbf{T}$は転置行列を意味する。$\mathbf{X}_1$だと$\sum_{i=1}^{m} x_{ji} = 1$の制約は列で合計1となる。しかし，行で合計が1となるほうがみやすいので転置行列とした。
15) もし，有権者が自身の投票に対して0でなく相対的に大きい利害関心を有する

ならば，その値は政党の政策よりも自身の投票に期待効用を持つのであり，政党を支持に否定的な態度であることを意味することになる。
16) このモデルでは全有権者で 0.7 として 1 票としてあるが，次善の政党に付与する数値よりも大きければよいのである。しかし，実際の選挙において有権者が最も政策を支持する政党に対して大きな利害関心の値を割り当てて投票するであるから，次善の政党の政策に付与する値は 0.3 よりも遙かに小さくして，その分を 0.7 に加えてもよいのである。
17) モデルの応用として，複数の選挙区を想定して選挙区ごとにモデルを作成し，各モデルで有権者 1 人 1 人の 1 票の値を異なる値にするならば，1 票の格差が政党間競争に及ぼす影響なども考察できる。
18) 政党は自身が最も制御能力を有する自身の政策に対して，利害関心を最大に割り当てることにより，勢力を最大化させることができる。証明は三船（2021）125–154 頁を参照。
19) $\mathbf{X}_1^T$ では，有権者は最も利害関心が大きい政党の政策に 0.5，次善の政党の政策に 0.3 を割り当てているからである。
20) 利害関心をどれか 1 つの事象に集中させて 1 にはしないということである（三隅 1990，38 頁）。
21) 式(18)のように，棄権が棄権の誘惑に対する利害関心を 0.99 としてもよいが，グラフで各アクターの勢力を直線にしたほうがここでは理解しやすいので，0.8 とした。
22) 利害関心の差と勢力差（＝期待効用）は，ここでも偶然一致しているが比例関係にある。
23) 利害関心の差と勢力差（期待効用差）は，ここでも偶然一致しているが比例関係にある。
24) ここでは利害関心と期待効用の差は一致していないが，利害関心と勢力（＝期待効用）は比例関係にある。
25) ここでは利害関心の差と期待効用の差は一致していないが，比例関係にある。
26) 有権者の勢力（＝期待効用）は $\mathbf{X}_{C6}^T$ における有権者の投票に対する制御能力の分布に依存する。無差別による棄権と同様に $\mathbf{C}_{C4}^T$ の 4 行目の行ベクトルを変化させて，各党や棄権が有権者に対する制御能力を大きくすると，有権者の勢力は低下する。
27) 無論，疎外による棄権も重要な研究対象である。現代では疎外による棄権も増加していると考えられる。疎外による棄権は自身の政策位置が政党の政策位置より大きく離れることから，有権者自身は自分は政治社会の外に置かれていると感じることに起因する。しかし，現代では極右，極左または従来の保革イデオロギーでは捉えることのできない政策を主張する政党も選挙に参戦している。このような現状を鑑みれば，重要な疎外により棄権していた有権者が，新たに投票するようになる過程もフォーマルモデルとして記述することは可能であろう。
28) 現実の選挙でも有権者の勢力（＝期待効用）は小さいのであるから，コールマ

29) ただし，このような結果は民主的な選挙，つまり有権者が政策支持を優先させて投票・棄権を考える場合である．
30) Plumper and Martin (2008), 424-441.
31) Zakharov (2008), 1527-1553.
32) 計算は，$t = 0.45$ のときの棄権の勢力値 0.25，政党 D の勢力値 0.125 を，勢力の合計値である 1 から有権者の勢力値 0.16 を引いた値 0.84 で除してある．
33) $\mathbf{X}_{C12}^{T}$ の 6 行目の比率で，P_A, P_B, P_C を大きくすると，政党 D が他の政党の勢力を上回るときの t の値は大きくなり，選挙に参入して勝利するためのハードルは高くなる．しかし，$\mathbf{C}_{C12}^{T}$ の 6 行目の比率を変えても政党の勢力はあまり変化せず，政党 D が選挙に参入して勝利するためのハードルはあまり変化しない．
34) 疎外による棄権は，当初は政党の政策位置に近いところにいた有権者が，選挙の時点で政策位置を遠く感じて，棄権する場合もあるかもしれないが，ここではそのような場合は除外する．

参 考 文 献

三隅一人 (1990)「交換ネットワークと勢力」平松闊編『社会ネットワーク』福村出版，33-51 頁．

三船 毅 (2021)「選挙過程の理論─市場としての選挙─」宮野勝編『有権者と政治』中央大学出版部，125-154 頁．

Berelson, Bernard, Paul F. Lazarsfeld and Willam MacPhee (1954) *Voting*. Chicago: University of Chicago Press.

Coleman, James S. (1973) The mathematics of Collective Action, Chicago, Aldine Pub. Co.

Coleman, James S. (1996) *The Foundations of Social Theory*, Cambridge: Havard University Press (久慈利武監訳 (2006)『社会理論の基礎（上・下）』青木書店).

Downs, Anthony (1957) *An Economic Theory of Democracy*, New York, Harper Collins Publishers (古田精司訳 (1980)『民主主義の経済理論』成文堂).

Enelow, James and Melvin Hinich, eds. (1984) *The Spatial Theory of Voting: An Introduction*, New York: Cambridge University Press.

Lazarsfeld, Paul F, Bernard Berelson, and Hazel Gaudet (1944) *The People's Choice*, New York: Columbia University Press.

Milbrath, Lester W. (1965) *POLITICAL PARTICIPATION: HOW AND WHY DO PEOPLE GET INVOLVED IN POLITICS?*, Chicago Rand McNally and Company (内山秀夫訳 (1976)『政治参加の心理と行動』早稲田大学出版部).

Niemi, Richard G. and Herbert F. Weisberg, eds. (2001) *Controversies in Voting Behavior Fourth*, ed., CQ Press.

Plumper, Thomas, and Christian W. Martin (2008) "Multi-party comptition:

Acomputational model with abstention and memory", *Electoral Studies*, 27 : 424–441.

Verba, Sidny, Norman H. Nie, and Jae-on Kim (1978) *Participation and Political Equality: A Seven-Nation Comparison*, Cambridge: Cambridge University Press(三宅一郎・蒲島郁夫・小田健訳(1981)『政治参加と平等』東京大学出版会).

Wolfinger, Rymond E. and Steven J. Rosenstone (1980) *Who Votes?*, New Haven: Yeal University Press.

Zakharov, Alexei V. (2008) "A model of electoral competition with abstaining voters", *Mathematical and Computer Modelling* 48: 1527–1553.

執筆者紹介（執筆順）

荒井　紀一郎　中央大学社会科学研究所研究員，中央大学総合政策学部教授
塩沢　健一　　中央大学社会科学研究所客員研究員，鳥取大学地域学部教授
寺村　絵里子　中央大学社会科学研究所元客員研究員，明海大学経済学部教授
種村　剛　　　中央大学社会科学研究所客員研究員，
　　　　　　　北海道大学大学院教育推進機構リカレント教育推進部特任教授
宮野　勝　　　中央大学社会科学研究所客員研究員，中央大学名誉教授
鈴木　督久　　中央大学社会科学研究所客員研究員，株式会社日経リサーチ技術顧問
三船　毅　　　中央大学社会科学研究所研究員，中央大学経済学部教授

政治空間における諸問題
　　―有権者，政策，投票―
　　　　　　　　　　　　　中央大学社会科学研究所研究叢書44

2025年2月28日　初版第1刷発行

　　　　　編著者　三　船　　　毅
　　　　　発行者　中 央 大 学 出 版 部
　　　　　代表者　松　本　雄一郎

〒192-0393　東京都八王子市東中野742-1
発行所　中 央 大 学 出 版 部
電話 042(674)2351　FAX 042(674)2354

ⓒ Tsuyoshi Mifune 2025　　　　　　　　　　　惠友印刷㈱
ISBN 978-4-8057-1346-4

本書の無断複写は，著作権法上での例外を除き，禁じられています。
複写される場合は，その都度，当発行所の許諾を得てください。

中央大学社会科学研究所研究叢書

1 中央大学社会科学研究所編
自主管理の構造分析
－ユーゴスラヴィアの事例研究－
Ａ５判328頁・品切

80年代のユーゴの事例を通して，これまで解析のメスが入らなかった農業・大学・地域社会にも踏み込んだ最新の国際的な学際的事例研究である。

2 中央大学社会科学研究所編
現代国家の理論と現実
Ａ５判464頁・4730円

激動のさなかにある現代国家について，理論的・思想史的フレームワークを拡大して，既存の狭い領域を超える意欲的で大胆な問題提起を含む共同研究の集大成。

3 中央大学社会科学研究所編
地域社会の構造と変容
－多摩地域の総合研究－
Ａ５判482頁・5390円

経済・社会・政治・行財政・文化等の各分野の専門研究者が協力し合い，多摩地域の複合的な諸相を総合的に捉え，その特性に根差した学問を展開。

4 中央大学社会科学研究所編
革命思想の系譜学
－宗教・政治・モラリティ－
Ａ５判380頁・4180円

18世紀のルソーから現代のサルトルまで，西欧とロシアの革命思想を宗教・政治・モラリティに焦点をあてて雄弁に語る。

5 高柳先男編著
ヨーロッパ統合と日欧関係
－国際共同研究Ⅰ－
Ａ５判504頁・5500円

EU統合にともなう欧州諸国の政治・経済・社会面での構造変動が日欧関係へもたらす影響を，各国研究者の共同研究により学際的な視点から総合的に解明。

6 高柳先男編著
ヨーロッパ新秩序と民族問題
－国際共同研究Ⅱ－
Ａ５判496頁・5500円

冷戦の終了とEU統合にともなう欧州諸国の新秩序形成の動きを，民族問題に焦点をあて各国研究者の共同研究により学際的な視点から総合的に解明。

中央大学社会科学研究所研究叢書

坂本正弘・滝田賢治編著

7 現代アメリカ外交の研究

A5判264頁・3190円

冷戦終結後のアメリカ外交に焦点を当て，21世紀，アメリカはパクス・アメリカーナⅡを享受できるのか，それとも「黄金の帝国」になっていくのかを多面的に検討。

鶴田満彦・渡辺俊彦編著

8 グローバル化のなかの現代国家

A5判316頁・3850円

情報や金融におけるグローバル化が現代国家の社会システムに矛盾や軋轢を生じさせている。諸分野の専門家が変容を遂げようとする現代国家像の核心に迫る。

林　茂樹編著

9 日本の地方ＣＡＴＶ

A5判256頁・3190円

自主製作番組を核として地域住民の連帯やコミュニティ意識の醸成さらには地域の活性化に結び付けている地域情報化の実態を地方のCATVシステムを通して実証的に解明。

池庄司敬信編

10 体制擁護と変革の思想

A5判520頁・6380円

A.スミス，E.バーク，J.S.ミル，J.J.ルソー，P.J.プルードン，Ф.И.チュッチェフ，安藤昌益，中江兆民，梯明秀，P.ゴベッティなどの思想と体制との関わりを究明。

園田茂人編著

11 現代中国の階層変動

A5判216頁・2750円

改革・開放後の中国社会の変貌を，中間層，階層移動，階層意識などのキーワードから読み解く試み。大規模サンプル調査をもとにした，本格的な中国階層研究の誕生。

早川善治郎編著

12 現代社会理論とメディアの諸相

A5判448頁・5500円

21世紀の社会学の課題を明らかにし，文化とコミュニケーション関係を解明し，さらに日本の各種メディアの現状を分析する。

中央大学社会科学研究所研究叢書

石川晃弘編著

13 体制移行期チェコの雇用と労働

A5判162頁・1980円

体制転換後のチェコにおける雇用と労働生活の現実を実証的に解明した日本とチェコの社会学者の共同労作。日本チェコ比較も興味深い。

内田孟男・川原　彰編著

14 グローバル・ガバナンスの理論と政策

A5判320頁・3960円

グローバル・ガバナンスは世界的問題の解決を目指す国家，国際機構，市民社会の共同を可能にさせる。その理論と政策の考察。

園田茂人編著

15 東アジアの階層比較

A5判264頁・3300円

職業評価，社会移動，中産階級を切り口に，欧米発の階層研究を現地化しようとした労作。比較の視点から東アジアの階層実態に迫る。

矢島正見編著

16 戦後日本女装・同性愛研究

A5判628頁・7920円

新宿アマチュア女装世界を彩った女装者・女装者愛好男性のライフヒストリー研究と，戦後日本の女装・同性愛社会史研究の大著。

林　茂樹編著

17 地域メディアの新展開
－CATVを中心として－

A5判376頁・4730円

『日本の地方CATV』（叢書9号）に続くCATV研究の第2弾。地域情報，地域メディアの状況と実態をCATVを通して実証的に展開する。

川崎嘉元編著

18 エスニック・アイデンティティの研究
－流転するスロヴァキアの民－

A5判320頁・3850円

多民族が共生する本国および離散・移民・殖民・難民として他国に住むスロヴァキア人のエスニック・アイデンティティの実証研究。

中央大学社会科学研究所研究叢書

菅原彬州編
19 連続と非連続の日本政治
A5判328頁・4070円

近現代の日本政治の展開を「連続」と「非連続」という分析視角を導入し，日本の政治的転換の歴史的意味を捉え直す問題提起の書。

斉藤　孝編著
20 社会科学情報のオントロジ
－社会科学の知識構造を探る－
A5判416頁・5170円

オントロジは，知識の知識を研究するものであることから「メタ知識論」といえる。本書は，そのオントロジを社会科学の情報化に活用した。

一井　昭・渡辺俊彦編著
21 現代資本主義と国民国家の変容
A5判320頁・4070円

共同研究チーム「グローバル化と国家」の研究成果の第3弾。世界経済危機のさなか，現代資本主義の構造を解明し，併せて日本・中国・ハンガリーの現状に経済学と政治学の領域から接近する。

宮野　勝編著
22 選挙の基礎的研究
A5判152頁・1870円

外国人参政権への態度・自民党の候補者公認基準・選挙運動・住民投票・投票率など，選挙の基礎的な問題に関する主として実証的な論集。

礒崎初仁編著
23 変革の中の地方政府
－自治・分権の制度設計－
A5判292頁・3740円

分権改革とNPM改革の中で，日本の自治体が自立した「地方政府」になるために何をしなければならないか，実務と理論の両面から解明。

石川晃弘・リュボミール・ファルチャン・川崎嘉元編著
24 体制転換と地域社会の変容
－スロヴァキア地方小都市定点追跡調査－
A5判352頁・4400円

スロヴァキアの二つの地方小都市に定点を据えて，社会主義崩壊から今日までの社会変動と生活実態を3時点で実証的に追跡した研究成果。

中央大学社会科学研究所研究叢書

25 石川晃弘・佐々木正道・白石利政・ニコライ・ドリャフロフ編著
グローバル化のなかの企業文化
－国際比較調査から－
Ａ５判400頁・5060円

グローバル経済下の企業文化の動態を「企業の社会的責任」や「労働生活の質」とのかかわりで追究した日中欧露の国際共同研究の成果。

---

26 佐々木正道編著
信頼感の国際比較研究
Ａ５判324頁・4070円

グローバル化，情報化，そしてリスク社会が拡大する現代に，相互の信頼の構築のための国際比較意識調査の研究結果を中心に論述。

---

27 新原道信編著
"境界領域"のフィールドワーク
－"惑星社会の諸問題"に応答するために－
Ａ５判482頁・6160円

3.11以降の地域社会や個々人が直面する惑星社会の諸問題に応答するため，"境界領域"のフィールドワークを世界各地で行う。

---

28 星野 智編著
グローバル化と現代世界
Ａ５判460頁・5830円

グローバル化の影響を社会科学の変容，気候変動，水資源，麻薬戦争，犯罪，裁判規範，公共的理性などさまざまな側面から考察する。

---

29 川崎嘉元・新原道信編
東京の社会変動
Ａ５判232頁・2860円

盛り場や銭湯など，匿名の諸個人が交錯する文化空間の集積として大都市東京を社会学的に実証分析。東京とローマの都市生活比較もある。

---

30 安野智子編著
民意と社会
Ａ５判144頁・1760円

民意をどのように測り，解釈すべきか。世論調査の選択肢や選挙制度，地域の文脈が民意に及ぼす影響を論じる。

中央大学社会科学研究所研究叢書

新原道信編著

31 うごきの場に居合わせる
－公営団地におけるリフレクシヴな調査研究－

A5判590頁・7370円

日本の公営団地を舞台に，異境の地で生きる在住外国人たちの「草の根のどよめき」についての長期のフィールドワークによる作品。

西海真樹・都留康子編著

32 変容する地球社会と平和への課題

A5判422頁・5280円

平和とは何か？という根源的な問いから始め，核拡散，テロ，難民，環境など多様な問題を検討。国際機関や外交の意味を改めて考える。

石川晃弘・佐々木正道・リュボミール・ファルチャン編著

33 グローバル化と地域社会の変容
－スロヴァキア地方都市定点追跡調査Ⅱ－

A5判552頁・6930円

社会主義崩壊後四半世紀を経て今グローバル化の渦中にある東欧小国スロヴァキアの住民生活の変容と市民活動の模索を実証的に追究。

宮野　勝編著

34 有権者・選挙・政治の基礎的研究

A5判188頁・2310円

有権者の政治的関心・政策理解・政党支持の変容，選挙の分析，政党間競争の論理など，日本政治の重要テーマの理解を深める論集。

三船　毅編著

35 政治的空間における有権者・政党・政策

A5判188頁・2310円

1990年代後半から日本政治は政治改革のもとで混乱をきたしながら今日の状況となっている。この状況を政治的空間として再構成し，有権者と政策の問題点を実証的に分析する。

佐々木正道・吉野諒三・矢野善郎編著

36 現代社会の信頼感
－国際比較研究（Ⅱ）－

A5判229頁・2860円

グローバル化する現代社会における信頼感の国際比較について，社会学・データ科学・社会心理学・国際関係論の視点からの問題提起。

中央大学社会科学研究所研究叢書

星野　智編著
37 グローバル・エコロジー
Ａ５判258頁・3190円

地球生態系の危機、人口・エネルギー問題、地球の環境破壊と軍事活動、持続可能な国際循環型社会の構築、放射性物質汚染廃棄物の問題を追及する。

新原道信編著
38 "臨場・臨床の智"の工房
－国境島嶼と都市公営団地のコミュニティ研究－
Ａ５判512頁・6380円

イタリアと日本の国境島嶼と都市のコミュニティ研究を通じて、地球規模の複合的諸問題に応答する"臨場・臨床の智"を探求する。

中島康予編著
39 暴力・国家・ジェンダー
Ａ５判212頁・2640円

ルソー、アダム・スミス、モーゲンソー、アガンベン等を読み解き、平和や生のあり方に迫る思想史・現代思想研究を中心に編まれた論集。

宮野　勝編著
40 有権者と政治
Ａ５判196頁・2420円

世論調査・政治意識・選挙などにかかわる重要な問題を取りあげて研究し、社会への提案・変化の可能性・含意などに言及する。

星野　智編著
41 アントロポセン時代の国際関係
Ａ５判310頁・3850円

人類が地球の地質や自然生態系に影響を与えているというアントロポセン時代における国際関係を視野に入れ、地球社会の様々な地域や諸問題を取り上げる。

西川可穂子・中野智子編著
42 グローバル化による環境・社会の変化と国際連携
Ａ５判296頁・3740円

グローバル化する環境・社会の問題に対し、日本はアジアの国々とどう連携するべきか。モンゴルを中心に様々な視点から読み解く。

中央大学社会科学研究所研究叢書

西海真樹編著

43 グローバリゼーションへの抵抗

中央大学=エクス・マルセイユ大学交流40周年記念シンポジウム

Ａ５判328頁・4070円

中央大学とエクス・マルセイユ大学交流40周年記念シンポジウムの成果集。「グローバリゼーションへの抵抗」を法，政治の分野で議論。

＊価格は税込価格です。